Rolf Famulla

Am
Abgrund

**Droht ein Atomkrieg?
Der Kampf um die Weltmacht
geht in die heiße Phase**

Rolf Famulla

Am

Abgrund

Droht ein Atomkrieg?
Der Kampf um die Weltmacht
geht in die heiße Phase

Bibliografische Information der Deutschen Nationalbibliothek: Die Deutsche Nationalbibliothek verzeichnet diese Publikation in der Deutschen Nationalbibliografie; detaillierte bibliografische Daten sind im Internet über http://dnb.dnb.de abrufbar.

Verlag: BoD · Books on Demand GmbH, In de Tarpen 42, 22848 Norderstedt
Druck: Libri Plureos GmbH, Friedensallee 273, 22763 Hamburg

ISBN: 978-3-7597-7667-9

Inhalt

Als Pazifist bin ich gegen jede Art von Krieg und gegen jede Waffenlieferungen in Krisen- und Kriegsgebiete. So handele ich mir den Vorwurf des Putin-Verstehers ein. Die diesen Vorwurf erheben, frage ich: Wollt ihr Krieg gegen die stärkste Atommacht der Welt führen? Oder wollt ihr lieber verhandeln? Ich verurteile auch den Vernichtungsfeldzug der israelischen Militärmaschinerie in Nahen Osten. Gleichzeitig wende ich mich gegen die Verbrechen der Hamas. Trotzdem handele ich mir den Vorwurf des Antisemitismus ein. Schon vor vielen Jahren habe ich einen Stolperstein finanziert und mich zu der Schuld gegenüber Juden bekannt. Gleichzeitig mache ich mich verdächtig, von den linken Prinzipien der Verstaatlichung und der Notwendigkeit der „Überführung in Volkseigentum" abzuweichen. Ich bekenne mich dazu, ein Abweichler zu sein. Ich sitze zwischen den Stühlen und verstoße gegen die Staatsräson.

Bei der Verfassung dieses Buchs danke ich besonders Anita Hessmann-Kosaris für ihre Unterstützung.
Berlin, im November 2024

Rolf Famulla

I. Aktuelle politische Probleme
I.1. Droht ein Atomkrieg? – Kampf um die Weltmacht

Frieden ist das wichtigste, alles entscheidende Thema. Ohne Frieden ist alles nichts. Und die Bedrohungslage ist sehr ernst: Am 27. Februar 2022 verkündete Bundeskanzler Olaf Scholz in der Bewertung des Ukraine-Kriegs: „Wir erleben eine Zeitenwende. Und das bedeutet: Die Welt danach ist nicht mehr dieselbe wie die Welt davor." Das Bundesverteidigungsministerium stellte dann fest, Deutschland sei die „Speerspitze der NATO". Das klingt nicht nur martialisch, es ist ernst gemeint: Speerspitze der NATO in das Herz Russlands. Deutschland rüstet massiv auf. Mit jährlichen Ausgaben für das Militär ist Deutschland 2024 (und auch im Jahr 2025) mit rund 100 Milliarden Rüstungsausgaben die viertstärkste Militärmacht der Welt – nach den waffenstrotzenden USA, dem aufstrebenden China, dem Krieg führenden Russland. Deutschland wird dem Anspruch einer Speerspitze gerecht.

Deutschlands Verteidigungsminister Boris Pistorius meint, Deutschland müsse „kriegstüchtig" werden. Wir müssten uns also auf einen kommenden Krieg vorbereiten. Notwendig seien weitere Milliarden-Investitionen Jahr für Jahr in die Rüstung. Außenministerin Annalena Baerbock ist deutlicher: „Ja wir müssen mehr tun, denn wir kämpfen einen Krieg gegen Russland." Diese Aussage hat sie zwar später relativiert. Aber ihre Einstellung ist klar: Wir befinden uns im Krieg an der Seite der Ukraine und den USA. Die gleiche militaristische Strategie verfolgen Wirtschaftsminister Robert Habeck oder der „Grünen-Verteidigungsexperte" Anton Hofreiter. Der fordert ein „neues 100-Milliarden-Paket" für die Rüstung und „Dutzende und Aberdutzende von Milliarden" für das Militär. Ziel ist der Angriff auf Russland. Noch deutlicher äußert sich FDP-Chefideologin und Vorsitzende des Verteidigungsausschusses des Bundestages Marie-Agnes Strack-Zimmermann, die sich für die Lieferung schwerer, weitreichender Waffen und Marschflugkörper Taurus einsetzt. Und wir bräuchten ein klares „Feindbild". Denn die Russen seien „das Symbol für den Tod und den Satan", meint die praktizierende Katholikin. In die gleiche Kerbe schlägt der CDU-Verteidigungsexperte Roderich Kiesewetter, der den „Krieg nach Russland tragen" und dort die Militärbasen und Hauptquartiere zerstören will. Er möchte dabei nicht unmittelbarer Kriegsteilnehmer werden. Wasch mir den Pelz, aber mach mich nicht nass. Wie er Hauptquartiere in Moskau ausradieren und Militärbasen zerstören will, ohne sich am Krieg zu beteiligen, bleibt sein Rätsel. Derweil hofiert Kanzler Olaf Scholz die Rüstungskonzerne und Ursula von der Leyen mobilisiert auf europäischer Ebene die „Kräfte für den Frieden".

Wir befinden uns in der heißen Phase einer Kriegsvorbereitung. Alle vorgenannten Verantwortungsträger schließen diplomatische Bemühungen, Verhandlungen zumindest für einen Waffenstillstand, wie ihn der Papst empfiehlt oder der SPD-Fraktionsvorsitzende Mützenich zumindest angedacht hat, kategorisch aus. Das sei eine Kapitulation des Westens. Krieg bis zum Sieg lautet die Lösung. Aber eine bedingungslose Kapitulation der stärksten Atommacht der Welt ist zumindest unwahrscheinlich. Wenn der Westen diese Atommacht besiegen will, wird diese Atommacht, in die Enge getrieben, das letzte Mittel einsetzen. Ukraines Präsident Wolodymyr Selenskyj fordert neben Milliarden-Hilfen und weiteren Waffenlieferungen den Besitz von Atombomben. Bei dem Gipfeltreffen der EU-Staats- und Regierungschefs in Brüssel Mitte Oktober 2024 sagte er: "Welchen Ausweg haben wir? Entweder wird die Ukraine Atomwaffen haben, oder wir müssen in irgendeiner Allianz sein". Er plädiert indirekt für einen Krieg der NATO gegen Russland. Nur gegen Russland? Oder will er einen Weltenbrand entfachen?

Der polnische Geostratege Jacek Bartosiak schrieb schon am 22. August 2022 in der Zeitschrift Cicero unter der Überschrift „Der neue Weltkrieg hat schon begonnen": „China, die USA und Russland sind der Meinung, dass die bestehende Weltordnung ihren Interessen nicht mehr dient. In vielen Bereichen wird es deswegen zu ständigen Konflikten kommen – Handel, Technologie, Finanzen, Rohstoffe, Devisenmärkte, Daten, Internet und Infrastruktur. Auch der Einsatz von Nuklearwaffen ist möglich. Es liegen gefährliche Zeiten vor uns. Nur in Europa hat man das noch nicht bemerkt." Die Eskalationsstufen: Handelskriege sind schon entbrannt, die Cyberkriege mit Hilfe der künstlichen Intelligenz und Zerstörung kritischer Infrastruktur sind größtenteils unbemerkt von der Öffentlichkeit im Gang, teils aber mit falschen Schuldzuweisungen wie im Fall Nord Stream nicht zu vertuschen. Begrenzte Kriege mit der Gefahr der atomaren Konfrontation existieren in der Ukraine, in Nahost, aber auch in vielen anderen Regionen der Welt.

Natürlich bin ich gegen den Krieg Russlands gegen die Ukraine, gegen jede kriegerische Gewalt, ohne jedoch die Augen vor der Realität zu verschließen. Denn die Ursachen liegen tiefer. Der Krieg in der Ukraine begann schon Anfang 1990er Jahre, als Michael Gorbatschow (einseitig) den Kalten Krieg beendete und Deutschland die Einheit bescherte. Dies leitete keine neue Ära des Friedens in der Welt ein. Völkerrechtsverletzungen erfolgten in Serbien, im Kosovo, in Nahost, in Afghanistan, im Irak, in Afrika, Lateinamerika, in der ganzen Welt. Die USA bauten ihre Hegemonialmacht aus, die NATO erweiterte ihre Machtbasis. Im Nahen Osten registrierte die UNO mindestens 120 Völkerrechtsverletzungen Israels, vor allem Landeroberungen und Morde an Palästinensern. Die USA und Deutschland lieferten die Waffen dafür. Das ist keine Entschuldigung für die Gräueltaten der Hamas. Konfrontationen mit immer mehr Waffen, Aufrüstung in der Welt verschärfen die vielen Konflikte. Die Losung muss lauten: Frieden schaffen ohne Waffen. Diplomatie, Verhandlungen, Friedenslösungen, Abrüstung ist das Gebot der Stunde.

Worum geht es?

Wenn Russland im Ukraine-Krieg besiegt ist, haben wir dann Frieden?

9

Nein. Dann geht der Kampf der Hegemonialmacht USA um die weitere Weltherrschaft mit dessen (vorläufigem) Sieg nur in eine neue Runde. US-Präsident Joe Biden hat es offen ausgesprochen: Der eigentliche „Feind" sei nicht Russland sondern China. Denn Russland ist als Groß-macht schon längst „besiegt". Auch Außenministerin Baerbock spricht von dem systemischen Rivalen China, also „dem" Feind. FDP Strack-Zim-mermann bastelt an ihrem Feindbild, dem Satan und Diktator Xi Jinping. Die Hegemonialmacht USA will ihre bisherige Weltherrschaft auch in Zu-kunft sichern. Die neue Wirtschaftsmacht China fordert mehr Einfluss. Die bisherigen Kolonial- und Entwicklungsländer sehen sich weiter öko-nomisch unterdrückt. Der Kampf um Einflussgebiete in Asien, Afrika und Lateinamerika ist entbrannt. Die Trümpfe in diesem Kampf sind ökono-mische Stärke und militärische Überlegenheit. Wirtschaftskriege lodern. Sie dürfen nicht zu handfesten kriegerischen Konflikten entwickeln, die dann in letzter Instanz in einer atomaren Katastrophe enden.

Die Strategie der Hegemonialmacht USA, die ihre die Welt beherrschende Stellung behaupten will, ist durchschaubar: Deutschland und die EU in-klusive Großbritannien sollen die Ostflanke der NATO an den Grenzen zu Belarus und Russland sichern. Die USA konzentrieren sich auf die West-flanke an den Grenzen Chinas und bauen in Fernost ihre militärische Prä-senz aus. Dort wird die Allianz vor allem mit Japan, Taiwan, Indonesien und Australien gestärkt. Es geht also um den Kampf der Wirtschaftsblö-cke in der Welt: Die bisherige Hegemonialmacht USA und die G7-Länder auf der einen Seite und China, die BRICS-Staaten und viele Länder des Sü-dens auf der anderen Seite. Die erbittert – auch militärisch – geführte Auseinandersetzung hat ökonomische Ursachen.

US-Präsident Joe Biden hat mit 100-prozentigen Zöllen auf chinesische Autos und vielen anderen Sanktionen klar gemacht: Es geht in die ent-scheidende Runde, wirtschaftlich und militärisch. EU-Kommissionsprä-sidentin Ursula von der Leyen und Außenministerin Annalena Baerbock positionieren sich klar auf der Seite der USA. China ist der Feind. Verniedlichend nennen sie es De-Risking. Einen Vorgeschmack bieten schon die bisherigen Sanktionen. Die Energiepreise steigen rasant, die Inflation schmälert die Geldbeutel der Bürger, die Wirtschaft schwächelt. Wenn die Wirtschaftsbeziehungen mit China beschnitten werden, wird die vom Export abhängige deutsche Wirtschaft im Mark getroffen. Die deutsche Autoindustrie (mindestens jeder sechste Arbeitsplatz hängt von ihr ab) macht 40 Prozent ihrer Gewinne in China. Sie würde in den Bankrott getrieben. Nicht viel besser würde es Siemens, BASF, dem Maschinenbau oder der Chemieindustrie, dem Rückgrat der deutschen Wirtschaft, ergehen. Auch der Chef des Münchner ifo-Instituts Clemens Fuest warnt vor „Überreaktionen": „Die Wirtschaftsbeziehungen mit China heute, eine Krise antizipieren, vorauszunehmen, das wirkt auf mich wie Selbstmord aus Angst vor dem Tod. Man muss schon vorsichtig sein, aber man muss nicht wirtschaftlichen Selbstmord begehen." Klarer ausgedrückt: Es geht um den Bankrott Deutschlands. Unser Land würde zwischen den zwei Weltwirtschaftsblöcken zerrieben. Der ifo-Chef muss es wissen. Die ökonomischen Hintergründe sind für Laien schwer durchschaubar und kompliziert.

Die Fakten

Die Vereinigten Staaten von Amerika erscheinen unangefochten und mit großem Abstand als die führende ökonomische Weltmacht. Im Jahr 2023 belief sich nach Angaben des Internationen Währungsfonds (IWF) mit Sitz in den USA das Bruttoinlandsproduktprodukt (BIP) der USA nominal auf 24,689 Billionen US-Dollar, gefolgt von China mit 18,922 Billionen. Das ist ein sehr deutlicher Abstand von fast 6 Billionen. Zum Vergleich: Das BIP Deutschlands (also die Summe der in unserem Land im Jahr 2023 geschaffenen Werte) belief sich im Jahr 2023 auf 4,5 Billionen. Laut den Prognosen des Währungsfonds wird sich an der führenden Rolle der USA in der Welt auch nichts ändern. Für das Jahr 2029 wird ein ähnlich sehr großer Abstand bei der Werteproduktion konstatiert. Die USA liegen laut IWF auch hier im Jahr 2029 mit 27,403 Billionen US-Dollar ganz deutlich vor der nachfolgenden Wirtschaftsmacht China mit 23,659 Billionen US-Dollar. Militärisch ist die Dominanz noch deutlicher. Die Militärausgaben der USA betrugen 2023 nach eigenen Angaben 916 Milliarden US-Dollar (wahrscheinlich sehr viel höher), die der Chinesen 296 Milliarden. Die US-Amerikaner hatten also dreimal so hohe Militärausgaben wie die zweitgrößte Militärmacht der Welt. Russland hinkt mit Aufwendungen von 109 Milliarden geradezu hinterher, obwohl es nach wie vor die stärkste Atommacht darstellt. Allein die vier europäischen NATO-Verbündeten Großbritannien (74,9), Deutschland (66,8), Frankreich (61,3) und Italien (35,5) kamen im Jahr 2023 mit Aufwendungen von zusammen 239 Milliarden US-Dollar für die Aufrüstung auf mehr als das Zweifache der militaristisch aufgepäppelten Russen. Und Deutschland hat im Folgejahr 2024 massiv mehr Geld für Waffen ausgegeben. Schon jetzt ist die Rüstung in der Welt erschreckend hoch und reicht aus, um die Menschheit mehrfach auszurotten. Und es wird weiter aufgerüstet...

Die Übermacht der USA in der Welt scheint auch in der Zukunft fest betoniert zu sein. Doch so einfach ist die Sachlage nicht. Denn der Vergleich der nominalen Bruttoinlandprodukts-Werte vermittelt einen falschen Eindruck, der durch politische Maßnahmen beeinflusst werden kann. Denn die Dominanz der USA steht auf zwei wackligen Füßen: Die USA besitzen derzeit erstens noch mit dem Dollar die international anerkannte Leitwährung (die Bedeutung des US-Dollar nimmt allerdings ständig ab und bekommt vom Euro und Renminbi Konkurrenz). Zweitens sind die USA die größten Erdölproduzenten noch vor Saudiarabien und Russland und dominieren so den Energie-Markt der Welt, der ja größtenteils zu Dollarpreisen abgewickelt wird. Und auch hier erodiert die Position.

Der Dollar als Welt-Leitwährung sichert Privilegien

Die Dominanz der USA mit der Leitwährung des US-Dollar beruht auf der unangefochtenen, ökonomisch weit überragenden Stellung nach dem Zweiten Weltkrieg. Die Welt lag zerstört danieder. Nur die USA erwiesen sich als Fels in stürmischer Brandung. Das Abkommen von Bretton Woods zementierte den US-Dollar als Welt-Leitwährung und sicherte nur den Wert des Dollars mit Goldbarren. Jedes Land musste die Stärke ihrer

Staatsschulden der USA in Prozent des BIP von 1790 bis 2050

Quellen: Zürcher Kantonalbank, CBO, Census, OMB, Christian Brändi, Senior Economist North America der Zürcher Kantonalbank Das Fazit von Brändi: Die US-Staatsverschuldung ist auf gefährlichem Rekordkurs

Die Grafik der Zürcher Kantonalbank veranschaulicht, welche Ausmaße der Schuldenberg der USA schon erreicht hat. Um Wahlen zu gewinnen und Kriege zu finanzieren, werden in den USA Schulden angehäuft und wird die Notenpresse angeschmissen. Krisen und Kriege ließen den Schuldenberg jeweils steigen. Die Staatsschulden bewegen sich allerdings auf Besorgnis erregende Rekordhöhen zu.

Währung am US-Dollar messen, sie „floateten" um den US-Dollar wie die Motten um das Licht. Aber der Vietnamkrieg mit immensen Kosten überstrapazierte den US-Haushalt. 1971 wurde die Goldbindung aufgehoben. Die USA können seitdem Papiergeld drucken. Die Währungen der Welt messen sich aber weiterhin am US-Dollar. Der ehemalige Präsident der US-Notenbank FED (Federal Reserve Board) Alan Greenspan formulierte einmal salopp, die USA könnten nie in den Bankrott getrieben werden,

13

weil sie ungehindert Geld drucken könnten. Das können sie allerdings nur, solange die anderen Länder Vertrauen in die Stabilität der Währung haben und die wirtschaftliche Dominanz der westlichen Staaten gewahrt ist. Seit dem Jahr 1971 verzeichnen die USA negative Handelsbilanzen, das heißt, sie führen Jahr für Jahr mehr Waren ein als sie exportieren. Und dabei handelt es sich keinesfalls um Minimalbeträge. In den vergangenen zehn Jahren betrug das Handelsbilanzdefizit Jahr für Jahr rund eine Billion US-Dollar – mit steigender Tendenz. In Zahlen: 1.000.000.000.000 US-Dollar Jahr für Jahr.

Das führte unter anderem dazu, dass die Staatsschulden der USA auf die gewaltige Summe von 33,4 Billionen US-Dollar im Jahr 2023 angestiegen sind. Das sind 122,2 Prozent des Brutto-Inlandsprodukts. Eine Verschuldung in Höhe von 60 Prozent hält die Europäische Zentralbank (EZB) noch für vertretbar. Alles andere sei von Übel und führe in die Schuldenfalle. Doch alle führenden Wirtschaftsnationen Europas halten sich nicht an diese verordnete Norm, international am allerwenigsten die Nation, die mit der Leitwährung der alleroberste Wächter der Tugenden sein sollte. Der Internationale Währungsfonds erwartet für das Jahr 2024 einen weitere Steigerung der Schulden der USA um zwei Billionen auf 35,5 Billionen und prognostiziert einen Schuldenstand im Jahr 2029 in Höhe von 45,52 Billionen US-Dollar.

Die meisten Länder der Welt sind tributpflichtig

Wer stützt diese überdimensionalen Schuldenberge? In erster Linie regeln dies die Finanzmärkte, auf denen die wichtigsten Güter auf Dollarbasis gehandelt werden. Die USA können mit Papiergeld zahlen, alle anderen Länder müssen in harter Währung begleichen. Dann erfolgt die Finanzierung über Staatsanleihen der USA. Die Europäische Union hält rund sechs Billionen dieser Papiere, Japan rund vier Billionen und China schätzungsweise drei Billionen. Wenn allein China die US-Schulden einfordern würden, würde dies eine Wirtschaftskrise auslösen, die die Krise von 2007/2008 weit in den Schatten stellen würde. Denn China ist nicht

Entwicklung des Außenhandels der USA

1970	1980	1990	2000	2005	2010	2015	2020	2021
Exporte in Mrd. US-Dollar								
53,900	271.788	535.258	1.082.962	1.291.506	1.872.324	2.280.047	2.134.445	2.532.951
Importe in Mrd. US-Dollar								
54.510	290.741	616.110	1.452.651	2.008.043	2.375.402	2.771.466	2.811.124	3.394.346
Handelsbilanz in Mrd. US-Dollar								
−620	−18,953	−80,852	−369,689	−716,537	−503,078	−491,419	−676,679	−861,395

Quelle: Wikipedia

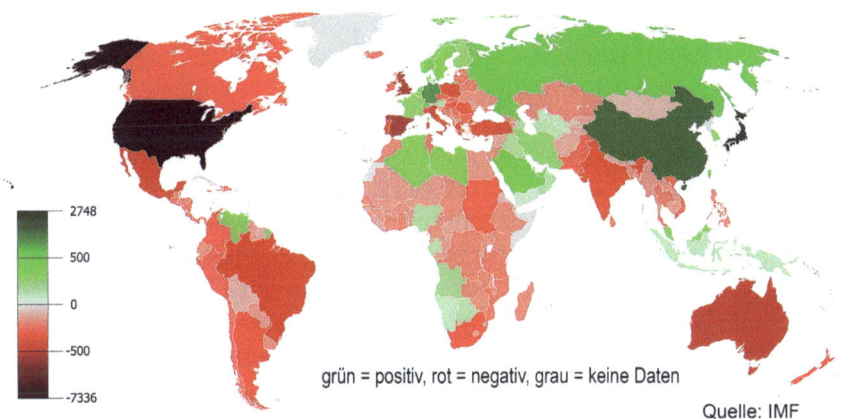

Kumulierte Leistungsbilanzsalden 1980 bis 2008

grün = positiv, rot = negativ, grau = keine Daten

Quelle: IMF

Dieses Weltbild verdeutlicht sehr anschaulich, welche Länder auf Grund der hohen Außenhandelsbilanzdefizite der USA die Rechnung bezahlen: Alle rot gekennzeichneten Länder stecken in der Schuldenfalle und sind abhängig von den USA. Die USA können die Handelsbilanzdefizite jederzeit erhöhen. Das Land besitzt ja die Dollar-Papierdruckpresse. Wenn die US-amerikanische Notenbank FED die Zinsen auf hohem Niveau von 5 Prozent belässt, werden die Schwierigkeiten der Länder stark zunehmen.

nur weitgehend schuldenfrei sondern finanziert noch die Schulden anderer Staaten. Den chinesischen Schulden von 1,4 Billionen US-Dollar stehen geschätzte Ansprüche an ausländische Schuldner in Höhe von 6,2 Billionen US-Dollar gegenüber. Mit Abstand größter Schuldner Chinas

15

sind die USA. Die USA hängen also am Tropf von China. Aber auch die Kreditgeber aus der Europäischen Union sitzen selber auf einem Berg von Schulden. Frankreich weist 2023 mit rund 3,1 Billionen Euro die höchste Staatsverschuldung innerhalb der Europäischen Union auf. Italien liegt mit rund 2,9 Billionen Euro dicht dahinter. Griechenland, auf das die Währungspolizisten der EZB mit spitzen Fingern wegen der enormen Verschwendung zeigten, hatte im Jahr 2023 Staatsschulden in Höhe von 356 Milliarden Euro, also jeweils weniger als zehn Prozent der als solide eingeschätzten Länder Frankreich und Italien. Und Griechenland muss bis 2050 Kredite abstottern, um im günstigsten Fall in diesem Jahr relativ schuldenfrei zu sein. Wenn bis dahin die Wirtschaft reibungslos läuft...

Zeit online schrieb schon am 29. April 2024 unter dem Titel „Der 33-Billionen-Dollar-Strudel": „Wenn Finanzminister und Notenbankchefs aus aller Welt beim Internationalen Währungsfonds (IWF) in Washington zusammenkommen, geht es oft um arme Länder, die hoch verschuldet sind und Hilfe benötigen. Doch beim IWF-Frühjahrstreffen, das vergangene Woche endete, trat zu den altbekannten Sorgen eine neue hinzu: Was ist, wenn die USA ihre Schulden nicht in den Griff bekommen? Wenn die Regierung der größten Volkswirtschaft des Planeten so weitermacht wie bisher – und in rasendem Tempo immer mehr Kredite aufnimmt?" Die Wirtschaft der USA brummt, glaubt man den veröffentlichten Zahlen. Aber die USA machen Schulden ohne Ende. Zeit online schreibt weiter: „Ein Boom ist nicht der Zeitpunkt für deficit spending, also für den Ausgleich konjunktureller Schwächen durch schuldenfinanzierte Staatsausgaben. Doch in den USA ist nun alles anders, und Experten wie Clemens Fuest schütteln darüber nur den Kopf. ›Eine schlechtere Makropolitik kann man eigentlich gar nicht machen‹, warnte der Präsident des Münchener ifo-Instituts schon vor Monaten. Die Folge dieser ›kompletten makroökonomischen Fehlsteuerung‹ in den USA sei, dass ›die Schuldenquote mit wahnsinniger Geschwindigkeit ansteigt‹." Das Fazit von Zeit online lautet: „Dabei geht es nicht allein um ein finanztechnisches Problem. Angesichts des wachsenden Kreditberges stellt sich auch die Frage, wie lange sich die USA ihre sehr teure Klimapolitik noch leisten können. Oder ihr riesiges Militärbudget. Die hohen Schulden wecken Zweifel an der Superkraft der Supermacht."

Staatsschulden haben einen schwer wiegenden Haken: Das geborgte Geld muss mit Zinsen bedient werden. Im Fall der USA kann das Land Papiergeld drucken. Das geht aber nur solange das Vertrauen in den Wert des bedruckten Papiers nicht schwindet. 2021 verabschiedete Präsident Joe Biden das Infrastrukturpaket im Wert von 550 Milliarden US-Dollar. In den Folgejahren wurde mit dem Inflation Reduction Act im Wert von 780 Milliarden US-Dollar und dem Chips-Act im Wert von 280 Milliarden die Wirtschaft im Lande angeheizt. Diese enormen Finanzspritzen sind aber allesamt mit erneuter Schuldenaufnahme finanziert. Die Schulden werden also weiter angehäuft, um die Schulden zu finanzieren und die Wirtschaft anzukurbeln. Daran wird sich auch nach den Wahlen 2024 mit Trump als Sieger nichts ändern. Er wird weiter Schulden anhäufen, um als Impulsgeber einer florierenden Wirtschaft zu erscheinen. Die Kriege in der Ukraine und in Nahost erfordern – wenn sie denn in der bisherigen Härte fortgeführt werden – weiter enorm steigende Summen. Ist das auch in Zukunft durchzuhalten? Oder werden die Zweifel an der Superkraft der Supermacht zunehmen?

Ein schwer wiegendes Manko haben die mit Schulden finanzierten Finanzspritzen in den USA zusätzlich zur Folge: Sie locken die Investoren in das nordamerikanische Land, Kapital, das dann in den Ländern der „Partner" wie der Europäischen Union fehlt. Deren Wirtschaften wie zum Beispiel die Deutschlands dümpeln dann in die Rezession. Den Wert der US-Währung und die Überlegenheit der US-Wirtschaft versucht das Land auch über Wirtschaftskriege zu sichern. Derzeit führen die USA Wirtschaftskriege gegen eine Vielzahl der Länder der Welt, gegen China, Russland, Iran, Venezuela, Kuba, Sudan, Simbabwe, Myanmar, die Demokratische Republik Kongo, Pakistan, die Türkei. Die Liste der mit Sanktionen belegten Länder wird von Jahr zu Jahr größer. Unter der Rubrik Wirtschaftskrieg kann auch die Zerstörung der Gas- und Erdöl-Röhren Nord Stream gelistet werden. Es unterbricht die Lieferung von

Von 2000 bis 2023: Anteil der BRICS- und der G7-Staaten am Welt-Bruttoinlandsprodukt (nach Kaufkraft)

Quellen: IWF, Weltbank

Energie aus Russland und zwingt die Länder, teurere Energie aus den USA zu kaufen. Es gibt also vielfältige Möglichkeiten... Sanktionen und Strafmaßnahmen können die USA verhängen, weil sie das Machtmittel der Leitwährung und die militärische Überlegenheit besitzen. Aber diese einst sehr scharfen Schwerter werden nach und nach stumpfer.

Das Bild der Überlegenheit der USA, das durch den nominalen Wert des Bruttoinlandsprodukts in US-Dollar (also nach derzeitigen Währungsparitäten berechneten BIP) gezeichnet wird, kehrt sich dramatisch um, wenn das BIP nach der Kaufkraft berechnet wird, also nach dem, was tatsächlich an konsumierbaren und exportfähigem Wert in einem Land produziert wird. Nach Berechnungen des Internationalen Währungsfonds (IWF) hat hier China seit dem Jahr 2017 die Nase vorn. Das BIP nach Kaufkraftparitäten berechnet betrug im Jahre 2023 in China 32,96 Billionen US-Dollar, in den USA 23,937 und in Indien 13,34 Billionen US-Dollar.

Anteil der G7-Länder und der BRICS-Länder an der Weltwirtschaft 2023

	BRICS	G7
Bevölkerung	45 %	10 %
Fläche	29 %	15 %
BIP (nominell)	28 %	44 %
BIP (Kaufkraftparität)	32 %	30 %
Exporte 1	24 %1	28 %

1 ohne Ägypten, Äthiopien, Iran / 2023
Quelle: Wikipedia, Focus Online, eigene Berechnungen

Unter ferner liefen folgen dann Japan, Deutschland, Russland.

Um es überspitzt zu formulieren: Der nominale Wert des BIP spiegelt den Wert des gedruckten Papiers wider. Nach dem nominalen Wert müssen aber sich in der Realität alle richten, weil alle, auch China, den Verfall der US-Währung fürchten müssen. Denn die den USA gewährten Kredite würden starke Werteinbußen erleiden. Das nach Kaufkraftparitäten berechnete BIP zeigt allerdings die reale Wirtschaftskraft, die in Zukunft ausschlaggebend ist. Das berechnete nominale BIP ist eine finanzpolitische Scheinwelt. Das nach Kaufkraftparitäten berechnete BIP ist harte Realität in den handelspolitischen Beziehungen, die vor allem im bilateralen Handel praktiziert werden. Aber natürlich kann mit dem gedruckten Papier der Dollarwährung bezahlt werden, solange der Finanzmarkt von den USA und den G7-Staaten dominiert wird und Vertrauen in eine harte US-Währung besteht. Aber selbst die US-amerikanischen Ratingagenturen haben die Bonität der US-Währung von AAA auf AA+ herabgestuft.

Kennzahlen der BRICS-Länder Bevölkerung 2023, nominelles BIP 2022, BIP KKP 2022, Exporte 2022

Land	Bevölkerung Mio.	in %	Fläche in Tsd. km²	%	BIP (nominell) in Mrd. USD	in %	BIP (Kaufkraftparität) Mrd. Int. $	in %	Exporte in Mrd. USD	%
Volksrepublik China1	1.433,9	17,8	9.597	6,4	18.268	18,2	30.763	18,8	3.594	14,4
Indien	1.428,6	17,8	3.287	2,2	3.390	3,4	11.901	7,3	453	1,8
Brasilien	216,4	2,7	8.515	5,7	1.920	1,9	3.837	2,3	334	1,3
Russland	144,4	1,8	17.098	11,4	2.244	2,2	4.770	2,9	532	2,1
Südafrika	60,4	0,8	1.219	0,8	405	0,4	953	0,6	123	0,5
Äthiopien	126,5	1,6	1.104	0,7	120	0,1	357	0,2		
Ägypten	112,7	1,4	1.002	0,7	475	0,5	1.676	1,0		
Iran	89,2	1,1	1.648	1,1	346	0,3	1.617	1,0		
V. Arabische Emirate	9,5	0,1	84	0,1	507	0,5	835	0,5	599	2,4
BRICS	3.621,6	45,1	43.554	29,1	27.675	27,5	56.709	34,6		
Welt	8.045,0	100,0	149.430	100,0	100.135	100,0	163.837	100,0	24.905	100,0

1 mit Hongkong und Macau   Quellen: Wikipedia, Focus online

Währungs-Überlegenheit versus realer in Kaufkraft gemessener Wert der erzeugten Produkte prägen das Bild der Rivalität zwischen den G7-Staaten (USA, Deutschland, Japan, Frankreich, Großbritannien Italien und Kanada) einerseits und den BRICS-Staaten (Brasilien, Russland, Indien, China, Südafrika) andererseits. Das BIP der G7-Staaten weist derzeit nominal in Dollar-Währungsparitäten berechnet im Jahr 2023 noch eine wirtschaftliche Überlegenheit der G7-Staaten aus. Doch nach Kaufkraft berechnet hat sich das Blatt schon gewendet. Der Machtwechsel der beiden großen Wirtschaftsblöcke der Welt ist im Gang. Hier wiederholt sich der Machtpoker finanzpolitische, nominale Bewertung contra kaufkraftbedingte Bewertung. Die fünf BRICS-Staaten überholten die G7-Staaten beim Anteil am Welt-BIP kaufkraftbedingt im Jahr 2020. Im Jahr 2023 hat der Abstand seitdem weiter zugenommen, die BRICS-Staaten halten zu diesem Zeitpunkt 32 Prozent des weltweit kaufkraftbereinigten BIP verglichen mit 30 Prozent der G7-Staaten. Für das Jahr 2029 wird der Anstieg des Anteils der BRICS-Staaten am kaufkraftbereinigten globalen BIP auf rund 34,1 Prozent prognostiziert. In den fünf BRICS-Staaten leben rund 45 Prozent der Weltbevölkerung, in den G7 weniger als zehn Prozent. Anfang des Jahres 2024 sind mit Ägypten, Äthiopien, Iran, Saudi-Arabien und den Vereinigten Arabischen Emiraten fünf weitere Staaten dem BRICS-Bündnis beigetreten. Das BRICS-Format avancierte zu BRICS plus und erweiterte damit den weltweiten Einfluss beträchtlich. Mit Russland, Saudi-Arabien und den Vereinigten Arabischen Emiraten müssen jetzt Erdöl und Energieprodukte nicht mehr in der US-Währung gehandelt werden und entziehen sich somit der US-amerikanischen Einflussnahme.

Die multipolare Weltordnung wird vorbereitet

Um sich dem finanzpolitischem Einfluss und den Sanktionen der USA und der G7-Staaten zu entziehen, haben in der Vergangenheit viele Länder bilaterale Abkommen geschlossen, so zum Beispiel Venezuela, Brasilien oder der Iran. Aktuell praktiziert dies Russland in großem Maßstab. Ein nächster folgenreicher Schritt wird auf dem finanzpolitischen Sektor vorbereitet. 2016 haben die fünf BRICS-Staaten die Asiatische Infrastruktur-Investitionsbank (AIIB) gegründet. Aktuell sind rund 100 Länder Mitglied der AIIB. Besonders China, viele ehemalige Entwicklungsländer und Länder des Südens beklagen sich über eine Dominanz und die Sanktionen der US-Amerikaner im Internationalen Währungsfonds und in der Weltbank. Da sich die US-Amerikaner strikt weigerten, eine Änderung der Stimmverhältnisse im Internationalen Währungsfonds und der Weltbank zuzustimmen, begann China 2013 mit der Gründung der Initiative AIIB. Die unipolare, hegemoniale Weltordnung soll durch eine multipolare ersetzt werden. Deutschland und das Vereinigte Königreich traten der AIIB bereits zur Gründung bei, Italien und Frankreich im Sommer 2016. Ein weiterer Schritt wird vorbereitet mit der Installation einer neuen Weltwährung, BRICS oder R5 genannt. Die Landeswährungen aller bisherigen fünf BRICS-Staaten, darauf spielt die Abkürzung an, beginnen mit dem Buchstaben R: Brasilien hat den Real, Russland den Rubel, Indien die Rupie, China den Renminbi und Südafrika den Rand. Bis es zu einer einheitlichen Währung kommt, dürften allerdings noch Jahre an Verhandlungen vergehen und viele Interessenkonflikte auszuräumen sein.

Unsicherheit bestimmt auch die weltweiten Finanzmärkte. Droht Gefahr nicht nur von den drei Billionen US-Staatsanleihen, die China angespart hat? Seit über vier Jahrzehnten profitieren die USA von defizitären Handelsbilanzen, importieren also mehr als sie ausführen. Alan Greenspan, der ehemalige Notenbankchef der FED, beruhigte besorgte Anleger: „Die USA können jederzeit alle ihre Schulden bezahlen, denn wir können jederzeit jede beliebige Menge Geld drucken, die wir brauchen!" Das wird aber in Zukunft immer schwieriger. Die Bedeutung des US-Dollars als internationale Leitwährung sinkt, der Euro schiebt sich kontinuierlich nach vorn, bilaterale Abkommen schmälern den Einfluss des Dollars. Schätzungen belegen, dass die USA derzeit allein durch den US-Dollar als Leitwährung einen Vorteil von mindestens 3,5 Prozent des Bruttoinlandsprodukts jährlich erzielen, das sind immerhin über 550 Milliarden US-Dollar (also das eineinhalbfache des deutschen Bundeshaushalts). Nach meiner Einschätzung dürfte der Vorteil durch den Nutzen des Dollar als Welt-Leitwährung weitaus höher liegen. Die Gewinne auf den weltweiten Finanzmärkten sind sehr schwer einzuschätzen. Was wird, wenn Öl an Bedeutung verliert (was absehbar ist) und nicht mehr in Dollar gehandelt wird? Wenn die Bedeutung der US-amerikanischen Wirtschaft als Handelspartner weiter sinkt? Unterdessen hat der US-Haushalt eine Rekordverschuldung von rund 122 Prozent des Bruttoinlandsprodukts erreicht (und sie wird weiter sehr stark ansteigen). Die Bonität der US-amerikanischen Währung ist schon von den Ratingagenturen auf AA+ herabgestuft. Internationale Anleger werden sicher auch vorsichtiger, US-amerikanische Anleihen zu zeichnen.

Deutschland, die Europäische Union insgesamt drohen zwischen die Mühlsteine der Weltpolitik, dem drohenden Konflikt zwischen den USA und China zu geraten. Zur Entwicklung des Handels zwischen der EU und China schreibt der Finanzanalyst Michael Hudson: „Die kalten Krieger der USA behaupten, dass diese – und in der Tat fast alle Exporte – militärisch genutzt werden könnten. Diese Behauptung hat Europa dazu bewogen, der Forderung der USA nach Sanktionen nachzukommen. So bereiten die Vereinigten Staaten einen Krieg mit China vor. ...
Sollte das Embargo gegen China ausgeweitet werden, könnte die deutsche Industrie keine Hightech-Produkte mehr aus China importieren und deutschen Firmen wären die Investitionsmöglichkeiten auf dem chinesischen Markt versperrt." (Berliner Zeitung vom 26./27. 10. 2024) Man muss hinzufügen, dass den deutschen Firmen die Expansionsmöglichkeiten auf den expandierenden Märkten der Welt versperrt werden würden: Für die deutsche Industrie wäre das ein Selbstmord aus Angst vor dem Tod.

I.2. CIA-Prognose: Wesen der Macht wandelt sich weltweit

Mit nie dagewesener Geschwindigkeit wird sich die Welt in den nächsten zehn Jahren verändern. Das ist die Prognose des mächtigsten Geheimdienstes der Welt, der CIA, für die Jahre bis 2035. Das Kooperieren und Regieren werde schwieriger. Vor allem: Das Wesen der Macht werde sich verändern. Die „regelbasierte Ordnung" der Nachkriegszeit sei hochgradig gefährdet. Unter „regelbasierter Ordnung" verstehen die Ökonomen, dass die Stellung der USA als ökonomisch bestimmende Weltmacht mit dem Dollar als Leitwährung anerkannt wird. Die CIA stützt sich dabei auf die Analysen vieler Ökonomen, Soziologen, Psychologen, Bevölkerungswissenschaftler und anderer Experten. Eine zentrale Aussage lautet: „Das globale Wachstum wird sich verlangsamen, gleichzeitig stehen zunehmend komplexe globale Herausforderungen bevor. Eine stetig größer werdende Gruppe von Staaten, Organisationen und Individuen wird Weltpolitik gestalten. Was immer die Folgen sein mögen – die neue globale Landschaft kündigt das Ende der Ära amerikanischer Dominanz in Nachkriegszeit und Kaltem Krieg an." (Die Welt im Jahr 2035 gesehen von der CIA, München 2018, S. 13)

Schauen wir zunächst auf die ökonomischen Fakten. Im Jahr 2017 exportierten die USA Produkte und Dienstleistungen im Wert von 1.546 Milliarden Dollar, sie hatten ein Importvolumen in Höhe von 2.409 Milliarden Dollar. Auf dem ersten Blick fällt das gewaltige Handelsbilanz-Defizit von 863 Milliarden Dollar ins Auge. Das ist mehr als das Doppelte des gesamten deutschen Bundeshaushalts eines Jahres. Dabei ist das Jahr 2017 keine Ausnahme. Seit über 40 Jahren lebt die Welt mit den riesigen Defiziten der USA. Warum ist das Land nicht längst bankrott? Weil es ungehindert Dollars drucken kann. Die Welt-Leitwährung ist der Dollar – fast alle wichtigen Rohstoffe werden auf Dollar-Basis gehandelt. Als das sogenannte Bretton-Woods-System nach dem Zweiten Weltkrieg 1971 die Golddeckung für jede Währung abschaffte, bekam die Dollar-Papierwährung in der internationalen Währungsordnung die führende Stellung – diese von der CIA umständlich als „regelbasierte Ordnung" der Nachkriegszeit bezeichnet sieht der Geheimdienst als gefährdet an. Warum? Um diese Frage beantworten zu können, muss man sich die Kennziffern der anderen Weltmacht anschauen. Die VR China exportierte im Jahr 2017 Waren im Wert von 2.263 Milliarden Dollar und importierte Waren im Wert von 1.841 Milliarden Dollar: Das ist ein Überschuss von 422 Milliarden Dollar. Mit einem Anteil von fast 20 Prozent ist China auch der bei weitem wichtigste Exporteur in die USA. Die führende westliche Kraft ist also von dem „roten Drachen" abhängig – Handelshemmnisse sind ein zweischneidiges Schwert. China besitzt auch einen Großteil der Staatsanleihen der USA. China akzeptiert also derzeit die Gepflogenheiten des Weltmarkts. Weshalb sieht die CIA trotzdem die „regelbasierte Ordnung" wanken? Im Jahr 2015 gründete China die Asian Infrastructure Investment Bank (AIIB) mit sich selbst als Hauptaktionär. An der Eröffnung in Peking im Juni des Jahres nahmen 56 Staaten teil.

Zudem wird die fortschreitende Technologie die Wirtschaft durcheinanderwirbeln. Das könnte laut CIA zu schwer zu kontrollierenden Brüchen führen, mit der Gefahr, dass die hochindustrialisierten Länder sich nicht schnell genug anpassen können. Experten gehen davon aus, dass in den USA und in Deutschland rund 50 Prozent der Arbeitsplätze durch den technologischen Wandel massiv verändert werden – verbunden mit hohen Kapitalinvestitionen und mit der Folge der Entlassung vieler Arbeitskräfte. Die Nationale Plattform Zukunft der Mobilität (NPM) geht davon aus, dass allein in der deutschen Autoindustrie 410.000 Arbeitsplätze wegfallen werden. Infolge von fortgeschrittener Informations- und Kommunikationstechnologien werde es auch im Finanzsektor und in anderen Dienstleistungssektoren tiefgreifende Auswirkungen geben. Durch Erschließung neuer Energiequellen dürften vor allem China, Indien und andere ressourcenarme Entwicklungsländer profitieren.

Die Spannungen zwischen Staaten werden zunehmen

Das weitere Szenario: – Die Gewichte in der Weltwirtschaft verschieben sich, weil das schwache Wirtschaftswachstum in den westlichen Industriestaaten nach Einschätzung der CIA zunächst anhält. Die großen Staaten wie die USA, Japan, Italien oder Frankreich werden von hohen Schulden, schwacher Nachfrage und Zweifeln an der Globalisierung geplagt. Die zunehmende globale Verflechtung führt zu Spannungen zwischen den Staaten.

– Die Regierungen haben es schwerer, den Forderungen der Bevölkerungen nach Ausgleich der sozialen Konflikte zu entsprechen. Die unterschiedlichen Interessen in den Gesellschaften nehmen zu. Das führe in vielen Ländern zu politischem Populismus. Diese Prognose bestimmt das politische Geschehen nicht nur in den USA. In Deutschland gewinnt die Alternative für Deutschland (AfD) beträchtliche Stimmenanteile, Le Pen in Frankreich. In Italien hat Meloni die Regierungsverantwortung. Gruppenegoismen bilden sich nach Einschätzung der CIA durch Betonung der Religions- oder Parteizugehörigkeit, der wirtschaftlichen oder ethnischen Interessen verstärkt heraus. Auch unterschiedliche Medienausrichtung und Informationsgewohnheiten können Interessensgegensätze verhärten. Die CIA: „Das Wesen von Konflikten verändert sich. ... Künftige Konflikte werden zunehmend auf die Zerstörung von kritischer Infrastruktur, gesellschaftlichem Zusammenhalt und wichtigen Regierungsfunktionen abzielen, um psychologische und geopolitische Vorteile zu erlangen, anstatt wie früher zu versuchen, den Feind mit traditionellen militärischen Mitteln auf dem Schlachtfeld zu besiegen. ... Solche Strategien lassen einen Trend in Richtung zunehmend kostspieliger Konflikte ohne klaren Sieger oder Verlierer erwarten." (ebd. S.47 f.)

– Die Bewältigung weltweiter Themen wird schwieriger, weil die Anzahl der Akteure zunimmt. Auch China, Russland, Indien, Brasilien und Europa beanspruchen Mitspracherechte. Die Probleme in den armen Ländern vor allem in Asien und Afrika verschärfen sich. Bisherige wichtige Akteure wie die Öl exportierenden Länder werden an Bedeutung verlieren, weil alternative Energiequellen erschlossen werden.

– Der Klimawandel erhöht die Bedeutung von Gesundheitsthemen. Extremere Wetterbedingungen belasten Wasser und Boden sehr stark. Mangelnde Ernährungssicherheit beschwört gesellschaftliche Konflikte herauf. Stressfaktoren seien der „Anstieg des Meeresspiegels, das Versauern der Meere, Permafrost- und Gletscherschmelze, die Verschlechterung der Luftqualität, dauerhafte Veränderungen bei Temperaturen und Niederschlägen." Die CIA erwartet, dass 2035 die Luftverschmutzung die weltweit wichtigste Ursache von umweltbedingten Todesfällen sein wird. Schon jetzt seien zwei Drittel des fruchtbaren Bodens geschädigt.

Internationale Kooperationen sind notwendig

Auch die CIA erkennt an: „Angesichts der wachsenden Komplexität althergebrachter und neuer Herausforderungen sind kollektive Problemlösungen dringender denn je geboten." Die bisherige Weltordnung stehe auf dem Spiel. „Diese Dynamik macht es schwierig, internationale Institutionen wie den UN-Sicherheitsrat oder die Bretton-Woods-Institutionen zu reformieren, und es stellt sich die Frage, ob politische Rechte, Bürger- und Menschenrechte, die seit 1945 Inbegriff liberaler Werte und des amerikanischen Führungsanspruchs waren, dies auch weiterhin sein werden." (ebd. S. 87f.) Reformen werden zwar als notwendig erachtet. Die Frage, wie diese durchzusetzen sind, bleibt aber unbeantwortet. Die bisherigen internationalen Institutionen sollen offenbar nicht gestärkt werden, weil zu viele Länder Einfluss gewinnen könnten.

Der Geheimdienst zieht nicht die Schlussfolgerung, dass die schon jetzt existierenden internationalen Institutionen wie die UNO, die Weltgesundheits-, die Internationale Arbeitsorganisation oder der Internationale Gerichtshof gestärkt und deren Rechte ausgebaut werden müssen. Nein er prognostiziert, dass sich neue geopolitische Machtzentren bilden werden. Offenbar will die CIA sicherstellen, dass die bisherige Vormachtstellung der USA erhalten bleibt. Aber die derzeitige protektionistische Politik der USA mit wirtschaftlichem Sanktionen inklusive der Verhängung von Strafzöllen, Kündigung des Klimaschutzabkommens und des Internationalen Atomabkommens mit dem Iran müssen selbst aus CIA-Sicht als Eigentore klassifiziert werden. Die CIA möchte die Überlegenheit der USA in den Handelsbeziehungen sichern, aber Protektionismus und Abschottungtendenzen verhindern, weil dies die wirtschaftlichen Handelsspielräume einengt – die USA befinden sich in der Klemme.

Neue Weltordnung – und deren Gefahren

Eine grundlegende, tief greifende Umstrukturierung der politischen und wirtschaftlichen Ordnungen in der Welt kündigt sich an. Sie kann zu Konflikten mit erheblichen Gefahren für das physische und psychische Wohl der Menschen führen. Sie birgt aber auch die Möglichkeit zur internationalen Kooperation und weltweiten Verständigung. Voraussetzung dafür ist, dass alle Länder auf hegemoniale Absichten verzichten. Hier habe ein vereinigtes Europa sehr große Chancen bei der Vermittlung. Es ist wirtschaftlich, technologisch, politisch und auch militärisch eine bedeutende Kraft. Konflikte konnten in der Nachkriegszeit noch nie militärisch gelöst werden, erst recht nicht in der Zukunft, räumt die CIA ein. Die neue Weltordnung erfordert internationale Kooperation und Frieden sichernde Maßnahmen.

Dagegen spreche, dass eine Fragmentierung von Weltregionen wahrscheinlich sei und sich geopolitische Machtzentren bilden. Politische Spannungen zwischen Staaten würden sich verschärfen. In sogenannten Entwicklungsländern führe der hohe Anteil von jungen Menschen, denen Entwicklungschancen fehlen, zu Unruhen – mit der Folge von massiven Migrationsbewegungen. Der Klimawandel könne anstatt schleichend in Zukunft drastischer ausfallen. Ungleiche Wachstumsraten in der EU und problematische Verschuldungsquoten in Griechenland, Spanien und Italien würden die Europäische Union entzweien. Die Unfähigkeit der EU, eine Währungs- und Haushaltspolitik zu gestalten, die im gesamten Raum

Wachstum generiert, könnte ihr zum Verhängnis werden. (ebd. S. 250) An einer Stärkung der Rolle der Europäischen Union besteht aus US-amerikanischer Sicht offenbar kein Interesse. So war auch aus Sicht der CIA der Austritt Großbritanniens aus der EU Folge zunehmender Spannungen innerhalb der europäischen Gemeinschaft.

Das westliche Modell hat für manche an Glanz verloren

„Die Erwartungen, dass der Abschluss der Transpazifischen Partnerschaft (TPP) und der Transatlantischen Handels- und Investitionspartnerschaft (TTIP) parteiübergreifend stark unterstützt wird, sind drastisch gesunken. ... Durch Finanzkrisen und wachsende Abstiegsängste in den Mittelschichten, zunehmende Ungleichheit und politische Polarisierung hat das westliche Modell für manche an Glanz verloren." (ebd. S. 251 f.) Dass diese internationalen Abkommen in erster Linie an den Machtansprüchen der USA gescheitert sind, gesteht die CIA nicht ein. Zusätzlich würden die Unsicherheiten an den Finanzmärkten, die Existenzgefährdung der Mittelschichten, das gewachsene Nord-Südgefälle und die starke Kluft zwischen Arm und Reich die Zweifel an dem Nutzen der Globalisierung nähren. Sie bringe mehr Nach- als Vorteile. Insbesondere sogenannte Entwicklungsländer würden besonders scharf beobachten, ob die US-Politik Anzeichen einer wirtschaftlichen Abschottung erkennen lasse, die ihnen Schaden zufüge. Die unterschiedliche Verfügbarkeit von fortschrittlichen Technologien werde die Kluft zwischen „Besitzenden" und „Besitzlosen" weiter vertiefen. (ebd. S. 267) Wie die G7-Länder wieder in die wirtschaftliche Offensive gelangen könnten, darauf gibt der CIA-Report keine praktikable Antwort. Er bekräftigt statt dessen die Zweifel an dem Nutzen der Globalisierung.

Eindringliche Warnung vor wachsendem Einfluss Chinas

Die CIA warnt eindringlich: „Wenn Peking die Herausforderungen bewältigt, mit denen sich Chinas Wirtschaft konfrontiert sieht, eine Stagnation der Einkommen auf mittlerem Niveau abwenden kann ... und auf Technologie setzt, um die öffentliche Meinung zu lenken – oder Protestpotenzial zu entschärfen –, werden weitere Staaten seinem Weg folgen." (ebd. S. 285) Diese Prognose hat sich inzwischen schon bewahrheitet. „Zu den Strukturen, die darauf abzielen, die Staatenhierarchie neu auszurichten, zählen die BRICS-geführte Development Bank und die AIIB (als Gegenstück zu Weltbank und IWF), die Universal Credit Ranking Group (in Konkurrenz zu den privaten Ratingagenturen Moody's und S & P 9), China Union Pay (konkurrierend zu Mastercard und Visa) sowie das Cross-Border Interbank Payment System CIPS (als Alternative zum SWIFT-Netzwerk zur Abwicklung von Zahlungen)." (ebd. S. 297)

Eine sehr starke Bedrohung wird prognostiziert

„Das Risiko gewaltsamer, darunter zwischenstaatlicher Konflikte steigt in den nächsten beiden Jahrzehnten, weil Großmächte divergierende Interessen verfolgen, terroristische Bedrohungen anhalten, schwache Staaten instabil bleiben und sich Technik zum Töten und Zerstören weiter ausbreitet. ... Diese Ansätze zielen darauf ab, den Konflikt unterhalb der Schwelle auszutragen, ab der ein groß angelegter Krieg ausbrechen kann. Die Fähigkeiten, mit Abstands- und ferngesteuerten Waffen anzugreifen, verbessern sich. ... Für die nächsten zwei Jahrzehnte bleiben Atom- und andere Massenvernichtungswaffen fast sicher eine Bedrohung, die wahrscheinlich noch wachsen wird, weil sich die Technologie weiterentwickelt und die Asymmetrie zwischen rivalisierenden Streitkräften größer wird. ... Angesichts der Weiterverbreitung von Angriffswaffen mit großer Reichweite und der Fähigkeit zu Cyberangriffen sowie komplexerer Operationen durch Terroristen und Aufständische dürften Konflikte immer kostspieliger werden, aber immer seltener eine Entscheidung herbeiführen." (ebd. S. 300 f.)

Diese Einschätzung der CIA lässt sich auf die Konfliktherde Ukraine und im Nahen Osten anwenden. Die Konflikte dürften „immer seltener eine Entscheidung herbeiführen". Aber ein Einfrieren der Konflikte könnte als „Niederlage des Westens" dargestellt werden. Selensky fordert Atomwaffen, um den Sieg zu erringen. Die CIA orientiert aber darauf, dass der Konflikt unterhalb der Atomschwelle ausgetragen werden soll. Im Nahen Osten demonstriert Israel die Überlegenheit der westlichen Waffen-Technologie. Aber diese Demonstration der Überlegenheit ist weltpolitisch gesehen kontraproduktiv, weil sie viele arabische Staaten und auch viele Länder des Südens dazu veranlassen könnte, sich dem BRICS-Bündnis anzuschließen.

Der Ausblick der CIA gibt also zu wenig Hoffnung Anlass. Die Möglichkeit von Friedensinitiativen wird nicht einmal in Erwägung gezogen. Statt dessen wird die enorme Zunahme des Bedrohungspotenzials in der Welt beschworen. Vor allem wird dem wachsenden Emanzipationsbedürfnis der sogenannten Entwicklungsländer und deren Streben nach größerem politischen und wirtschaftlichen Handlungsspielraum allergrößte Skepsis entgegengebracht. Die sehr ernst zu nehmende Bedrohung wird allerdings in dem wachsenden Einfluss Chinas und der BRICS-Länder gesehen. Zur Sorge gibt die Aussage Anlass, dass für die nächsten zwei Jahrzehnte „Atom- und andere Massenvernichtungswaffen fast sicher eine Bedrohung" darstellen würden. Eine Bedrohung, so die Einschätzung des Geheimdienstes, die sicher noch zunehmen würde.

Insgesamt zeichnet die CIA ein sehr düsteres Bild der Lage in der Welt. Die Zukunftsaussichten sind durch Konflikte und Kriege verstellt. Internationale Lösungen werden nicht aufgezeigt.

I.3. Militärisch-industrieller Komplex und Manipulation

Gewaltanwendung in einer Gesellschaft hat Ursachen. Dazu zählt nicht nur die mediale Propagierung oder der Versuch der Ausrichtung der Menschen in der digital beherrschten Kultur, das Verhalten der Massen profitabel auszunutzen. Mächtige gesellschaftliche Interessenverbände bilden ein gefährliches Konglomerat, das über beträchtliche Einflussmöglichkeiten verfügt: kurz der militärisch-industrielle Komplex. Dazu zählen nicht nur die Ausgaben für das Militär. Diese bezifferte das Stockholm International Peace Research Institute für die USA in 2018 auf die Summe von rund 650 Milliarden US-Dollar. Zum Vergleich: Der gesamte Etat Deutschlands betrug 2018 genau 337,5 Milliarden Euro. Um die Militarisierung einer Gesellschaft einschätzen zu können, müssen die Ausgaben für die Geheimdienste, die Verflechtungen des Militärs mit allen Industriezweigen des Landes (moderne Kriege sind ohne die Einbindung der Digital-Konzerne nicht zu führen), die gewaltigen Ausgaben des Außenministeriums, die Exporte der Rüstungsindustrie (unter den weltweit 15 größten Rüstungskonzernen sind sieben, dabei die größten, US-amerikanische Konzerne), die Waffenproduktion für die Bevölkerung (American Rifle Organisation) und vieles mehr berücksichtigt werden. In allen diesen Punkten sind die USA bei weitem „Weltmarktspitze". Der militärisch-industrielle Komplex hat die USA fest im Griff.

Der Begriff militärisch-industrieller Komplex erlangte Popularität durch den US-Präsidenten Dwight D. Eisenhower, der in seiner Abschiedsrede vom 17. Januar 1961 ausdrücklich vor den Verflechtungen und Einflüssen des militärisch-industriellen Komplexes in den USA warnte. Er sei eine Gefahr für die demokratischen Institutionen und die Demokratie. Durch die Einwirkung dieses Komplexes auf Arbeitsplätze und Wirtschaftskraft könne die politische Führung veranlasst werden, Konflikte eher militärisch als politisch lösen zu wollen und damit als verlängerter Arm der

Welt-Anteil der Militärausgaben von 15 Ländern mit den größten Aufwendungen im Jahr 2022 in Prozent

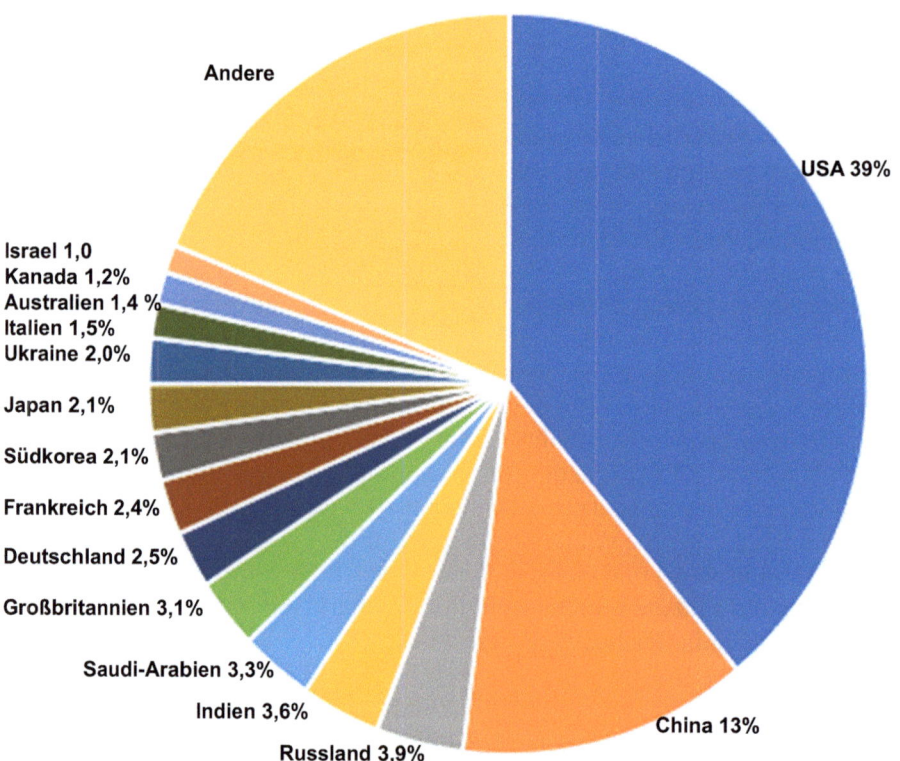

Israel 1,0
Kanada 1,2%
Australien 1,4 %
Italien 1,5%
Ukraine 2,0%

Japan 2,1%

Südkorea 2,1%

Frankreich 2,4%

Deutschland 2,5%

Großbritannien 3,1%

Saudi-Arabien 3,3%

Indien 3,6%

Russland 3,9%

Andere

USA 39%

China 13%

Militär-Ausgaben der Länder im Jahr 2022 in Prozent der Ausgaben weltweit
Auf die USA entfallen 39 Prozent aller Militärausgaben in der Welt. Das NATO-Bündnis mit 32 Mitgliedsstaaten in Nordamerika und Europa vereinigt allein 65 Prozent aller Militäraus-gaben, es verfügt inklusive der Bündnispartner im asiatischen Raum (Australien, Japan, Südkorea) und in Nahost mit Israel über rund 75 Prozent aller Militärausgaben. Die Auf-wendungen für das Militär in Russland in Höhe von 3,9 Prozent sind dagegen verschwin-dend gering. Allenfalls besitzt China mit einem Anteil von 13 Prozent noch nennenswerte Ausgaben.   Quelle: Stockholm International Peace Research Institute, April 2023

Lobby der Rüstungsindustrie agieren. Eisenhower weiter: „Wir in den Institutionen der Regierung müssen uns vor unbefugtem Einfluss – beabsichtigt oder unbeabsichtigt – durch den militärisch-industriellen Komplex schützen. Das Potenzial für die katastrophale Zunahme fehlgeleiteter Kräfte ist vorhanden und wird weiterhin bestehen. Wir dürfen es nie zulassen, dass die Macht dieser Kombination unsere Freiheiten oder unsere demokratischen Prozesse gefährdet. Wir sollten nichts als gegeben hinnehmen. Nur wachsame und informierte Bürger können das angemessene Vernetzen der gigantischen industriellen und militärischen Verteidigungsmaschinerie mit unseren friedlichen Methoden und Zielen erzwingen, so dass Sicherheit und Freiheit zusammen wachsen und gedeihen können."

Die 15 größten Waffenhersteller der Welt in 2020

Platz	Name / Land / Umsatz mit Waffen / Anteil des Waffengeschäfts		
1	Lockheed Martin Corp., USA	58,21 Mrd. US-Dollar	89 %
2	Raytheon Technologies, USA	36,78 Mrd. US-Dollar	65 %
3	Boeing, USA	32,13 Mrd. US-Dollar	55 %
4	Northrop Grumman Corp., USA	30,42 Mrd. US-Dollar	83 %
5	General Dynamics Corp., USA	25,84 Mrd. US-Dollar	68 %
6	BAE Systems, Großbritannien	24,02 Mrd. US-Dollar	97 %
7	NORINCO Group, China	17,93 Mrd. US-Dollar	25 %
8	AVIC, China	16,98 Mrd. US-Dollar	25 %
9	CETC, China	14,61 Mrd. US-Dollar	43 %
10	L3Harris Technologies, USA	14,19 Mrd. US-Dollar	78 %
11	Airbus, Europa	11,99 Mrd. US-Dollar	21 %
12	CASIC, China	11,87 Mrd. US-Dollar	32 %
13	Leonardo, Italien	11,16 Mrd. US-Dollar	73 %
14	Thales, Frankreich	9,05 Mrd. US-Dollar	47 %
15	Huntington Ingalls Ind., USA	8,25 Mrd. US-Dollar	88 %

Quellen: Sipri, Rheinmetall, Handelsblatt 12.4.2022

Der militärisch-industrielle Bereich umfasst viele Bereiche der Wirtschaft, so dass das wahre Ausmaß und die große volkswirtschaftliche Bedeutung sehr schwer einzuschätzen sind. Führend sind vor allem die modernen Tech-Unternehmen, die Medien und die Konzerne der Künstlichen Intelligenz. Die unmittelbaren Waffenproduzenten nehmen neben den Logistik-Konzernen einen dominanten Platz ein.

1. Das Sicherheitssystem der westlichen Welt wurde nach dem Zweiten Weltkrieg unter der Anleitung der USA aufgebaut. Washington als weitaus dominierende militärische Macht entscheidet letztlich, ob heute ein Krieg begonnen werden kann oder nicht.
2. Die US-Rüstungsindustrie ist in Forschung und Entwicklung weltweit führend.
3. Durch die Lieferung amerikanischer Waffen und Ausrüstung werden Länder abhängig. Sie funktionieren dann im Netz des US-Systems. Seit dem Ende des Zweiten Weltkriegs konnten viele Länder als feste US-Kunden gewonnen werden. Sie sind so an amerikanische Verteidigungssysteme gebunden und Teil der US-Strategie. Die Rüstungsindustrie der USA ist ein tragender Pfeiler der US-amerikanischen Exportwirtschaft. Die US-Rüstungsexporte beliefen sich nach eigenen Angaben im Jahr 2020 auf insgesamt 175,08 Milliarden Dollar, ein Anstieg von 2,8 Prozent gegenüber dem Vorjahr. Das Stockholmer Friedensforschungsinstitut SIPRI bezifferte die Waffen- und Militärdienstleistungsumsätze der 100 größten Unternehmen der Welt im Jahr 2018 auf 420 Milliarden Dollar, der Anteil der US-Unternehmen betrug 59 Prozent. SIPRI schätzt die US-Waffenexporte höher ein als die Angaben der US-Regierung.

Die gewaltigen Umsätze der US-Rüstungsexporte und die Bedeutung der Militärindustrie erklären, warum die Vereinigten Staaten Kriege initiieren, obwohl sie realistisch ihre begrenzten Möglichkeiten einschätzen müssten, die Welt mit militärischen Mitteln zu verändern oder zu erobern. Die Rüstungsindustrie war und ist für die USA eine bedeutende Stütze der Macht, die ihre Vorherrschaft in der Welt sichert und riesige Gewinne in die Kassen der Firmen und des Staates spült. Was in der Vergangenheit so wunderbar funktionierte, soll auch als Blaupause für die Zukunft dienen– selbst in veränderten weltpolitischen Konstellationen.

Das ist ein sehr gefährlicher Kurs, der ständig neue Kriegsziele definiert, Spannungen an Brennpunkten erzeugt, um so Gewinne zu steigern, indem es Verbündete in Stellvertreterkriegen ausrüstet. Die wirtschaftliche Bedeutung des militärisch-industriellen Komplexes erfordert eine Kontinuität kriegerischer Auseinandersetzungen. Eine Spirale. Nicht nur die Ukraine bieten sich hier an. Serbien, Kosovo, Georgien, Aserbaidschan, Sudan, Taiwan, Philippinen ... Hinzugefügt werden muss, dass es immer zwei Kriegsparteien geben muss: Jede Seite trägt Schuld an der Eskalation. Nur haben die USA immer die stärkeren Mittel in der Hand. Die Vereinigten Staaten von Amerika können über den Beginn eines Krieges und dessen Ende entscheiden.

Auch Deutschland ist in diesen Strudel geraten. Beschlossen ist, dass der Haushalt der Bundeswehr in den nächsten fünf Jahren um einen Betrag in Höhe von 100 Milliarden Euro zusätzlich aufgestockt werden soll. Unter Einbeziehung der angekündigten Erhöhung der regulären Militärausgaben wird Deutschland damit den viertgrößten Militärhaushalt der Welt haben – nach den USA, die mit Ausgaben in Höhe von 778 Milliarden US-Dollar im Jahr 2020 die einsam führende Militärmacht sind, gefolgt von China mit 252 Milliarden US-Dollar und Russland, dieses Land hat 2023 massiv aufgerüstet. Deutschland folgte mit Ausgaben von 91 Milliarden US-Dollar deutlich vor Großbritannien mit 59,2 und Frankreich mit 52,7 Milliarden US-Dollar. Bei dieser Rangfolge als viertgrößter Militärmacht der Welt ist berücksichtigt, dass Deutschland wie geplant zwei Prozent seines Bruttoinlandsprodukts für die militärische Aufrüstung investiert.

Militärische Aufrüstung hat ideologische Manipulation zur Folge

Die Militarisierung von Gesellschaften entwickelt auf Grund der Dominanz des militärisch-industriellen Komplexes eine krakenhafte Eigendynamik – auch im ideologischen Bereich. Es kann von einer instrumentalisierten Pädagogik der Gewalt gesprochen werden. Es ist bekannt, dass die US-amerikanische Generalität mit der Filmindustrie und den Medien berät, wie die „militante Freiheit" propagiert werden kann.

Das Ausmaß der Gewaltdarstellungen in den Medien, vor allem in Videospielen ist erschreckend. Es prägt die Menschen und ganze Gesellschaften. Der Mörder, der im August 2019 in der US-amerikanischen Grenzstadt El Paso über 20 Menschen tötete, war ein eifriger Nutzer von Gewaltvideos und verbreitete sein Manifest auch auf der Online-Plattform 8chan: „Dieser Anschlag ist eine Antwort auf die hispanische Invasion von Texas." Einen Tag später brachte dann Connor Betts in Dayton rund zehn Menschen um. Er hatte die Tat in El Paso bei Twitter verfolgt und war begeistert. Er erstellte zuvor eine Hitliste für Jungen, die er ermorden und eine für Frauen, die er vergewaltigen wollte. Sein Testament: „Ich gehe zur Hölle und komme nicht zurück." Im Jahr 2019 wurden bei einem Massaker im neuseeländischen Christchurch über 50 Menschen jüdischen Glaubens getötet. Die Anschläge nehmen in den letzten Jahren vor allem in den USA erschreckend zu: Dayton, El Paso sind keine Ausnahmen. Virgina Beach (Juni 2019): 11 Tote, Thousand Oaks (November 2018): Ein Ex-Soldat tötet 13 Menschen, Pittsburg (Oktober 2018): 11 Tote in einer Synagoge, Parkland (Februar 2018): 17 Menschen sterben, Sutherland Springs (November 2017): 26 Menschen werden in einer Kirche getötet, Las Vegas (Oktober 2017): 58 Massakrierte. Die Auflistung ist sehr unvollständig und lässt sich fortsetzen. Auffällig ist die drastische Zunahme der Morde nach 2016, der Wahl von Trump.

Die Gefahr soll am Beispiel des Videospiels „Leg-sie-um" demonstriert werden. Hass ist das Motiv. Was bestimmt das Persönlichkeitsprofil der Täter? Auffällig ist die Vorliebe für Gewalt-Computerspiele, zum Beispiel bei Eric Harris und Dylan Klebold, die 36 Schüler ermordeten oder verletzten. Sie spielten gern das Spiel „Doom", das auch den Titel „Leg-sie-um" trägt. Dieses Spiel wurde vom US-amerikanischen Militär erstellt, um Soldaten beim Töten zu trainieren – und ihr Gewissen auszuschalten. Harris und Klebold spielten im „Gott-Modus". Oft wird behauptet, Videospiele würden nicht zur Gewalt verführen. Spieler würden sich abreagieren, mit anderen kooperieren und im Spiel sogar soziales Verhalten lernen. Weshalb hat das amerikanische Militär das Spiel entwickelt? Damit die Soldaten abstumpfen und sich daran gewöhnen, automatisch und ohne Skrupel zu töten. Sehen und dauerndes Wiederholen üben Verhaltensweisen ein. Töten im Wiederholungs- und im Gott-Modus.

Im Auftrag des FBI hat eine Gruppe um den Wissenschaftler James Silver von der Worcester State University die Motive untersucht: Es sind meist weiße Männer, die sich benachteiligt fühlen und dafür Rache nehmen wollen. Sie sehen sich ständig gemobbt und schlecht behandelt. Sie sehen die Vormachtstellung des „weißen Mannes" und US-Amerikas in Frage gestellt. Rassismus und Nationalismus sind verbreitet. Waffengewalt ist überwiegend männlich. Frauen in den USA werden 16 mal häufiger erschossen als in anderen Industrieländern. Silver stellt die wichtige Frage, ob falsche Männlichkeitsbilder, psychische Erkrankungen und Tötungsabsichten zusammen ein gefährliches Gemisch ergeben. Und dieses Gemisch wird gesellschaftlich geprägt. Somit stehen nicht nur Computerspiele sondern Filme, Literatur, Comics, Tageszeitungen, Radio, Fernsehen, eben die gesamte Kultur eines Landes, unter Verdacht.

Herrscht in vielen westlichen „Demokratien" eine Kultur der Gewalt? In den USA hat ein Schüler nach zwölf Schuljahren rund 13.000 Schulstunden „abgesessen", aber 25.000 Stunden vor dem Fernseher verbracht. Die Medienwissenschaftlerin Ann M.S. Barry schätzt ein, dass von den 25.000 Stunden Fernsehkonsum rund 18.000 Stunden als „gewaltdominiertes visuelles Lernen" eingestuft werden müssen. Sie weist außerdem darauf hin, dass Kinder in Haushalten mit Videorecorder und Kabelanschluss bis zum 18. Lebensjahr 32.000 Morde und 40.000 versuchte Morde gesehen haben. Diese Schätzungen seien für bestimmte Regionen und bestimmte Bevölkerungsgruppen viel zu niedrig. Sie untersuchte die Ausstrahlungen verschiedener Sender an einem einzigen Wochentag, am Donnertag, dem 2. April 1992: Die insgesamt 180 Stunden Fernsehen enthielten 1.846 Gewaltakte, darunter 751 mit lebensbedrohlichem Ausgang und 175 mit Todesfolge. (Barry 1997) Nach Angaben der American Medical Association hat ein Kind nach Abschluss der Grundschule bereits mehr als 8.000 Morde und mehr als 100.000 Gewalttaten im Fernsehen verinnerlicht. In einer Langzeitstudie hat der US-amerikanische Forscher Centerwall den

Zusammenhang zwischen der Einführung des Fernsehens und der Häufigkeit von Morden in den USA, Kanada und Südafrika untersucht. Nach der Einführung des Fernsehens in den 50er Jahren kam es in den USA und Kanada zu einer Verdoppelung von Tötungsdelikten innerhalb von 10 bis 15 Jahren. Während des gleichen Zeitraums nahm die Zahl der Tötungsdelikte in Südafrika um 7 Prozent ab. Nach der Einführung des Fernsehens dort im Jahre 1975 stiegen im Zeitraum bis 1987 die Tötungsdelikte um 130 Prozent.

Es wird oft von Wissenschaftlern behauptet, dass Kinder sehr wohl zwischen virtueller und realer Realität unterscheiden könnten. Das ist eindeutig falsch. Bis zum Alter von acht Jahren haben sie nicht die Fähigkeit, Fiktion und Wirklichkeit realitätsgerecht zu trennen. In diesem Alter werden aber Persönlichkeitsstrukturen schon ausgeprägt. Gewalt in ihrem Umfeld, Gewaltdarstellungen in den Medien oder Computerspielen üben dann einen verheerenden Einfluss aus. Ältere Kinder können dann das Gelernte modifizieren, gänzlich abstreifen werden sie es aber nicht – vor allem, wenn ihr soziales Umfeld und der Einfluss der Medien sich nicht verändern. Im Gegenteil: Die Gewalt-Lerneffekte können sich verstärken und im Erwachsenenalter sogar noch ausgebaut werden.

Jeffrey G. Johnson et al. von der Columbia-University New York untersuchten den Zusammenhang zwischen Fernsehen und aggressivem Verhalten. Ihre Zusammenfassung in Science (vom 29. Mai 2002): „Fernsehen und aggressives Verhalten wurden über einen Zeitraum von 17 Jahren in einer Community-Stichprobe von 707 Personen bewertet. Es gab einen signifikanten Zusammenhang zwischen der Zeit, die während der Pubertät und im frühen Erwachsenenalter vor dem Fernseher verbracht wurde, und der Wahrscheinlichkeit späterer aggressiver Handlungen gegen andere. Diese Assoziation blieb signifikant, nachdem zuvor aggressives Verhalten, Vernachlässigung von Kindern, Familieneinkommen, Gewalt in der Nachbarschaft, elterliche Erziehung und psychiatrische Störungen statistisch kontrolliert wurden." Diese Studie ist deshalb vorbildlich, weil es erstens eine Langzeitstudie ist, zweitens eine Feldstudie (also eine Studie, die soziales Leben berücksichtigt und keine vereinzelte Beobachtungen im Labor aufzeigt) und drittens die persönlichen Beziehungen mit berücksichtigt. Medienkonsum allein vermag die verheerenden Folgen nicht zu erklären. Im Zusammenspiel mit anderen Faktoren verstärkt Medienkonsum aggressives Verhalten. Johnson et al. berücksichtigten, welche Kinder vernachlässigt wurden, ob sie in einer unsicheren Nachbarschaft aufwuchsen, ob die Eltern nur über ein geringes Einkommen verfügten oder ein geringes Ausbildungsniveau oder psychiatrische Erkrankungen hatten. Unter diesen Voraussetzungen führte erhöhter Fernsehkonsum im Kindesalter zu aggressivem Verhalten von den dann 16-Jährigen und älteren Probanden. Außerdem stellten sie bei den gewaltbereiten Jugendlichen einen höheren Fernsehkonsum in späteren Lebensjahren fest. Gewaltdarstellungen führen also nicht nur zu aggressivem Verhalten, Gewalt steigert auch den Fernsehkonsum insgesamt.

Den Zusammenhang zwischen der Zunahme von aggressivem Verhalten und Fernsehkonsum zeigt auch eine Studie auf, die eine Stadt in Kanada, in der es bis zum Jahr 1973 aufgrund der geografischen Lage kein Fernsehen gab (aber mit moderner Infrastruktur), mit zwei anderen Städten mit Fernsehen verglich. Als dann in der Stadt ohne Fernsehen das Fernsehen eingeführt wurde, registrierten die Wissenschaftler eine Verdoppelung der verbalen Aggressivität und eine Verdreifachung der körperlichen Gewaltanwendung sowohl bei Jungen als auch bei Mädchen in allen untersuchten Altersklassen. Untersucht wurde auch der Zusammenhang zwischen der Zeit, die die Kinder und Jugendlichen vor dem Fernseher zubrachten, und der Gewaltbereitschaft. Bei Kindern, die überdurchschnittlich viel fern sahen, war die Gewaltbereitschaft höher. Im Gegensatz dazu war das Gewaltniveau in den beiden Kontrollstädten gleichbleibend.

Zu den eindrucksvollsten diesbezüglichen Daten zählen die von Eron und Huesman (1986), die eine prospektive Langzeitstudie an 875 Jungen über einen Zeitraum von insgesamt 22 Jahren (!) von 1960 bis 1981 durchführten. Diejenigen Jungen, die bei der ersten Untersuchung im achten Lebensjahr überdurchschnittlich viele Gewaltszenen im Fernsehen sahen, wurden mit größerer Wahrscheinlichkeit von ihren Lehrern als gemein und aggressiv eingeschätzt. Die gleichen Jungen waren im Alter von 19 Jahren mit größerer Wahrscheinlichkeit mit dem Gesetz in Konflikt geraten und im Alter von 30 Jahren mit größerer Wahrscheinlichkeit wegen Gewaltkriminalität verurteilt oder gewalttätig gegenüber Ehefrauen und Kindern. Es zeigten sich sogar Effekte auf die Folgegeneration in dem Sinne, dass Jungen, die im achten Lebensjahr mehr Gewalt im Fernsehen gesehen hatten, mit einer größeren Wahrscheinlichkeit später ihre eigenen Kinder schlugen.

In einer retrospektiv kontrollierten Studie an 100 inhaftierten Männern, die wegen Mordes, Vergewaltigung oder Körperverletzung verurteilt worden waren, verglich man diese Gruppe mit einer Kontrollgruppe aus 65 Männern, die keine Gewaltverbrechen begangen hatten und im Hinblick auf Alter, Rassenzugehörigkeit und Lebensumstände parallelisiert waren. Unabhängig vom Einfluss der drei Variablen 1. Schulleistung, 2. elterliche Gewalt und 3. Neigung zu kriminellen Handlungen zeigte sich in dieser Studie ein Trend dahingehend, dass die als Kind im Fernsehen angeschaute Gewalt zum Gewaltverbrecher prädisponiert (Kruttschnitt et al. 1986). 365 Der Psychologe Bandura und seine Mitarbeiter zeigten bereits zu Anfang der 60er Jahre Kindern im Kindergarten Filme von anderen Kindern, die entweder gewalttätig oder nicht gewalttätig miteinander umgingen. ... Wer Gewalt sieht, wird selbst gewalttätig (vgl. Bandura et al. 1963, Bandura 1978) Gesehene Gewalt wird imitiert, was sich sowohl beim Umgang mit Spielzeug als auch im Spiel der Kinder miteinander sowie deren Umgang mit Erwachsenen zeigte.

Nun kann „das" Fernsehen nicht für die Morde verantwortlich gemacht werden, sondern die dort vermittelten Inhalte. Schon am 16. Dezember 1955 berieten die Stabschefs des US-amerikanische Militärs, wie sie die Idee der „militanten Freiheit" verbreiten könnten. Im Juni und Juli trafen sie sich dann mit John Ford, Merian Cooper, John Wayne und Ward Bond und verpflichteten sie. Dann arrangierten sie Cowboy-Filme für Cooper, Ronald Reagan und viele andere populäre Schauspieler. (siehe dazu Saunders 2001, S. 273) In der Werbung sind die Marlboro-Cowboys mit Gewehren, Lassos oder Colts zu sehen. In der Werbesprache wird das als Produktplacement bezeichnet, diesmal aber Produktplacement vom Militär. Das Produktplacement in Filmen, Krimis, Kriegsdarstellungen fällt gar nicht mehr auf, so alltäglich ist es schon geworden. Die Militarisierung der Gesellschaft durchdringt alle Bereiche der Gesellschaft. 40 Prozent der weltweiten Schusswaffen im Privatbesitz gehören US-Bürgern. Jeder US-Bürger hat im Durchschnitt 1,21 Schusswaffen – weltweit einsam führend. So verwundert es nicht, dass die häufigste Todesursache für 22- bis 50-Jährige US-Bürger Mord ist. In den USA wurden 12,2 Bürger pro 100.000 Einwohner mit Schusswaffen getötet. Übertroffen wird diese Zahl in der Welt nur von Brasilien, wo 22 Menschen pro 100.000 Einwohner durch Schusswaffen starben. Der Vergleich Brasilien/USA zeigt aber auch, dass das Verbot von Waffen wenig bringt. Denn in Brasilien besitzen nur 8 von 100 Bürgern Waffen – in Deutschland sind es 32 von 100.

Der Gründer des US-amerikanischen Nachrichtensenders CNN Ted Turner sagte vor einem US-Kongress-Ausschuss aus: „Sie sind des Mordes schuldig. Wir alle sind es – auch ich." Gewalt im Fernsehen sei der wichtigste Faktor, der in Amerika zur Gewalt beitrage. Barry stellt fest: „Die ›Neue Gewalt‹ in den Medien ist der Vorbote einer neuen amerikanischen Kultur, die sich durch geringe zwischenmenschliche kommunikative Beziehungen auszeichnet und durch Einstellungen, dass Gewalt eine anscheinend geeignete Lösung für zwischenmenschliche Konflikte, eine Quelle der Unterhaltung und des Vergnügens sei." Gewalt stellt für diese Menschen ein wirksames Mittel für persönliche und soziale Problemlösungen dar. „Gewaltakzeptanz ist heute eine tiefe, gemeinsame Erfahrung der Jugend und eine Sichtweise, die durch wiederholte Medienexposition entsteht." (Barry 1997, S. 331)

Zur Gewaltdarstellung in Computerspielen führt der Neurologe Manfred Spitzer aus: „Der Held schießt nicht nur einfach auf virtuelle Raumfahrzeuge; nein er köpft seinen Gegner, reißt ihm das Herz aus der Brust oder die Gliedmaßen vom Körper. In Spielen wie Mortal Kombat ist die Tötung des realistisch dargestellten Gegners das erklärte Ziel. Wie eine verglei-

chende Analyse von 33 Nintendo- und Sega-Videospielen zeigte, haben
etwa 80 % Gewalt und Aggression zum Inhalt. 20 % beinhalten sogar ex-
plizit Gewalt gegenüber Frauen (Dietz 1998)." Er schließt mit der Einschätzung: „Es gibt gute Gründe zur Annahme, dass Videospiele
Auswirkungen auf die Gewaltbereitschaft haben, die über die Auswirkungen des Fernsehens noch deutlich hinausgehen." (Spitzer 2006, S. 380 ff.)

Die Kultur gehört auf dem Prüfstand. Verbote stellen ein Herumdoktern
an Symptomen dar: Verbot des Tragens von Kopftüchern bekämpft nicht
islamistischen Terror, Verbot der Gewaltdarstellung in den Medien, Verbot von Kriegsspielzeug, Verbot der Tabakwerbung, von Süßigkeiten (als
Auslöser der Massenkrankheit Diabetes) lösen die Probleme nicht. Nicht
die Technik ist Schuld. Wenn 18- bis 24-Jährige Amerikaner am Tag im
Durchschnitt 82 Mal (in Deutschland 56 Mal) ihr Smartphone checken
oder von Jahr zu Jahr ihren passiven Fernsehkonsum steigern, bedeutet
das ein Abnehmen der sozialen Kontakte und damit ein Desaster für Solidarität und empathisches Erleben. Amazon, Google, Facebook und Konsorten profitieren.

Nur höhere Investitionen in Bildung zu fordern, bringt wenig. Die Inhalte
müssen überprüft werden. Ein nur scheinbar unwichtiges Beispiel: Im
Sportunterricht wird vor allem Leistung verlangt: schneller, höher, weiter.
Körperlich Schwache werden diskriminiert. Gemeinschaftliches Erleben
wird so nicht gefördert. Schulen tun sich schwer mit einem Fach wie
Ethik, dem Vermitteln gemeinsamer Werte – offensichtlich Ressourcen-
verschwendung in einer Leistungsgesellschaft. Das Fach Medienkunde
gibt es nicht: Wie kann ich die neuen Medien sinnvoll nutzen und größt-
möglichen Lernerfolg und Spaß haben? „PISA ... Insgesamt lässt sich in
den alten Bundesländern 80 Prozent der Varianz der Lesekompetenz
durch sozioökonomische Variablen erklären. Dies stimmt nachdenklich. ...
Weil jedoch die Unterschiede zwischen den Schülern am größten sind;
weil dies daran liegt, dass wir viele Kinder mit unseren Bildungseinrich-
tungen gar nicht erreichen; weil die Kluft zwischen den Kindern von Arm
und Reich nirgendwo so groß ist wie bei uns; und weil wir Einwanderer

deutlich schlechter integrieren können als andere Länder, haben wir ein großes Problem." (Spitzer 2006, S. 396)

Christopher Hedges weist in „Empire of Illusion: The End of Literacy and the Triumph of Spectacle" ausdrücklich auf die Gefährlichkeit der Dominanz der bildbasierten Kultur und die dadurch bewirkte Minderung oder Bedeutungslosigkeit der zwischenmenschlichen Kommunikation hin: „Eine bildbasierte Kultur kommuniziert durch Erzählungen, Bilder und Pseudodramen. Skandalöse Affären, Wirbelstürme, vorzeitige Todesfälle, Zugunglücke – diese Ereignisse lassen sich gut auf Computerbildschirmen und im Fernsehen abspielen. Die internationale Diplomatie, Gewerkschaftsverhandlungen und verwickelte Rettungspakete ergeben keine aufregenden persönlichen Erzählungen oder erregende Bilder [...] Die Wirklichkeit ist kompliziert. Die Wirklichkeit ist langweilig. Wir sind unfähig oder nicht bereit, mit ihrer Verworrenheit umzugehen. [...] Wir gehen in die Falle des sprachlichen Gefängnisses unablässiger Wiederholung. Man füttert uns mit Worten und Phrasen wie *Krieg gegen des Terror* oder für das *Leben oder Wandel*, und innerhalb dieser engen Kennwerte verschwindet jeder komplexe Gedanke, die Mehrdeutigkeit und Selbstkritik." (Hedges, 2009, zit. nach Lee 2018, S. 315) Thomas Singer schlussfolgert: „Trumps Narzissmus ist ein vollkommener Spiegel unseres nationalen und auch unseres persönlichen Narzissmus. Letztlich bin ich davon überzeugt, dass das Trump-Phänomen weniger mit Trump als mit uns zu tun hat – damit, wer wir als Volk sind: Der Elefant im Zimmer stellt sich als ›Wir, das Volk der Vereinigten Staaten‹ heraus. Wie schrecklich ist der Gedanke, dass unsere Politik und unser Leben furchtbar mit dem Reality-TV, mit sozialen Medien, Computer- und Mobilfunktechnik und deren unendlicher Fähigkeit verstrickt sind, die Wirklichkeit in eine Illusion und das Selbst in Narzissmus zu verwandeln." (Lee 2018, S. 325 f.) Die Aussage, dass die „sozialen" Medien es schaffen, die Wirklichkeit in eine Illusion und das Selbst in Narzissmus zu verwandeln, muss in dem ganzen schrecklichen Ausmaß verdeutlicht werden. Damit wir Maßnahmen gegen die Gifte der Manipulation und der massenhaften Verdummung ergreifen können. Die „sozialen" Medien sind in der Lage, unsere

Psyche massiv zu beeinflussen und das gesamte gesellschaftliche Leben zu brutalisieren und zu militarisieren.

In der politischen und kulturellen Entwicklung läuft etwas grundsätzlich schief – mit großer Gefahr für demokratische Entwicklungen und Freiheiten. Konkurrenz und Machtgelüste zerfressen Gesellschaften – Solidarität, Empathie und ein demokratisches Miteinander bleiben auf der Strecke. Filme wie Star Wars oder Computerspiele wie Doom erfreuen sich größter Beliebtheit. Wissenschaftler und Kulturschaffende sind aufgefordert, für Aufklärung zu sorgen und Vorschläge für die Steigerung der sozialen Kontakte zu unterbreiten, Friedensfeste zu feiern und gemeinschaftliches Erleben zu ermöglichen. Gegen die eindimensionale Kommunikation via Fernsehen, Digitales, Handy, Internet und Co. müssen Konzepte für eine neue soziale Kommunikation ausgearbeitet werden. Die praktische Umsetzung in staatlichen Institutionen, in den Schulen und Universitäten, in den anderen Erziehungseinrichtungen, in Veranstaltungen muss von der Politik eingefordert werden.

Digitale Kontrolle hilft Diktaturen und Überwachungsstaaten

Mit spitzem Finger zeigen derzeit viele auf die VR China. Dort werde der perfekte Überwachungsstaat vorbereitet. Es ist in der Tat Besorgnis erregend, mit welcher Perfektion jeder Einzelne in diesem Riesenreich erfasst und beurteilt werden soll. Nur sollten diejenigen, die da warnend ihre Stimme erheben, nicht den Gaunerruf „Haltet den Dieb" praktizieren. Die Überwachung ist in den „westlichen Demokratien" viel weiter fortgeschritten. Ich wundere mich, wenn Amazon mir wöchentlich eine Liste der für mich ausgewählten Bücher sendet. Die Amazon-Algorithmen haben genau meine Vorlieben und meine politischen Überzeugungen erfasst. Amazon ist deshalb dazu in der Lage, weil ich das Internet nutze: Welcher Bürger in Deutschland macht das nicht? Jetzt braucht man sich nur noch zu verdeutlichen, dass Amazon ein weltweit tätiger Konzern ist, einer der mächtigsten in der Welt. Eine Krake, die begierig die intimsten Daten eines jeden in allen Ländern sammelt, um daraus profitablen Nutzen zu ziehen. Darüber hinaus ist Amazon einer der größten Auftragnehmer des amerikanischen „Verteidigungs"ministeriums, das unsere Freiheit im Irak, Syrien, am Hindukusch, in der Ukraine und überall mit einem unvorstellbaren großen Waffenarsenal „verteidigt". Hier ist eine ungeheure Macht konzentriert, die manipulativ vorgeht, die Persönlichkeitsrechte eines jeden Einzelnen missachtet, in deren Intimsphäre eingreift und die Freiheit von uns allen bedroht.

Um die Einflussmöglichkeiten dieser Kraken einschätzen zu können, ist es wichtig, deren ökonomische Macht zu kennen. Größtes Industrieunternehmen der Welt ist Apple Inc. mit Sitz in Cupertino, Kalifornien. Das Unternehmen hat einen Marktwert von 961,3 Milliarden US-Dollar. Zum Vergleich: In Deutschland kommt das größte Industrieunternehmen, die Volkswagen AG, auf einen Marktwert von 92 Milliarden US-Dollar. (Quelle: Forbes Global 2000 - Wikipedia) Als größte weltweit tätige Industrieunternehmen folgen Microsoft mit einem Marktwert von 946,5, Alphabet Inc. mit 863,2 (zum dem auch Google gehört) und Amazon.com Inc. mit 775,2 Milliarden US-Dollar Marktwert. Keine andere Firma der Welt kann es auch nur annäherungsweise mit ihnen aufnehmen. Alle diese Firmen sind weltweit vernetzt, sie entziehen sich weitgehend der nationalen Kontrolle und vermeiden das Zahlen von Steuern. Alle diese Firmen sind im Internet, in der Hard- und Softwareentwicklung, in vielen Medienunternehmen engagiert. Sie haben weltweit Monopolstellungen und können überhaupt nicht demokratisch kontrolliert werden. Marktmissbrauch und Meinungsmanipulationen sind vielfach nachgewiesen worden. Die Geschäftsberichte dieser Giganten sind äußerst spärlich und schweigen sich vor allem über ihre Verflechtungen im militärisch-industriellen Komplex aus. Allenfalls bei Alphabet lässt sich aus der Angabe ihrer Tätigkeitsfelder erahnen, wie groß die Verflechtung und die Einbindung in den militärisch-industriellen Komplex ist: Produkte sind unter anderem Biotechnologie, Gentechnik, Sicherheitstechnologie, Anwendung künstlicher Intelligenz, Biowissenschaften, Entwicklung und Betrieb von Drohnen. Alle Firmen konzentrieren sich aber auf die Erforschung und Steuerung menschlichen Bewusstseins, um ihre Produkte profitabel an die Frauen und Männer zu bringen.

Das Institut für Medien- und Kommunikationspolitik, Köln, kommt zu folgendem Ranking der weltweit führenden Medienkonzerne im Jahr 2018:

1.	AT&T Inc. (Dallas/USA)	€ 144,590 Mrd.
2.	Alphabet Inc. (Mountain View/USA)	€ 115,850 Mrd.
3.	Comcast Corporation (Philadelphia/USA)	€ 80,020 Mrd.
4.	The Walt Disney Company (Burbank/USA)	€ 50,330 Mrd.
5.	Facebook, Inc. (Palo Alto/USA)	€ 47,280 Mrd.
6.	Tencent Holdings Ltd. (Shenzhen/China)	€ 40,050 Mrd.
7.	Charter Comm. Inc. (St. Louis/USA)	€ 36,930 Mrd.
8.	News Corp. Ltd./21st Century Fox (New York/USA)	€ 33,380 Mrd.
9.	Apple Inc. (Cupertino/USA)	€ 31,490 Mrd.
10.	Sony Corporation (Tokyo/Japan)	€ 31,480 Mrd.

Alle diese Firmen zählen zu den größten in der Welt. Alle sind untertrennbar mit dem militärisch-industriellen Komplex verbunden.

Der damalige Präsident des Europäischen Parlaments Martin Schulz, dann Vorsitzender der SPD, inzwischen gescheitert, engagierte sich am 6.2.2014 in der FAZ unter der Überschrift: „Warum wir jetzt kämpfen müssen". Internet-Konzerne und Geheimdienste würden den determinierten Menschen wollen. Wenn wir weiter frei sein wollten, müssten wir uns wehren und unsere Politik ändern. Er endet dort pathetisch (aber trotzdem richtig) mit: „Es geht um nichts weniger als um die Verteidigung unserer Grundwerte im 21. Jahrhundert. Es geht darum, die Verdinglichung des Menschen nicht zuzulassen." Sigmar Gabriel, ihm folgender SPD-Vorsitzender (auch gescheitert), schloss sich in dieser Zeitung mit gleichlautender Argumentation an. Wie wollen sie dagegen kämpfen? Was haben sie inzwischen bewirkt? Wer sind Ross und Reiter? Welche Internet-Konzerne, welche Geheimdienste und Regierungen wollen die Menschen weltweit manipulieren? Wer hat dazu überhaupt die finanziellen Ressourcen? Welche Länder bedrohen unsere Freiheiten? Darauf geben sie keine Antworten. Politiker müssen aber konkret werden. Sonst verkommt ihr Wirken zur Phrase.

I.4. China fordert eine multipolare Weltordnung

Der Jubel war im Jahr 1990 groß. Die „Wende" brachte die Wiedervereinigung und die D-Mark in ganz Deutschland. Gorbi, Gorbi skandierten viele vor dem Brandenburger Tor mit wehenden Deutschland-Fahnen. Die Hoffnung war groß, dass die „Wende" das Ende des Kalten Krieges und vieler kleiner heißer Kriege bedeuten würde. Doch diese wirkliche Wende zum Besseren trat nicht ein. Der da mit Gorbi, Gorbi gefeiert wurde, musste eine bittere Bilanz ziehen: Die russische Wirtschaft brach nach der „Wende" innerhalb von sechs Jahren um fast 50 Prozent ein, das Land versank in Misswirtschaft und Korruption. Das von den USA dominierte Militär der NATO wurde zum bestimmenden Machtfaktor. An einer langen Grenze sind die Raketen direkt auf Russland gerichtet. Von der einstigen „Supermacht" Sowjetunion blieb nicht viel übrig. Der Kalte Krieg beherrscht mit vielen kleinen heißen Kriegen weiter die Welt.

Wirtschaftliche und politische Wende

Doch das 2020er-Jahrzehnt bietet die Möglichkeit zu einer wirklichen Wende. China bildet das Gegengewicht zu der weitaus dominanten Militärmacht USA. Wenn die Europäische Union die Chancen ergreift und ihre Politik an den neuen Realitäten orientiert, kann die Welt durch das Gleichgewicht der großen drei Wirtschaftsmächte wenigstens in den kommenden zehn Jahren gerechter und friedlicher geordnet werden. Die Wende gründet auf dem Erstarken der chinesischen Wirtschaft. Mit Wachstumsraten von teilweise über zehn Prozent schloss China zur Weltspitze auf. Das sind die Fakten: Im Jahr 2021 erreichte die Volksrepublik China eine Wirtschaftsleistung von etwas nominal 17.458 Billionen Dollar. Der Abstand zu den von den USA realisierten 22.996 Billionen und auch zur EU (19.086 Billionen) scheint noch groß. Doch der reale Wert

Welt-Wirtschaften im Vergleich (2016 bis 2027) in US-$ Bruttoinlandsprodukt (BIP) in Milliarden US-Dollar

Jahr	USA	EU	China	Russland	Abstand USA/China
2016	18.695		11.218		-7.489
2017	19.479	17.512	12.265	1.527	-7.306
2018	20.527	18.737	13.642	1.657	-7.126
2019	21.372	19.074	14.340	1.646,74	-6.939
2020	20.893	18.006	14.863		-5.467
2021	22.996	19.086	17.458		-5.279
Prognosen von statista, IMF bis zum Jahr 2029					
2022	23.442	19.735	17.980		-5.462
2023	24.035	19.834	18.922	2.000	-5.113
2024	24.689		19.800		-4.889
2025	25.153		20.610		-4.543
2026	25.731		21.387		-4.344
2027	26.277		22.152		-4.125
2028	26.832		22.901		-3.931
2029	27.403		23.659		-3.744
BIP in Kaufkraft berechnet bis 2022 (Quellen: statista, IMF, eigene Berechnungen)					
2016	18.695		18.000		- 707
2017	19.479	20.852	19.504	4.008	+ 144
2018	20.527	22.042	25.279	4.227	+4.785
2019	21.372	22.439	26.795		+5.100
2020	20.893	21.182	27.223		+5.686
2021	22.996	22.453	29.945		+6.100
2022	23.422	23.216	30.845		+7.418
2023	23.937		32.396		+8.459

Die ökonomischen Daten müssen differenziert betrachtet werden. Eine Vielzahl von Ökonomen weist darauf hin, dass die nominale Berechnung in US-Dollar aufgrund der Überbewertung dieser Währung ein falsches Bild vermittelt. Die Berechnung in Kaufkraftparitäten entspreche eher der Realität.

Ich habe hier viele ökonomische Daten und Tabellen aufgetischt, um Trends der grundlegenden Veränderungen in der Ökonomie der Welt zu belegen. Sie beeinflussen natürlich auch die politischen Ordnungen. Von Winston Churchill stammt der Spruch, dass er keiner Statistik vertraut, die er nicht selbst gefälscht hat. Die Zahlen verdeutlichen aber Trends, die in eine eindeutige Richtung weisen. Eine neue weltpolitische Ordnung muss geschaffen werden, sowohl in politischer als auch in ökonomischer Hinsicht.

	USA	EU	China	Russland	Indien
Erwerbstätige in Millionen					
2019	160,4	218,3 (2016)	805,25	76,53	750
Industrieproduktion in Mrd. US-Dollar / Wachstumsraten in %					
2016	3.548 / 1,8%	4.129 / 1,9%	5.532 / 5,8%	532 /2,9%	
Export In Milliarden US-Dollar					
2017	1.546,8	3.887 (2013)	2.157	336,8	
2020	2.134.445		2.591		
2021	2.532.951		3.364		
Import In Milliarden US-Dollar					
2017	2.342,9	3.963 (2013)	1. 731	212,7	
2020	2.811.124		2.056		
2021	3.394.346		3.364		
Außenhandelsbilanz in Milliarden US-Dollar					
2017	– 796	– 76	+ 426	+ 124,1	
2020	– 676.679		+ 535		
2021	– 861.395		+ 676		
Staatsverschuldung in % des BIP					
2022	122 %	Ø 100 %	77 %	20 %	84 %
Investitionsquote (2020)					
2020	21,1%	Ø 25 %	43,3 %	22,3 %	31 %

Die Höhe der Investitionen entscheidet mit über das Innovationspotenzial der Wirtschaft eines Landes.

	USA	EU	China	Russland	Indien
Bruttoinlandsprodukt pro Einwohner in Dollar					
2000	36.313		958		700
2010	48.586		5.582		3.500
2020	63.078		10.525		7.000
2021	69.227	35.700	12.359	13.650	8.000

Bruttoinlandsprodukt nach Wirtschaftsbereichen in %	USA	EU	Deutschland	GB	China	Russland
Dienstleistungen	80,2	74,4	69,3	79,2	52,2	62,3
Industrie	18,9	24,1	25,2	20,1	39,5	36,6
Landwirtschaft	0.9	1,5	0,9	0,7	8,2	1,1

Der Vergleich der Aufteilung des Bruttoinlandsprodukts nach Wirtschaftsbereichen ist problematisch, weil in den Ländern oft unterschiedliche Definitionen zu unterschiedlicher Aufteilung führen. Gerade in den westlichen Industrienationen wird der Dienstleistungsbereich sehr hoch bewertet. In diesem Bereich sind die Daten des Gastgewerbes wie auch des Finanzbereichs mit gleicher Gewichtung erfasst. Der sehr hohe Anteil der Dienstleistungen am Bruttoinlandsprodukt kann problematisch sein, weil Dienstleistungen häufig international vernetzt sind, einem raschen Wandel unterliegen und in vielen Ländern schnell ersetzt werden können. Insgesamt muss man die ökonomischen Zahlenwerke sehr differenziert betrachten. Durch die Dominanz des Dollars auf den Finanzmärkten werden die westlichen Industrieländer hervorgehoben. Die Berechnung der ökonomischen Daten in Kaufkraft lässt die Kennziffern der Länder des Südens häufig sehr viel höher ausfallen.   Quellen: statista, IMF, Wikipedia

49

der im Reich der Mitte produzierten Waren (in Kaufkraftparitäten KKP gerechnet) übertrifft den der in den USA produzierten schon 2018 um fast 4,8 Billionen Dollar (siehe Tabelle). Der Abstand hat sich im Jahr 2022 schon auf 7.418 Billionen US-Dollar vergrößert.

Wenn China in der Welt von morgen die halbe Arbeitsproduktivität pro Kopf der USA erreicht, expandiert die Wirtschaftsleistung des Landes auf mehr als das Doppelte der USA. Für die Welt von Übermorgen ist aber ein Erreichen der Arbeitsproduktivität der USA vorauszusehen. Dann übertrifft das Reich der Mitte die bisher führende Wirtschaftsmacht um mehr als das Fünffache.

Sind die Prognosen realistisch?

Im weltweiten Handel haben derzeit noch Länder der EU eine bedeutende Position. Mit einem Im- und Exportvolumen in Höhe von über 8 Billionen US-Dollar übertreffen diese Länder sowohl die USA (6 Billionen) als auch China mit 7,5 Billionen. Es fällt aber das riesengroße Handelsbilanzdefizit von rund einer Billion US-Dollar der USA jährlich ins Auge, während China einen Überschuss von fast 900 Milliarden ausweist. Und die jährlichen US-Defizite sind keine Ausnahme sondern seit 1970 mit der Aufkündigung der Regeln des Bretton-Woods-Abkommen die Regel. Dieses Land konnte sich die Defizite leisten, weil es die Finanzhoheit auf den Warenmärkten weltweit besitzt. Aber jetzt verdrängen der Euro und der Renminbi den US-Dollar als alleinige Weltwährung. Die USA konnten in der Vergangenheit Geld drucken und so ihre Importe, ihre überdimensionalen Rüstungsausgaben und auch ihre Staatsverschuldung auf Kosten anderer Länder finanzieren. Die Ironie der Geschichte ist, dass das von Donald Trump und Joe Biden beschimpfte China mit Billionen der größte Gläubiger der USA ist und die gewaltigen Defizite finanzieren half. Die derzeitigen riesigen Schuldenberge, die die USA sowohl mit den Defiziten im Außenhandel als auch in den Staatshaushalten anhäuft, zeigen, dass das Land mittels der Finanzpolitik die Verschiebung des Kräfteverhältnisses im weltpolitischen Maßstab aufzuhalten versucht.

Innovationskraft entscheidend

Ich habe hier viele ökonomische Daten und Tabellen aufgetischt, um Trends der grundlegenden Veränderungen in der Ökonomie der Welt zu belegen, die natürlich auch die politischen Ordnungen beeinflusst. Von Winston Churchill stammt der Spruch, dass er keiner Statistik vertraut, die er nicht selbst gefälscht hat. Die Zahlen verdeutlichen aber Trends, die in eine deutliche Richtung weisen. Ist es so erstaunlich, dass die Länder mit den größten Bevölkerungen China und Indien und den meisten Erwerbstätigen der Welt auch in der Weltorganisation wichtige Rollen beanspruchen? Es kommt darauf an, dass dieser Wandel auf diplomatischem Weg, in gegenseitiger Achtung, Anerkennung und zum gegenseitigen Vorteil erfolgt. Protektionismus, Sanktionen oder Handelskriege zur Vernichtung unliebsamer Konkurrenten können in große Katastrophen führen, bei denen kein Land gewinnen wird. China und auch Indien mit zusammen rund 1,6 Milli-

	Land	Patentzulassungen (2019)
1	Volksrepublik China	452.804
2	Vereinigte Staaten	354.430
3	Japan	179.910
4	Europäisches Patentamt	137.782
5	Südkorea	125.661
6	Russland	34.008
7	Indien	23.578
8	Kanada	22.009
9	Deutschland	18.255
10	Australien	17.010
		UNO/WIPO

arden Erwerbstätigen haben viel zu bieten, dagegen haben die USA und die EU eine Erwerbstätigenzahl von zusammen 380 Millionen. In einem harten konfrontativen Konkurrenzkampf werden USA und EU in der Zukunft wenig Aussicht auf Erfolg haben. Besser ist es, gemeinsam die Zukunft zu gestalten. China ist zum Beispiel bei der Produktion der meisten Lebensmittel weltweit führend. Dass China auch bei den meisten Bergbau- und Industrieprodukten und in der Energie- und Stromerzeugung Weltspitze ist, ist weniger bekannt. Das Land ist die Nummer 1 bei der Produktion von Eisen, Stahl, Aluminium, Zement, Chemiefasern, Pappe und Papier und Dünger. Diese Positionen bilden eine solide Basis für Expansionen. Für das Jahr 2019 registriert die UNO-Weltorganisation für geistiges

Eigentum WIPO, dass China erstmals die weltweite Rangliste der meisten Patent-Anmeldungen pro Land anführt. Zuvor hatten die USA den Spitzenplatz der Liste seit 1978 ununterbrochen inne. Das innovativste Unternehmen heißt Huawei, gefolgt von Mitsubishi Electric, Samsung Electronics, Qualcomm, Oppo Electronics, BOE Technology, Siemens, BOE Technology, Ericsson, Ping An Technology, Robert Bosch GmbH, LG Electronics. Unter den zehn Unternehmen mit den meisten Patentanmeldungen sind vier chinesische, aber auch drei deutsche. Entscheidend ist die Innovationskraft der Wirtschaft. Hier hat China in atemberaubendem Tempo aufgeholt. China liegt nicht nur auf Augenhöhe mit der US-Weltraumwirtschaft. Jahr für Jahr investiert China zweistellige Milliardenbeträge in Unternehmen der Künstlichen Intelligenz. Chinesische Riesen machen den US-amerikanischen Technologiegiganten Konkurrenz und übertreffen sie teilweise bereits: Baidu setzt Goggle zu, Alibaba heißt das chinesische Amazon, Tencent ist das chinesische Facebook, iFlytek setzt Siri unter Druck, Horizon Robotics ist der Wettbewerber von Intel. Während in Deutschland der Finanzdienstleister Wirecard in den Konkurs steuerte, übernehmen die chinesischen Anbieter WeChat und Alipay mit rund zwei Milliarden Nutzern weltweit die Führung und deklassieren auch den US-amerikanischen Anbieter PayPal bei weitem. In der Industriemetropole Shenzhen fahren 16.000 Elektrobusse. 60 Prozent aller Hochgeschwindigkeitsschienen der Welt liegen in China. Ich vergleiche die Liste der 100 umsatzstärksten Unternehmen weltweit: Im Jahr 2000 befand sich dort noch kein einziges chinesisches Unternehmen. In den Geschäftsjahren 2019/ 2020 waren es 24 Unternehmen aus dem Reich der Mitte. Sinopec belegte Platz 2, Platz 3 State Grid, Platz 4 China National Petroleum. (Quelle: Forbes Juni 2020) Diese Rangfolge misst die Umsätze in US-Dollar. Die Erfolgsgeschichte chinesischer Firmen wird sich fortsetzen, weil in der chinesischen Wirtschaft der wissenschaftlichen Forschung größte Bedeutung beigemessen wird und die Investitionen in Umfang und Gewichtung weltweit führend sind. Daran werden auch die hohen Importzölle der USA und der EU nichts ändern. Kooperation, langfristige Zusammenarbeit nützt allen Partnern.

Deutschland muss Partner bleiben

Seit 2016 ist China der wichtigste Außenhandelspartner Deutschlands, mit Unterbrechung im Jahr 2023. Diese Aussage trifft auch dann zu, wenn zwischenzeitlich bedeutende Exporte in die Vereinigten Staaten und gleichzeitig auch stark gestiegene Importe aus diesem Land vermeldet werden. Diese Ex- und Importe sind politisch initiiert und leiten eine äußerst gefährliche Entwicklung ein. Preiswerte Energieexporte aus Russland werden durch teure aus den USA und Norwegen ersetzt. Gegen China setzt das deutsche Wirtschaftsministerium auf Protektionismus und das Außenministerium auf Konfrontation. Das Resultat ist, dass die deutsche Wirtschaft in die Rezession gleitet und die Firmen ihre Produktionsstätten im Ausland, auch in China, gründen. Der führende deutsche Wirtschaftszweig, die Autoindustrie, erwirtschaftet 40 Prozent der Gewinne im Reich der Mitte, das größte deutsche Unternehmen, die Volkswagen AG, sogar 60 Prozent. Wenn diese Gewinne total wegbrechen, steuert der größte Konzern Deutschlands nicht nur in eine Krise sondern in den Bankrott. Über 7.000 deutsche Unternehmen engagieren sich in China. Chinesische Partner halten bedeutende Anteile an den deutschen Konzernen, nicht nur an Daimler oder Kuka. Deutsch-chinesische Joint Ventures engagieren sich in vielen Bereichen. China baut den größten Binnenhafen Europas in Duisburg aus. Dort sollen einmal jährlich 20.000 Schiffe und 25.000 Züge aus China abgefertigt werden. Weitere Umschlagplätze sind in Nürnberg und Mannheim geplant.

Weltweite Strategie

Dieses Engagement in Deutschland ist Bestandteil der Initiative „Neue Seidenstraße". Sie firmiert auch unter den Bezeichnungen „One Belt, One Road" oder „Belt and Road Initiative (BRI)". Rund 80 Länder sind weltweit in die Initiative einbezogen. Mit den nördlich gelegenen Landwegen „Silk Road Economic Belt" werden die Beziehungen zur Mongolei, Russland, Türkei und zu EU-Ländern gepflegt. Auf den südlich gelegenen Seewegen „Maritime Silk Road" werden die Kontakte mit den

ASEAN-Ländern, Pakistan, Myanmar, Iran und afrikanischen Ländern ausgebaut. Insgesamt geht es nach chinesischen Angaben um Investitionen in der gewaltigen Höhe von rund einer Billion US-Dollar. Besonders sollen afrikanische Länder profitieren. China ist dort der größte Investor weltweit: 80 Sportarenen, über 200 Schulen und Universitäten, Verwaltungs- und Parlamentsgebäude, sehr viele Industrieanlagen und Kraftwerke, rund 6.500 Kilometer Eisenbahnschienen, 6.000 Kilometer Straßen, sowie Dutzende Flughäfen und Seehäfen haben die Chinesen bisher in Afrika schon gebaut. Schwerpunkte sind Äthiopien, Kenia, Somalia und Nigeria, in denen besonders die Infrastruktur der Länder verbessert wird, aber auch viele Industrie-Arbeitsplätze geschaffen werden. Hier entstehen die neuen Zukunftsmärkte der Welt. Allein in Nigeria werden im Jahr 2050 mehr Menschen leben als in den USA. ... Im November 2020 wurde die Partnerschaft „Regional Comprehensive Economic Partnership" (RCEP) unterzeichnet. Es ist ein Freihandelsabkommen zwischen den zehn ASEAN-Mitgliedsstaaten und fünf weiteren Staaten in der Region Asien-Pazifik. Es ist die größte Freihandelszone der Welt. Zahlreiche Abkommen bestehen auch mit den EU-Staaten.

Die Perspektiven erkennen

Deutsche Manager haben die Bedeutung der Belt and Road Initiative (BRI) erkannt. Der ehemalige Siemens-Chef Joe Kaeser hatte Anfang des Jahres 2018 die BRI schon als „die neue Welthandelsorganisation" bezeichnet. Er ergriff gleich die Chance und unterzeichnete Abkommen mit China für Aufträge von den Philippinen bis nach Simbabwe. Und BASF-CEO Martin Brudermüller konstatierte: „Ich sehe darin aber vor allem die Chance, dass Asien und Europa sich enger verzahnen." Der ehemalige BDI-Vorsitzender Joachim Lang fordert: „Europa braucht eine Strategie für das Miteinander mit China." Die deutsche Autoindustrie ist schon längst mit China gut im Geschäft. In Griechenland hat China den Piräus-Hafen ausgebaut, in Italien haben die China Communications Construction Company Vereinbarungen zur Förderung der Häfen von Triest und Genua unterschrieben. Serbien, Ungarn und Albanien sind Kooperationspartner. In Portugal werden Häfen ausgebaut.

Viele der Handelspartner der 25 strategisch wichtigsten Schwellen- und Entwicklungsländer haben sich in der letzten Zeit mehr an China orientiert als an der Europäischen Union. Das zeigt eine neue Auswertung des arbeitgebernahen Instituts der deutschen Wirtschaft (IW). Demnach hat China sowohl die EU als auch die USA überholt, was das Handelsvolumen weltweit angeht.

Bis zur Jahreswende 2017/2018 seien die EU und die USA die wichtigsten Handelspartner für diese Länder gewesen. 2019 überholte China laut IW-Auswertung zunächst die Europäische Union, 2020 dann die Vereinigten Staaten. Insgesamt ist der Anteil der Volksrepublik China am wirtschaftlichen Austausch mit den 25 strategisch wichtigen Schwellen- und Entwicklungsländern seit 2010 von etwa zwölf auf 20 Prozent gestiegen. Der EU-Anteil am weltweiten Handel mit den wichtigen Schwellen- und Entwicklungsländern sank dagegen von 17 auf 14 Prozent.

Unterdessen forderte der ehemalige US-Außenminister Mike Pompeo drastische Schritte der transatlantischen Partner gegen die „Bedrohung", die von der Kommunistischen Partei Chinas ausgehe. Die USA möchten den unliebsamen Konkurrenten, von dem sie selbst abhängig sind, ausschalten. Gleichzeitig hat das Büro des US-amerikanischen Handelsvertreters die EU mit der Drohung von neuen Zöllen auf Exporte in Höhe von 3,1 Milliarden US-Dollar für Waren aus Frankreich, Deutschland, Spanien und Großbritannien unter Druck gesetzt. Doch der Schuss ging in der Vergangenheit meistens nach hinten los. Die USA belegten zum Beispiel Russland und den Iran mit harten Sanktionen und versuchten sie weltweit zu isolieren. Diese Länder wie auch viele Länder in Afrika und Lateinamerika suchten und fanden chinesische Hilfe. Ein kommender Handelskrieg sieht die USA mit Sicherheit nicht als Gewinner. Zumal im Jahr 2020 laut Internationalem Währungsfonds (IWF) ein Rückgang der US-Wirtschaft von fast fünf Prozent zu verzeichnen war, während China das einzige bedeutende Industrieland mit einem Wachstum war. Für

2021 wurde ein überproportionales Wachstum von 8,2 Prozent in China registriert. Auf dem Weg zur führenden Wirtschaftskraft helfen auch die im Jahr 2020 unterzeichneten Handelsabkommen mit 14 asiatisch-pazifischen Staaten: RECEP ist der größte Freihandelspakt der Welt mit einer Bevölkerung von 2,3 Milliarden. Zum Vergleich: Die EU hat eine Bevölkerung von 448 Millionen, die USA von 331 Millionen. Und auch das Handelsabkommen mit der EU ist zum beiderseitigen Vorteil. Heute zählen fast 100 Länder China als ihren größten Handelspartner und nur 57 die USA. Für den Ausbau der Neuen Seidenstraße sind in den nächsten Jahren mehr als eine Billion Dollar vorgesehen. Joe Biden, Harris oder Trump werden den feindlichen Kurs gegenüber China, Russland und dem Iran fortsetzen wollen. Aber die internationale Kooperation muss ausgebaut werden. Der Kalte Krieg muss beendet werden.

„Wir haben jetzt die Stärke, unseren rechtmäßigen Platz in der Welt einzunehmen." Xi Jinping, Chinas Staats- und Parteichef

Im Juli 2019 gab Chinas Verteidigungsminister Wei Fenghe bekannt, dass die „One Belt, One Road"-Initiative um Militärkooperationen ergänzt werden soll.

„Wir müssen nun selber für unsere Zukunft kämpfen, als Europäer, für unser Schicksal." Angela Merkel

„Wir müssen etwas haben, wir müssen etwas können, was China braucht." Martin Brudermüller, BASF-Vorstandsvorsitzender

„Protektionismus ist, als ob man sich in einen Raum einschließt. Zwar ist man geschützt vor Regen und Wind, doch man bekommt gleichzeitig keine Luft und kein Licht mehr." Xi Jinping

I.5. Ist der Kalte Krieg um die Köpfe vorbei?

Die Verbrechen Stalins sind weitgehend aufgedeckt (aber noch ungenügend aufgearbeitet). Das Festhalten an stalinistischen Prinzipien führte zum verdienten Zusammenbruch des „sozialistischen" Staatenbundes. Mit welchem gewaltigen Geheim-Apparat die Central Intelligence Agency (CIA) dagegen vorging, ist bis heute weitgehend unbekannt.

Mitte 1947 gegründet, sollte der CIA militärische Aktivitäten koordinieren. Initiator im Außenministerium war George F. Kennan, Architekt des Marshallplans und Direktor des Politischen Planungsstabs. Er war überzeugt, dass die Sowjetunion „teuflische" Geheimpläne hegte und ordnete ein Maßnahmenbündel an: „Propaganda, Wirtschaftskrieg, Präventivmaßnahmen einschließlich Sabotage, Gegensabotage, Zerstörung und Evakuierung, ferner subversives Vorgehen gegen feindliche Staaten einschließlich der Unterstützung von Widerstandsbewegungen, Guerilla- und Befreiungsgruppen". All diese Aktivitäten standen unter strengster Geheimhaltung. Schon im Vorfeld mussten Gegenargumente ausgearbeitet werden, falls die Direktiven der US-Regierung aufgedeckt werden würden. Ein Office of Policy Coordination (OPC) unter der Leitung von Frank Wisner wurde eingerichtet. Dieser hatte zuvor die Organisation Gehlen reaktiviert, den Nazi-Geheimdienst Abteilung Fremde Heere Ost. Der Generalmajor der Nazi-Wehrmacht Reinhard Gehlen war an den Vorbereitungen des Unternehmens Barbarossa, dem Überfall auf die Sowjetunion 1941 beteiligt. Ab Oktober 1944 plante Gehlen für die Zeit nach dem Krieg. Dafür entwickelte er eine Hypothese, die sich später als richtig erwies: „Die Westmächte werden sich gegen den Verbündeten Russland wenden. Dabei werden sie mich, meine Mitarbeiter und meine kopierten Dokumente im Kampf gegen eine kommunistische Expansion benötigen, weil sie selbst keine Agenten dort besitzen." Die Nazi-Truppe des Generalmajors war nicht nur eine wichtige Organisation der CIA, sie bildete auch des Grundstock des später eingerichteten Bundesnachrichtendienstes. Der Nazi-General Gehlen war auch dort bis 1968 der Chef.

Als Frontstadt wurde Berlin auserkoren. Auf dem Flughafen Berlin-Tempelhof residierte ein CIA-Büro mit rund 1400 Mitarbeitern und weit mehr Verbindungsleuten. Als einer der ersten Strategen wurde Michael Josselson engagiert. 1948 wurde unter der Schirmherrschaft General Clays und der redaktionellen Führung des CIA-Mannes Melvin Lasky die Zeitschrift „Der Monat" herausgegeben, die die „Freiheit" gegen den „Totalitarismus" verteidigen sollte. Präsident Truman hatte gewarnt: „Es geht um Tyrannei oder Freiheit ... Und schlimmer noch: Der Kommunismus leugnet sogar die Existenz Gottes." Der Kampf kannte nur Gut und Böse, Kommunismus oder Freiheit – aber mit subtilen Mitteln.

Es musste ein Programm für die psychologische Kriegsführung ausgearbeitet werden. Neben der Infiltration des Osten sollten vor allem die Intelligenzler Westeuropas – und hier vor allem die kritischen Franzosen – gewonnen, „umerzogen" werden. Das war nicht mit plumpem Antikommunismus zu erreichen. Präsident Truman richtete 1951 einen Ausschuss für Psychologische Kriegsführung, das Psychological Strategy Board (PSB) ein. Als Ziel wurde angegeben, „den Dritten Weltkrieg zu gewinnen, ohne ihn wirklich ausfechten zu müssen", erläuterte CIA-Stratege C. D. Jackson. Der CIA-Agent Arthur M. Schlesinger sagte später, dass im führenden Zirkel Übereinstimmung bestand, „dass der demokratische Sozialismus das wirksamste Bollwerk" gegen den Kommunismus sei – weil das glaubwürdigste. Der britische Geheimdienst hatte als Propagandist den früheren Kommunisten und Komintern-Mitarbeiter Arthur Koestler gewinnen können. Er sammelte Aufsätze für das Buch „Ein Gott, der keiner war", ein programmatisches Produkt der Geheimdienste und der ehemals kommunistischen Intelligenz. Auch die frühere KPD-Vorsitzende Ruth Fischer und Komintern-Historiker Franz Borkenau assistierten.

Mitte 1949 wurde unter dem Vorsitz von Allen Dulles das Nationalkomitee für ein Freies Europa Inc., eine der ehrgeizigsten Tarnorganisationen der CIA, gebildet. Wirksamstes Instrument wurde das Radio Free Europe mit Sendungen in den verschiedenen Sprachen Europas.

Erster Höhepunkt war dann der „Kongress für kulturelle Freiheit" 1950 in Berlin. Der CIA-Mann Lasky hatte die Unterstützung von Oberbürgermeister Ernst Reuter gewonnen. Die Kosten der 4.000 Kongressteilnehmer wurde von der CIA und dem britischen Geheimdienst IRD getragen. Themen waren „Kunst, Künstler und Freiheit", „Der Bürger in einer freien Gesellschaft", „Verteidigung von Frieden und Freiheit" und „Freie Kultur in einer freien Welt". Im Vorfeld des Kongresses hatte CIA-Mann James Burnham mit Koestler über „gute" und „böse" Atombomben philosophiert: Amerika könne Russland lähmen, wenn es auf alle großen Städte die Bombe werfen würde. Auf der Abschlusskundgebung triumphierte Arthur Koestler vor 15.000 Zuhörern unter dem Funkturm: „Freunde, die Freiheit ist auf dem Vormarsch!" Dann verlas er das Freiheitsmanifest. US-General John Magruder kommentierte danach: Eine „raffinierte Tarnoperation auf höchstem intellektuellen Niveau ... unkonventionelle Kriegsführung der besten Art". Präsident Truman zeigte sich „sehr erfreut". Der CIA-Stratege Nicolas Nabokov schlussfolgerte: „Aus diesem Kongress müssen wir eine Kampforganisation machen." Sie sollte international von Paris aus tätig werden.

Michael Josselson und de Neufville bauten das Pariser Kongress-Büro als CIA-Nebenstelle auf und koordinierten die Tarnaktivitäten weltweit mit Kongress-Büros nicht nur in Europa sondern auch auf allen anderen Kontinenten. Nicolas Nabokov gründete dann 1952 die erste internationale Zeitschrift des Kongresses, „Preuves", „Beweise". Ein Höhepunkt auf internationaler Bühne war 1952 das „Festival des 20. Jahrhunderts" in Paris. Es eröffnete mit dem Boston Symphony Orchestre, ein Beweis für die großen Leistungen der US- Musikszene. Ausstellungen, Lesungen, Tagungen von Wissenschaftlern rundeten das Programm ab. Die CIA positionierte sich als amerikanisches „Kulturministerium". Von besonderem Wert bei allen Aktionen waren die Geld spendenden „gemeinnützigen"

Stiftungen wie die von Ford, Rockefeller oder Carnegie.

Die Zeitschrift Encounter wurde 1953 von der CIA in Großbritannien ins Leben gerufen (bis 1990 auf dem Markt). Sie prägte die Geistesgeschichte des Kalten Krieges. Prominente Autoren waren: Isaiah Berlin, Vladimir Nabokov, Bertrand Russell, Julian Huxley, Mircea Eliade, André Malraux, Guido Piovene, Herbert Read, Allen Tate, Robert Penn Warren, Thornton Wilder und viele andere. Insgesamt finanzierte die CIA rund 50 Zeitschriften, in Lateinamerika Cuadernos, in Wien Forum, Science and Freedom, Soviet Survey, in Italien Tempo Presente, in Australien Quadrant, in Indien Quest und in Japan Japan Jiyu. 1977 enthüllte die New York Times, die CIA sei an der Verfassung und Veröffentlichung von mindestens 1000 Büchern beteiligt gewesen.

Subtile Mittel auch im Kunst-Bereich. Zwar hatte der Republikaner George Dondero im Kongress gewettert: „Die gesamte moderne Kunst ist kommunistisch". Die CIA verwarf diese Frontstellung und arbeitete an Vorbildern, die aus den USA stammten. CIA-Mann Donald Jameson gestand freimütig: „Ich wünschte, ich könnte sagen, dass die CIA den abstrakten Expressionismus erfunden hat." Und: „Wir erkannten, dass diese Kunstform nichts mit dem sozialistischen Realismus zu tun hatte und diesen sogar noch stilisierter, rigider und beschränkter aussehen ließ, als er tatsächlich war. Und genau diese Wirkung haben wir uns in einigen der Ausstellungen zu Nutze gemacht. Damals denunzierte Moskau alles, was nicht mit seinen äußerst strengen Vorgaben übereinstimmte. Somit konnte man mit Fug und Recht folgern, dass alles, was sie so leidenschaftlich kritisierten, auf die eine oder andere Weise unsere Unterstützung verdiente."

Hier bot sich der CIA das Museum of Modern Art (MoMa) an, das über viele Kanäle mit dem Geheimdienst verbunden war. Der Kontrolleur der MoMa und Republikaner Nelson Rockefeller war schon von 1940 für den Geheimdienst aktiv. William Burden, MoMa-Beiratsvorsitzender, leitete die dem CIA angegliederte Farfield Foundation. Politische Operationen des Museums koordinierte René d´Harnoncourt, er hatte während des Krieges für das Büro für interamerikanische Angelegenheiten gearbeitet. Er wurde MoMa-Direktor. Kuratoriumsmitglieder des MoMa mit CIA-Verbindungen waren William Paley von der Congress Cigar Company, ähnlich wie Henry Luce vom Time-Life-Imperium. Joseph Verner Reed zum Beispiel war gleichzeitig im Kuratorium des Moma und bei der Farfield Foundation. Dasselbe gilt für Gardner Cowles, Junkie Fleischmann und Cass Canfield. Oveta Culp Hobby, die das MoMa mit gegründet hatte, saß im Vorstand des Komitees Freies Europa und tarnte die Weiterleitung von CIA-Geldern. CIA-Mann Tom Braden war von 1947 bis 1949 MoMa-Geschäftsführer.

Schon 1946 startete in London die Ausstellung „Amerikanische Malerei vom 18. Jahrhundert bis zur Gegenwart", anschließend gastierte sie in europäischen Hauptstädten. Sie zeigten erstmals die abstrakten Expressionisten in Europa. Danach folgte die Schau „Vierzehn Amerikaner". Aufsehen erregte die Wanderausstellung „Zwölf zeitgenössische amerikanische Maler und Bildhauer" 1953/54, die ausschließlich der New Yorker Schule gewidmet war. Erste Station war das Pariser Musée National d´Art Moderne. Düsseldorf, Stockholm, Oslo und Helsinki folgten. Große Publizität verschaffte der Kongress der Ausstellung „Junge Maler" 1956. Die Zeitschrift Preuves propagierte die abstrakte Kunst im Gegensatz zur gegenständlichen Kunst. Im Januar 1956 wurde „Antagonisme" im zum Louvre gehörenden Musée des Arts Décoratifs eröffnet. Kritiker bewunderten die Wildheit und die überdimensionierten Formate, so als hätten Wyatt Earp oder Billy the Kid die Bilder gemalt. Viele abstrakte Expressionisten gehörten dem von der CIA organisierten amerikanischen Komitee für kulturelle Freiheit an wie Baziotes, Calder, Motherwell und Pollock. Auch Mark Rothko und Adolph Gottlieb zeigten sich als überzeugte Antikommunisten.

Im Kunstausschuss des Kongresses für Kulturelle Freiheit saßen die Direktoren des Palais des Beaux-Arts in Brüssel, des schweizerischen Museums für Moderne Kunst, des Londoner ICA, des Berliner

61

Kaiser-Friedrich-Museums, des Pariser Musée National d´Art Moderne, des Guggenheim Museums (New York und Venedig) und der Galleria Nazionale d´Arte Moderna in Rom und viele andere wichtige Persönlichkeiten.

Ende 1955, berieten die Stabschefs der US-Armee, wie im Film die Idee der „militanten Freiheit" propagiert werden könnte. Im Folgejahr kontaktierten sie Hollywood-Größen wie John Ford, Merian Cooper, John Wayne und Ward Bond und inszenierten Rollen für sie. Der Filmdienst Motion Picture Service (MPS) mit seinen 135 USIA-Filialen (United States Information Agency) in 87 Ländern verfügte über ein riesiges Vertriebsnetz. Außerdem wurden die „Freunde" in den Filmgesellschaften Fox, MGM, Paramount, RKO, Universal Pictures, Columbia Pictures, Republic aktiviert. Vor allem sollte es keine „Filme über die Schattenseiten des amerikanischen Alltags" oder die Rassendiskriminierung zeigen.

Auf unzähligen Kongresstagungen wurden Kulturschaffende „überzeugt". Flüge und Übernachtungen in Hotels in New York und anderen Metropolen wurden bezahlt. In der norditalienischen Villa Serbelloni konnten sich Künstler prächtig amüsieren, ebenso auf Kreuzfahrten. Außerdem wurden Kulturschaffende in luxuriöse Hotels Europas eingeladen.

Und der Kongress kultivierte die Beziehungen zu Politikern. 1962 wurde der CIA-Mann Nicolas Nabokov Kultur-Berater von West-Berlins Oberbürgermeister Willy Brandt. Brandt wurde von den Amerikanern finanziert, und das Gleiche galt für West-Berlins Kulturpolitik. So bekamen die Berliner Festwochen internationalen Glanz.

Der CIA versuchte auch den internationalen Schriftstellerverbund PEN in 55 Ländern mit 76 Zentren für seine Zwecke einzuspannen. Der Amerikaner Arthur Miller wurde 1965 zum neuen PEN-Präsidenten gewählt. Der nächste PEN-Kongresse war 1966 in New York. Er sollte „die Bedeutung Amerikas als Schrittmacher der heutigen Zivilisation" verdeutlichen. Doch das Image des „Schrittmachers" verschlechterte sich zunehmend.

Auch in den USA bekam die CIA Mitte der 60er Jahre verstärkt Gegenwind zu spüren. In den „Review of Books" hatten Intellektuelle angesichts des Vietnam-Debakels deutlich gegen den amerikanischen Imperialismus genauso wie gegen den Kommunismus Stellung bezogen.

Chefstratege Michael Josselson selbst zweifelte an dem „amerikanischen Modell". Er empfand „mit und für die CIA zu arbeiten, in der Zwischenzeit wahrhaft traumatisierend... In den fünfziger Jahren stützte sich unsere Motivation auf Amerikas historisches Versprechen ... in der zweiten Hälfte der sechziger Jahre hatten unser Einmarsch in Vietnam und andere sinnlose politische Manöver Amerikas unsere persönlichen Werte und Ideale ausgehöhlt." Die forcierte Aufrüstung, die Spannung erzeugenden Spionageflüge, die Unterstützung reaktionärer Diktaturen, der Sturz demokratisch gewählter Regierungen, die Schweinebucht, die Kubakrise – all diese „totalitären" Maßnahmen ließen Josselson resignieren.

Dem Kongress für die Freiheit der Kultur wurden zunehmend die CIA-Gelder entzogen. Er dümpelte seit den Enthüllungen der New York Times ab 1966 dahin und beschloss im Januar 1979 endgültig seine Auflösung.

Das bedeutet aber nicht, dass die 17 Geheimdienste der USA entmachtet wurden. Im Gegenteil. Sie sind heute mächtiger und einflussreicher denn je. Rund eine Million Mitarbeiter sind engagiert, zum großen Teil hauptamtlich (geschätzt, genaue Angaben sind streng geheim). Oberste Kommandeure der Geheimdienste sind die Präsidenten, nach Donald Trump jetzt Joe Biden. Da ist zunächst die National Security Agency (NSA). Ihr Etat wurde 2013 auf 10,8 Milliarden Dollar geschätzt. Ihre Hauptaufgaben bestehen in Strategic Mission J (Wirtschaftsspionage) und Strategic Mission K (Überwachung der politischen Führungspersonen) – auch in Deutschland. 2013 veröffentlichte der Spiegel Informationen aus dem Fundus von Edward Snowden, dass Bundeskanzlerin Angela Merkel, vor ihr auch Kanzler Gerhard Schröder, jahrelang abgehört und bespitzelt wurden. Sie teilten dieses Schicksal mit französischen Spitzenpolitikern. Es wurde bekannt, dass die NSA Abhörgeräte in EU-Gebäuden in Washington, New York und Brüssel installiert hat. Die NSA klassifiziert Deutschland als „Partner dritter Klasse", mit dem man bei Bedarf zusammenarbeite, aber sonst als Angriffsziel definiere. 2012 wurden laut Spiegel online täglich 20 Millionen Telefonate und 10 Millionen Internetverbindungen in Deutschland ausspioniert. Laut Medienberichten kooperiert der NSA mit den Internet-Giganten Facebook, Google, Microsoft, Yahoo, Apple, AOL, Paltalk, Youtube und Skype, also mit allen US-Unternehmen auf diesem Gebiet. Edward Snowden bestätigte die Verbindungen und die Praxis.

Am bekanntesten ist die Central Intelligence Agency (CIA). Sie hat auch den größten Etat. Ihre Aufgaben bestehen in Geheimoperationen im Ausland. Bedeutende Einsätze bestanden in der Vergangenheit während des Korea- und Vietnamkrieges. In Lateinamerika unterstützte die CIA viele rechtsgerichtete Miltärputsche, zum Beispiel in Guatemala, Brasilien und Chile. Der Dienst ist derzeit aber auch in der Ukraine, in Afghanistan und in der Russland-Spionage besonders aktiv. Auf der CIA-Liste geplanter Morde an Staatsoberhäuptern standen unter anderem Kubas Staatschef Fidel Castro, der Anführer der Unabhängigkeitsbewegung im Kongo, Patrice Lumumba sowie der Machthaber der Dominikanischen Republik, Rafael Trujillo. Seit 2001 entführte die CIA verstärkt „Verdächtige" in allen Ländern, inhaftierte und verhörte sie ohne Gerichtsverfahren. Die USA entziehen sich dabei auch der internationalen Gerichtsbarkeit. Mit über 50 Staaten haben die USA bilaterale Abkommen, die eine Auslieferung von US-Bürgern wegen Straftaten nach Den Haag verhindern. Die CIA ist im internationalen Drogenhandel verwickelt und unterstützt paramilitärische Gruppen nicht nur in Laos, Nicaragua und Afghanistan.

Natürlich weisen die Geheimdienste nicht aus, wieviel Psychologen oder Psychiater bei der Auswertung beschäftigt sind. Ihre Anzahl ist sicherlich beträchtlich. Hier soll nur auf den Skandal der Folterpraxis besonders nach 11/2001 hingewiesen werden, bei der Psychologen die Hauptrolle spielten. Im Zentrum der Aufmerksamkeit standen die Psychologen Bruce Jessen und James Mitchel, die die Foltermethoden wie Sippenhaft,

Budget der fünf wichtigsten USA-Geheimdienste 2013

(Angaben in Milliarden US-Dollar)

Behörde/ des Programms	Budget Verwaltung und Unterhalt	Budget Datenbeschaffung	Budget Datenverarbeitung und -verwertung	Budget Datenanalyse	Budget Gesamt
CIA	1,8	11,5	0,387	1,1	14,787
NSA	5,2	2,5	1,6	1,5	10,8
NRO	1,8	6,0	2,5	–	10,3
NGIA	2,0	0,537	1,4	0,973	4,91
GDIA	1,7	1,3	0,228	1,2	4,428
Gesamt	12,5	21,837	6,115	4,773	45,225

Central Intelligence Agency (CIA), National Security Agency (NSA), National Reconnais-sance Program (NRO), National Geospatial-Intelligence Program (NGIA), General Defense Intelligence Program (GDIA) Wie aus der Übersicht leicht ersichtlich, dienen die gewalti-gen Ausgaben vor allem der Datenbeschaffung, -verarbeitung und -analyse. Die Daten von Staaten, von ganzen Bevölkerungen werden ausgewertet. Die Angaben schätzen die Ausgaben im Jahr 2013. Sie werden Jahr für Jahr überdimensional erhöht.

Quelle: Wikipedia, Stichwort: United States Intelligence Community

Schlafentzug, Einsatz von Insekten, vorgetäuschtes Begräbnis bis zu Scheinhinrichtungen, wochenlanges Waterboarding, rektale Folterung, sexuelle Demütigung oder Vergewaltigung und Halluzinationen entwi-ckelten. Natürlich verletzen diese Foltermethoden internationale und US-amerikanische Gesetze. Nach Einschätzung der UNO sind es grobe Verletzungen der internationalen Menschenrechtsgesetze. Der amerika-nische Historiker Alfred McCoy untersucht in seinem Buch „Foltern und Foltern lassen. 50 Jahre Folterforschung und -praxis von CIA und US-Mili-tär":

„– Irakische ›Sicherheitshäftlinge‹ wurden harten Verhören und häufig auch Folterungen ausgesetzt.

– 1100 ›hochkarätige‹ Gefangene wurden in Guantánamo und Bagram unter systematischen Folterungen verhört.

– 150 Terrorverdächtige wurden rechtswidrig durch außerordentliche Überstellung in Staaten verbracht, die für die Brutalität ihrer Sicherheits-apparate berüchtigt sind.

– 68 Häftlinge starben unter fragwürdigen Umständen.

65

– Etwa 36 führende inhaftierte Al-Qaida-Mitglieder blieben jahrelang im Gewahrsam der CIA und wurden systematisch und anhaltend gefoltert.
– 26 Häftlinge wurden bei Verhören ermordet, davon mindestens vier von der CIA." Das sind bekannt gewordene Fälle. Die Dunkelziffer ist sehr viel größer.

Erst 2014 wurde ein Bericht des United States Senate Select Committee on Intelligence bekannt, nach dem die CIA wesentlich mehr und wesentlich brutalere Folter-Methoden bei Befragungen einsetzte und in keinem Fall irgendeine Information durch Folter gewonnen wurden, die nicht bereits durch andere Methoden bekannt waren. Über beide Aspekte hatte die CIA seit den ersten Debatten systematisch und wiederholt gelogen. Präsident George W. Bush betonte, er habe niemals Folter angeordnet, weil dies gegen die Wertevorstellungen der USA sei. In seinem Buch Decision Points schreibt er, persönlich das Waterboarding von Chalid Scheich Mohammed angeordnet zu haben.

Der nicht mehr amtierende Verteidigungsminister der USA, Donald Rumsfeld, genehmigte am 2. Dezember 2002 bei mutmaßlichen Mitgliedern von Al-Qaida und afghanischen Talibankämpfern im Gefangenenlager Guantánamo auf Kuba umstrittene Verhörmethoden. Er folgte damit einem Memorandum seines Chefjuristen William J. Haynes, der für Guantánamo 14 Verhörmethoden abgesegnet hatte. Dazu zählten körperliche Misshandlungen, Verharren in schmerzhaften Positionen, bis zu 20-stündige Verhöre, Isolation von Gefangenen bis zu 30 Tagen, Dunkelhaft und stundenlanges Stehen.

Den USA wurde wiederholt von verschiedensten Seiten vorgeworfen, in Guantánamo gegen die Genfer Konventionen zu verstoßen, was 2004 vom Pentagon in folgenden Fällen bestätigt wurde:
– Drohung von Vernehmungsbeamten gegenüber einem Häftling, seine Familie zu verfolgen,
– Verkleben des Mundes eines Häftlings mit Klebeband wegen des Zitierens von Koranversen,

– Beschmieren des Gesichts eines Häftlings unter der Angabe, die Flüssigkeit sei Menstruationsblut,
– Anketten von Häftlingen in fötaler Position,
– Fälschliches Ausgeben von Vernehmungsbeamten als Mitarbeiter des Außenministeriums,
– Koranschändungen.

Am 4. Oktober 2007 sind in der New York Times geheime Memoranden des US-Justizministeriums veröffentlicht worden, welche im Mai 2005 verfasst wurden. In ihnen werden die folgenden Verhörmethoden des CIA als gesetzeskonform angesehen:
– Schläge auf den Kopf,
– über mehrere Stunden nackter Aufenthalt in kalten Gefängniszellen,
– Schlafentzug über mehrere Tage und Nächte durch die Beschallung mit lauter Rockmusik,
– Fesseln des Häftlings in unangenehmen Positionen über mehrere Stunden,
– Waterboarding: Der Häftling wird auf ein Brett gefesselt, ein feuchtes Tuch auf seinen Kopf gelegt und mit Wasser übergossen. Durch den aufkommenden Würgereflex entsteht für ihn der Eindruck, er würde ertrinken. Die Methoden wurden auch in Kombination angewendet.

Nach dem Ende der offiziellen Kampfhandlungen des dritten Golfkriegs kam das Abu-Ghuraib-Gefängnis im April 2004 in die Schlagzeilen. Der Fernsehsender CBS berichtete über Folter, Missbrauch und Erniedrigungen von Gefangenen durch US-amerikanische Soldaten. Der Fall beschäftigt seit damals die US- Justiz. Unter anderem wurde der Hauptschuldige Charles Graner zu zehn Jahren Gefängnis verurteilt. Amnesty International berichtete von Todesfällen auf dem US-Luftwaffenstützpunkt im afghanischen Bagram, welche auf Folter hindeuten.

Der Military Commissions Act, der am 28. September 2006 vom Senat verabschiedet wurde, gestattet es ausdrücklich, sogenannte ungesetzliche Kombattanten (unlawful enemy combatants) bestimmten „scharfen

Verhörpraktiken" auszusetzen. Nach Ansicht von Menschenrechtsorganisationen und dem UN-Sonderberichterstatter über Folter Manfred Nowak ist dies als Folter zu werten. Die unter Folter erpressten Informationen dürfen auch vor Militärgerichten verwendet werden. Damit lockern die USA nach Ansicht von Kommentatoren das Folterverbot der Genfer Konventionen. Vor allem können nach dem Gesetz Ausländer, die von den Behörden als „unlawful enemy combatants" deklariert werden, ohne rechtliches Gehör von Militärtribunalen verurteilt werden – ohne Offenlegung von Beweisen.

Die Verabschiedung des Gesetzes wurde in weiten Teilen der amerikanischen Öffentlichkeit mit Empörung aufgenommen und vielfach als Verfassungsbruch bewertet. In einem Kommentar im Fernsehsender MSNBC wurde das Gesetz als „Anfang vom Ende Amerikas" bezeichnet (Beginning of the end of America). Die New York Times schrieb: „Und es [das Gesetz] erodiert die Grundpfeiler des Justizsystems auf eine Weise, die jeder Amerikaner bedrohlich finden sollte."

Nach den von der Regierung Obama veröffentlichten Geheimdokumenten war die Folter in CIA-Handbüchern exakt geregelt und von Rechtsberatern der Regierung juristisch legitimiert. Folter und rechtswidrige Haftbedingungen wurden auch gegenüber Chelsea Manning angewandt, die wegen der Weitergabe von Videos und Dokumenten an WikiLeaks angeklagt war. Einen Erfolg gegen die Unterdrückung von Veröffentlichungen über Verbrechen der Geheimdienste konnte jetzt mit der Freilassung von Julian Assange erreicht werden. Ein Erfolg internationaler Proteste.

Viele Einzelheiten sind in folgendem Buch zu finden: Alfred W. McCoy: Foltern und foltern lassen. 50 Jahre Folterforschung und -praxis von CIA und US-Militär. Verlag Zweitausendeins, Frankfurt/M. 2005.

I.6. USA – big data, big money, Wahlen: ein Affentheater?

Freie Wahlen in einer freien Welt: Ernüchterung, Skeptizismus, ja Sarkasmus macht sich breit. Der CSU-Mann Horst Seehofer stellt fest: „Diejenigen, die entscheiden, sind nicht gewählt, und diejenigen, die gewählt werden, haben nichts zu entscheiden!". Der ehemalige US-Präsident Jimmy Carter wird deutlicher: „Jetzt ist [das politische System der USA] nur noch eine Oligarchie, in der unbegrenzte politische Bestechung das Wesen der Nominierung zum Präsidenten oder der Wahl zum Präsidenten ausmacht. Und das Gleiche gilt für die Gouverneure, US-Senatoren und Kongressabgeordneten." Der Linguist, Philosoph und Friedensaktivist Noam Chomsky resümiert: „Wahlen sind in den USA zu einem Affentheater verkommen, das von der Werbeindustrie inszeniert wird. Nach seinem Sieg im Jahr 2008 erhielt Obama einen Preis der Werbebranche für die beste Marketingkampagne des Jahres."

Rund 6 Milliarden US-Dollar verschlang dieses Theater im Jahre 2016. Als Resultat turnte Donald alias Dagobert Trump auf der Weltbühne und krakeelt als Egomane und grenzenloser Narzisst „I am the best" und variantenreich „America first". Laut Open Secrets lagen die Ausgaben für die Wahl 2020 bei rund 14,4 Milliarden Dollar. Zum Vergleich: Bei der Präsidentschaftswahl 2016 war es weniger als die Hälfte. Zum Abschluss des ersten Quartals 2024 betrugen die Spendengelder für den Vorwahlkampf von Donald Trump etwa 111,5 Millionen US-Dollar (Quelle, Internet vom 26.05.2024) Es gehört keine Prophetie dazu, dass die Ausgaben im Jahr 2024 die 20-Milliarden-Dollar-Marke übersteigen.

Ein Affentheater mit Milliarden-Investitionen im gewaltigen Medienrummel, ein Spektakel ohne Hintergründe? Nein. Auch Chomsky weist immer wieder darauf hin, dass ein äußerst gefährliches und hochexplosives Gemisch zusammengebraut wird. Denn Trump ist nicht nur milliardenschwerer Immobilienspekulant sondern seit Jahrzehnten auch erfolgreicher und beliebter TV-Reality-Star. Er weiß, wie man sein Publikum umschmeichelt, er ist geschickter Informationsproduzent. Er bedient sich bei Google, Facebook wie der Fisch im Wasser und twittert Fake-News zielgerecht für seine treu jubelnde Anhängerschaft. (Und dementiert sie oft, aber etwas bleibt schon hängen.) Jeder US-Amerikaner verbringt täglich zehn Stunden mit diesen „sozialen" Medien: Es ist eine Narzissmus- und Prominentenkultur. Reichtum, Sex und öffentliche Anerkennung zählen. Der Werberummel um die Nominierten, die Attribute, die ihnen angedichtet werden, entscheiden. In dem Fernsehduell im Jahre 2024 stritten Biden und Trump darum, wer der bessere Golfspieler sei. Die Armut im Land, sinkende Reallöhne, Rassendiskriminierung spielten keine Rolle. Statt dessen zählte, wer den besseren Schlag im Golfspiel hinbekommt. Und ob die Stimme vor den Fernsehkameras aussetzte oder zitterte. In dieser bildbasierten Kultur zählen Skandale, Morde, Unglücke, Pseudodramen, Amor-Affären. Um diese Botschaften zielgerecht und regional differenziert zu platzieren, hatte Trump schon im Wahlkampf im Jahr 2016 nicht nur Agenturen sondern auch wissenschaftliche Institute wie Cambridge Analytica engagiert. Dieses Institut brüstete sich damit, Persönlichkeitsprofile von 220 Millionen US-Amerikanern erstellt zu haben.

Schon das Procedere der Wahlen erweist sich als inszeniertes Theater mit viel Mediengewitter und mit undemokratischen Deckmäntelchen. Im 18. Jahrhundert mag die Abstimmung mit Wahlmännern und die Auswahl der Kandidaten noch demokratisch legitimiert gewesen sein. Denn es gab ja kein Telegrafennetz, kein Informationsaustausch per Printmedien, Rundfunk und Fernsehen, keine Computer und kein Internet. Im 21. Jahrhundert ist diese Wahlorganisation per Wahlmänner undemokratisch und bietet viele Manipulationsmöglichkeiten, die die Ergebnisse gravierend verfälschen. Gibt es Wahlbetrug mit Hilfe der „demokratischen Institutionen"? Schon allein das „Winner-takes-all-Prinzip" nicht nur in den Swing-States lässt viele Millionen Wählerstimmen ungültig werden.

Schon bei den Vorwahlen spitzt sich alles auf die alles entscheidende Frage zu: Gewinnt der favorisierte Kandidat der Republikaner oder machen die Auserkorenen der Demokraten Joe Biden oder später Kamala Harris das Rennen? Kleinere Parteien und deren politische Programme hatten und haben überhaupt keine Chance. Dabei hat die überwältigende Mehrheit der Amerikaner auch keine Möglichkeit zu bestimmen, welcher der beiden aufgestellten Kandidaten sich letztlich durchsetzt. Bei den entscheidenden Vorwahlen von Trump zur Kandidatur bekam der Republikaner in Iowa 57.000 Stimmen, in New Hampshire 163.000. In beiden Fällen wurde das als „überwältigender Sieg", als eindeutiges, beeindruckendes Wählervotum gewertet. Die Zahlen, nüchtern betrachtet, besagen, dass 220.000 Stimmen entschieden haben, wer republikanischer Kandidat wird: Das sind von 330 Millionen US-Amerikanern nicht einmal 0,1 Prozent. 99,9 Prozent hatten keinen Einfluss. Bei den Vorwahlen für Biden oder Harris ergibt sich ein ähnliches Bild. Das bedeutet, dass 0,2 Prozent bestimmen, wer als künftiger Präsident oder Präsidentin fungiert und die Finger am roten Atomknopf halten darf. Die Kandidaten/Kandidatin touren dann durch die Vereinigten Staaten und kämpfen um die Stimmen, in Wahrheit aber um Einschaltquoten und Meinungsmacher. Sind es Manipulatoren?

Ist es nicht die Wahl zwischen Stock oder Krücke? Umfrageergebnisse ergaben, dass die Mehrheit der US-Amerikaner keinen von den beiden Favoriten „eigentlich" im Amt sehen will. Trump regierte von 2017 bis 2021. Seit der Präsidentschaft von Biden hat sich aber nichts Wesentliches geändert – weder in der Innen- noch in der Außenpolitik. Die von seinem Vorgänger erlassenen Gesetze wurden nicht massenhaft annulliert. Oder doch? Biden hat Zölle auf viele Waren aus China in Höhe von 100 Prozent erlassen. Trump will sie auf 200 Prozent erhöhen. Ein Überbietungswettkampf ohne Richtungswechsel.

Doch bleiben wir kurz beim Wahlverfahren. Trump behindert die finanzielle Ausstattung der Post. Denn Wähler der „Demokraten" bevorzugen häufig die Briefwahl. Man muss als Wähler im Wahlregister registriert werden. In einigen Bundesstaaten werden die Namen dort gestrichen, wenn sie an vergangenen Wahlen nicht abgestimmt haben. Außerdem wurden Namen, die doppelt vorkommen, einfach gestrichen. Bei Minderheiten kommen aber Namensdoppelungen häufig vor. Es gibt in den USA keinen einheitlichen Personalausweis. Akzeptiert wird als Alternative der Führerschein. Oder ein Waffenschein. Wer weder Führer- noch Waffenschein hat, hat Probleme. Studentenausweise werden nicht akzeptiert. Waffenbesitzer bevorzugen die Republikaner, Studenten sind vor allem Wähler der Demokraten. Es gibt zu wenig Wahllokale in erster Linie in Vierteln mit ärmeren Bewohnern; teilweise müssen Bürger sechs Stunden in Warteschlangen ausharren. Gewählt wird an Werktagen. Die, die nicht mehrere Stunden von ihrem Arbeitsplatz fernbleiben können, können ihr Wahlrecht nicht ausüben. Johannes Thimm, stellvertretender Leiter der Forschungsgruppe Amerika beim Deutschen Institut für Internationale Politik und Sicherheit beantwortet die Frage: „Kann man da überhaupt noch von gleichen Wahlen sprechen?" mit den Worten: „Das ist eine berechtigte Frage. Ich würde sagen, nein. Dass es überhaupt möglich ist, dass Politiker Dinge so manipulieren, dass gegnerische Wählergruppen vom Wählen abgehalten werden, widerspricht demokratischen Prinzipien fundamental. Ebenso wie die Tatsache, dass man eine Wahl gewinnen kann, obwohl man weniger Stimmen hat als die Gegenseite, so wie bei der Wahl Trumps oder auch der Wahl George W. Bushs 2000."

Die Bevölkerung verliert ihr Vertrauen in die Integrität der Wahlen und die Rechtmäßigkeit ihrer Ergebnisse massiv. Biden sei nicht der rechtmäßige Präsident, ist fast die Hälfte der Republikaner überzeugt. 58 Prozent von ihnen sind auch der Meinung, dass der Sturm auf das Kapitol (inklusive Gewalt mit Todesopfern) am 6. Januar 2021 einen legitimen Protest darstellte. Die Polarisierung der amerikanischen Gesellschaft nimmt weiter zu und steuert auf eine Systemkrise zu. Gleichzeitig registriert die Masse der Bevölkerung, dass die politischen Repräsentanten sich profitträchtige Vorteile sichern, sich allein von machtpolitischen Vorteilen leiten lassen und dabei auch vor Rechtsbrüchen nicht zurückschrecken. Die für ein demokratisches Rechtswesen unabdingbare Zustimmung zum Wechsel demokratischer Mehrheiten, zur Gewaltenteilung, zu Kompromissen und überparteilichen Zusammenarbeit nimmt drastisch ab. Trump schaffte es, den Obersten Gerichtshof mit seinen Parteifreunden zu dominieren – in der Konsequenz braucht er deren Urteil für seine Rechtsbrüche nicht zu befürchten. Da er in der Wahl im November 2024 gesiegt hat, darf er sich sogar selbst begnadigen. 34 Strafverfahren sind gegenwärtig gegen ihn angestrengt. Trump nutzt sie zu Publicity-Shows und erntet Zustimmung bei Wählern. Auch auf lokaler und bundesstaatlicher Ebene werden die Justizbeamten vom Sheriff bis zum Richter von politischen Repräsentanten durch Wahlen bestimmt. So wird die Justiz als Waffe gegen politische Gegner genutzt.

Die Polarisierung der US-amerikanischen Gesellschaft nimmt zu. Schon in der Vergangenheit hatte der Umgang mit der Rassendiskriminierung die Gesellschaft in zwei Lager gespalten. Die Demokraten hatten sich erst Mitte der 1960er Jahre entschieden, sich für die rechtliche Gleichstellung der schwarzen Bevölkerung einzusetzen. In den Südstaaten bildeten dann konservative, weiße Bürger die Kernwählerschaft der Republikaner, die gegen die gleichen Rechte opponierten. Vorbehalte gegen Afroamerikaner und andere ethnische Gruppen bilden auch heute noch die wichtigsten Streitfragen der US-amerikanischen Gesellschaft. So wird der weiße Rassist Trump von den Wählern auserkoren, der nicht nur Mauern weiter um die Festung USA bauen und der den Zustrom von Einwanderern brutal stoppen soll. Er setzt sich auch für Massendeportationen ein. Das ist sogar noch radikaler als die Losung von deutschen Rechtsextremen, die „nur" eine „Remigration" fordern.

Trumps Slogan „America first" bringt die Hoffnung auf übermächtige Größe in der Welt und die Vormachtstellung auf den Punkt. Er erweckt damit den Eindruck, dass es allen Bürgern unter seiner Regentschaft in materieller und ideeller Hinsicht besser geht. Den gleichen Eindruck versucht mit ähnlichen Parolen auch Joe Biden oder Kamala Harris zu vermitteln – nur mit geringerer, wortstarker Überzeugungskraft. Warum sollten sich die Wähler für das Surrogat entscheiden, wenn sie das Original haben können? Trump brüstet sich damit, dass er als Milliardär und Visionär Frauen an die Pussy grapschen könne. Die Gefährlichkeit von Trump besteht darin, dass er der US-amerikanischen Mehrheit an die Pussy-Psyche grapscht, dass er meisterhaft in die nationale Psyche eindringt und sie zu manipulieren versteht. Das ist eine geschickte, psychologische Einflussnahme, die an den massenhaft verbreiteten Narzissmus, dem Verliebtsein in ein überhöhtes auf Vorherrschaft zielendes Selbstbild anknüpft. Dagegen wirkte Kamala Harris nicht überzeugend. Im übrigen stellte sie auch keine Alternative dar.

Trumps Botschaft lautet im Kern: Identifiziert euch mit meiner Größe. Dann verwirklichen wir den großartigen amerikanischen Traum. Trumps Macht, seine Anerkennung als Reality-Star, sein Reichtum, sein Einsatz für Gewalt notfalls mit der Waffe in der Hand entspricht in vielem Punkten der Kollektivpsyche vieler US-Amerikaner. Trump repräsentiert sich als Repräsentant einer US-amerikanischen Narzissmuskultur der Erhabenheit über andere Schichten und Ethnien. Er nimmt seinen Anhängern so die Angst vor sozialem Abstieg, vor dem Verlust der Vormachtstellung des weißen Mannes in den USA und in der Welt.

Wie auch andere Demagogen macht er seine innenpolitischen Gegner für die Missstände verantwortlich (in seiner vorherigen Amtszeit hätte er sie ja beseitigen können). Er fokussiert auch auf die außenpolitischen Feinde und wirbt für Feldzüge gegen den internationalen Terrorismus. Allerdings zeigen seine bewundernden Worte für Diktatoren, dass seine innenpolitischen Gegner im Falle seines Wahlsiegs nichts Gutes, kein Pardon zu erwarten haben. Zu dem nordkoreanischen Führer Kim Jong-un führt er aus: „Das müssen Sie ihm zugutehalten ... als sein Vater starb, übernimmt er die Kontrolle über diese strammen Generäle und er ist der Boss. Es ist unglaublich. Er löscht seinen Onkel aus, löscht diesen und jenen aus. Es ist unglaublich." Lobende Worte findet er auch für den syrischen Machthaber Nashar al-Assad: „Für mich zählen Führungsqualitäten; er bekommt die Note A, unser Präsident kann da nicht mithalten."

Zu Saddam Hussein: „Okay, er war ein schlimmer Kerl. Aber wissen Sie, was er sehr gut gemacht hat? Er tötete Terroristen. Das hat er sehr gut gemacht! Er hat ihnen nicht ihre Rechte vorgelesen. Wenn einer ein Terrorist war, dann war es eben aus mit ihm!"

Wie ist die Möglichkeit zu erklären, dass Demagogen in der als der ältesten Demokratie der Welt gepriesenen Gesellschaft einen derartige Einfluss gewinnen können? Beschworen wird die Vorstellung der einzigartigen Leistungsfähigkeit der US-amerikanischen Gesellschaft von Pioniergeist, Leistung, Innovationskraft, Fortschritt, Freiheit und Wagemut. Die Chancen seien unbegrenzt. Diese Narzissmuskultur wird mit konsumorientierter Stimulation und unterhaltendem Prominentenkult in Reality-TV-Shows, mit sozialen Medien, Computer- und Mobilfunktechnik auf allen Kanälen in unablässiger Wiederholung verbreitet. Ehre, Ruhm, Reichtum und sexuelle Eroberungen werden versprochen. Kein US-Amerikaner kann sich dieser ständigen Berieselung und Einflussnahme entziehen – und will es auch gar nicht. Denn viele US-Amerikaner brauchen diese Einflüsterungen, die die Wirklichkeit in eine Illusion und das Selbst in Narzissmus verwandeln. Ein Selbstbild, das die triste Wirklichkeit schön färbt.

Doch der US-amerikanische Stars-and-Stripes-Sternenhimmel verblasst. In Zukunft wird das narzisstische Selbst nicht mehr leicht zu übertünchen sein. 1945 verfügten die USA nach Kriegsende über die Hälfte des weltweiten Vermögens. Heute ist der Anteil auf unter 20 Prozent gesunken. Sie verfügten über die erdrückende wirtschaftliche und technologische Überlegenheit. Auch sie ist dahin. Diese Vormachtstellung ermöglichten den USA in der Vergangenheit Prosperität und relativen Wohlstand für die Bevölkerung zu sichern. Die Möglichkeiten schwinden. Die innenpolitischen Gegenätze in den USA nehmen zu. Die 500 US-Milliardäre, die im „Bloomberg Index" gelistet sind, konnten seit 2017 ihre Vermögen um 26 Prozent auf 5,3 Billionen US-Dollar steigern. Was die einen sich nehmen, muss den anderen genommen werden. Die Realeinkommen der US-Bürger stagnieren dagegen auf dem Niveau von 1968.

Um ihren Lebensstandard zu halten, müssen sie sich verschulden. Die Immobilienblase in den USA führte schon 2008 in den Crash. Die Subprime-Kredite (ein Teil des privaten Hypothekendarlehensmarkts, auf dem Kreditnehmer mit meist geringer Bonität bei US-amerikanischen Banken zur Kreditaufnahme überredet wurden) für Immobilien hatte damals ein Volumen von 1,3 Billionen US-Dollar. Die sogenannten Studentenkredite, mit denen Amerikaner ihre Ausbildung finanzieren, hatten 2018 ein Volumen von 1,4 Billionen US-Dollar. 43 Prozent sind schon mit ihren Zahlungen im Rückstand. Die Autokredite haben ein Volumen von 1,2 Billionen US-Dollar. Hinzu kommen die Kredite für Immobilien, für langfristige Konsumgüter, für... Sollten die Zinsen auf hohem Niveau bleiben, womit das FED liebäugelt, würde eine Welle von Insolvenzen drohen. Hinzu kommt, dass dann eine Reihe von Schwellenländern Bankrott anmelden müssten, die jetzt ihre Zinsen in US-Dollar nur mit Mühe abstottern. Das wären Ausfälle in unvorstellbarer Höhe.

Doch Trump setzt auf die Erhöhung der Strafzölle, droht China, Russland, dem Rest der Welt und schützt mit Protektionismus die US-amerikanischen Märkte. Aber die Konkurrenz schläft nicht. Einer Oxford-Studie zufolge, vorgelegt von Carl Frey und Michael Osborne, werden bis 2030 die Hälfte aller US-Arbeitsplätze infolge des technologischen Wandels verloren gehen. Reality-TV-Star Trump wird mit dem Slogan „America first" Hoffnungen schüren, die er nicht erfüllen kann. Oder suchen er zur Sicherung seiner Wiederwahl Rettung in bewaffneten Konflikten? Mit denen kann er die Wählerschaft täuschen, für die Welt bedeutet das aber ein Desaster.

Nach dem Mordversuch an Donald Trump bei der Wahl 2024 schätzt Elmar Theveßen, Leiter des ZDF-Studios in Washington D.C., ein: „Aber es sind beide Seiten, die in diesem Wahlkampf den Konkurrenten als größtmögliche Bedrohung darstellen. Bisher war das nur unanständig und schmutzig, jetzt könnte es Amerika in einen Abgrund stürzen, so lange nicht beide Kandidaten – also auch Trump – Gewalt in jeder Form ächten und zur Besonnenheit aufrufen – am besten sogar gemeinsam."

I.7. Zweifel an unserem Demokratieverständnis

Wir leben in einer Epoche des Übergangs von personellen Herrschaftsstrukturen mit Kaisern, Königen, Führern, Parteivorsitzenden und Chefs
hin zu egalitären gesellschaftlichen, vor allem ökonomisch begründeten
sachlichen Strukturen. Aus dem Sachverhalt ergeben sich weitreichende
politische Schlussfolgerungen. Personelle Herrschaft zielt auf territoriale
Macht. Sie teilt die Welt in Einflusssphären auf, die mit Kriegen erweitert
werden. Sachliche, ökonomische Strukturen hingegen brauchen keine
Grenzen. Im Gegenteil, sie will Grenzen überwinden, um Handel zum gegenseitigen Vorteil betreiben zu können. Das ist allerdings Zukunftsmusik. Derzeit behindern noch personelle Macht, Sanktionen und
Beschränkungen den freien Wirtschaftsaustausch.

Die Position der Handelnden auf einem Wochenmarktplatz ist Vorbild.
Die Menschen treten sich als Gleiche gegenüber: Gibst du mir, gebe ich dir
ein Äquivalent. Eine Win-Win-Situation. Darauf basieren die allgemeine
Deklaration der Menschenrechte mit Freiheit, Gleichheit und Menschlichkeit. Aber in die politische Wirklichkeit überführt ist diese vor 250 Jahren
ausgerufene Parole bis heute nicht. Weil es ein historischer Prozess ist,
der grundlegende materielle Veränderungen und einen Bewusstseins-
wandel voraussetzt. Eben die materiellen Situationen unter Gleichen auf
den Wochenmärkten, die sich tausend-, millionenfach immer wieder wiederholen müssen. Im Gegensatz dazu prägen die fortdauernden Kämpfe
um dominante Positionen und Vorrechte hierarchische Strukturen, die in
der Politik und im Berufsleben tagtäglich geführt werden – in den Privat-
sphären wie in der großen Weltpolitik. Und diese fortdauernden Kämpfe
verfestigen hierarchische, autoritäre, patriarchale Gesellschaftsstruktu-
ren und rechtsradikale Ideologien.

Personelle Herrschaft ist untrennbar mit Kriegen, mit Ausweitung der territorialen Macht verbunden. Aktuelles Beispiel ist der Ukraine-Krieg. Westliche und östliche „Real"-Politiker bedienen ein einfaches holzschnittartiges Strickmuster. Kommunismus, Sozialismus, sozialistische Ideen wurden in der Vergangenheit verwirklicht von Stalin und anderen Diktatoren. Ulbricht, Ceausescu, Jaruzelski, Honecker und Konsorten und andere bilden eine Ahnenreihe, die angeblich auf Marx und Engels folgten. Und Mao Tse Dong aus China ist in dieser Reihe nur ein Glied. Das seien alles totalitäre Diktatoren wie die faschistischen Regime. Das ist differenziert zu betrachten. Man muss hinzufügen, dass die Sozialisten alte Unrechtssysteme mit strukturbildenden Mitteln der alten Gesellschaften abschaffen wollten: Gewalt, Revolution. Und die Faschisten wollten die alten Herrschaftsstrukturen erhalten: Gewalt. Die Ziele (glaubt man ihren Absichtserklärungen) sind grundverschieden, entgegengesetzt, aber die Mittel sind gleich. Die handelnden Personen kannten und kennen nichts anderes. Die Sozialisten wollten mit alten Mitteln etwas Neues schaffen: ein restaurativer Irrweg. Die Rechtsradikalen brauchen nur an alte Strukturen anzuknüpfen: Die Untertanen jubelten den Kaisern ebenso wie Hitler zu.

Das einfache holzschnittartige Strickmuster lautet: Das Gute kämpft gegen das Böse. Diktaturen kämpfen gegen Demokratie. Der Westen gegen den Osten. Kommunismus gegen freiheitlich-demokratische Grundordnungen. Frieden gegen Gewalt. Diese Simplifikationen dienen in erster Linie dazu, die Überlegenheit des Westen zu behaupten und sie auch mit militärischen Mitteln durchzusetzen. Das ist der vollkommen falsche Weg. Er führt in die Katastrophe.

Gewalt ist grundsätzlich das falsche Mittel. Schon die Bibel weiß um die Erkenntnis der Handelsvölker: Wer das Schwert erhebt, wird durch das Schwert umkommen. Eine andere, neue emanzipierte Gesellschaft hat ihre materielle Basis in der Gleichheit der Warenbesitzer. Diese Gleichheit entwickelt sich widersprüchlich in einem historischen Prozess in den alten Gesellschaften. Diese Widersprüche müssen friedlich gelöst werden, um Freiheit, Gleichheit, Menschlichkeit zu verwirklichen.

Der grundsätzliche Konflikt des 20. Jahrhunderts, als Auseinandersetzung zwischen „Kapitalismus" und „Sozialismus" deklariert, ist nicht gelöst. Der „Sozialismus" konnte sein Versprechen Freiheit, Gleichheit und Wohlstand nicht einlösen. Er ist an den inneren Widersprüchen gescheitert, weil er an alten Herrschaftsstrukturen, an Gewalt und Kriegen festgehalten hat. Löst der „Kapitalismus" sein Versprechen der Freiheit im 21. Jahrhundert? Nach dem Zweiten Weltkrieg etablierte sich die USA als dominierende Weltmacht. Ihr Weg ist mit Kriegen gepflastert: Vietnam, Iran, Guatemala, Chile und so weiter. Das setzt sich im 21. Jahrhundert fort: Afghanistan, Irak, Syrien und so weiter. Der Slogan „America first" ist Programm. Er bedeutet Vorherrschaft in der Welt. Dominanz des weißen Mannes und die Degradierung der Frau. Ausgrenzung der Migranten. Nationalismus und Rassismus sind integrale Bestandteile dieses Programms. Diese unipolare Hegemonie der USA wird derzeit flankiert von den Staaten der G7, vor allem ehemaligen Kolonialmächten. Sie positionieren sich als die richtungsweisenden demokratischen Instanzen. Andere Staaten mit abweichender Orientierung werden als Diktaturen oder terroristisch disqualifiziert. Die BRICS-Länder und die der Shanghaier Organisation (SCO) angehörenden Länder bilden eine Opposition und beharren auf einer multipolaren Ordnung in den politischen und ökonomischen Beziehungen. Hier droht eine weltweite Auseinandersetzung um Herrschafts-Einflusssphären. Deutschland liefert Waffen nicht nur in die Ukraine, sondern auch im Nahost-Konflikt an Israel, im Fernen Osten an Taiwan gegen den „systemischen" Rivalen China. Statt Friedenspolitik als wichtigste Aufgabe zu benennen, gießt in Deutschland die frühere Turnschuhpartei Öl ins Feuer. Indem sie nicht vermittelt, einseitig Partei ergreift und Waffen liefert, ist sie Kriegspartei.

In der derzeit gefährlichen Konfrontation werden die demokratischen Vorstellungen über Bord geworfen. Die G7-Länder repräsentieren 10, die BRICS- und SCO-Länder über 60 Prozent der Weltbevölkerung. Und immer mehr Staaten schließen sich den BRICS und SCO-Bündnissen an.

Frieden ist jetzt das Wichtigste. Und Frieden in Europa ist ohne Russland nicht machbar. Deshalb muss die Europäische Sicherheitskonferenz reaktiviert werden. Verständigung, politischer Austausch und Handel auf Augenhöhe sind notwendig, nicht Konfrontation. Werfen wir einen Blick auf die Landkarte. China und Russland sind eingekreist von Ländern, die mit NATO-Waffen ausgerüstet wurden. Es existiert derzeit noch eine überwältigende militärische Überlegenheit der NATO. China und Russland wurden schon lange vor dem Ukraine-Konflikt mit Sanktionen belegt. An dem Sabotageakt auf die Nord-Stream-Pipeline hatten nur zwei Staaten Interesse, die USA und die Ukraine. China antwortet auf die militärische Einkreisung vor allem mit der Ausweitung des Handels mit den Staaten vor allem in Fernost, Afrika und Lateinamerika. Ziel ist dabei die ökonomische Welt-Hegemonie der USA zu brechen und selbst zur führenden Macht zu emanzipieren.

Hier bahnt sich eine sehr gefährliche (atomare?) Konfrontation an, in der jede der beiden Seiten versucht, andere Länder als feste Bündnispartner zu gewinnen. Der Konflikt polarisiert. Eingeteilt werden die Länder, ob sie auf Seiten der „Demokratie", sprich den USA, oder auf Seiten der „Diktatur", sprich China und Russland, stehen. Die USA und die EU haben sich klar positioniert. Sie befinden sich im Lager der NATO gegen die auch wörtlich so titulierten systemischen Rivalen oder Gegner China und Russland. Eine Zeitenwende sei erfolgt. Nach Zeiten der Verständigung gebe es jetzt eine neue Konfrontation. Aufrüstung erfolgt mit Hunderten von Milliarden Euro oder Dollar nicht nur in Deutschland. Aus vielen Ländern wird der Krieg in der Ukraine mit ebenfalls Hunderten von Milliarden befeuert. Das Geld fehlt natürlich für die Befriedigung der Bedürfnisse der Bevölkerungen und verfestigt so weitere Polarisierungen.

Eindringlich hat schon der britische Historiker Arnold J. Toynbee vor dieser Entwicklung gewarnt. Er erhoffte die Bildung eines allgemeinen Weltstaats, dessen große Herausforderung darin bestehe, den Frieden zu garantieren. In seinem letzten, universalgeschichtlichen Werk *Menschheit und Mutter Erde* von 1974 schreibt er: „Die gegenwärtigen unabhängigen

Regionalstaaten sind weder imstande, den Frieden zu bewahren, noch die Biosphäre durch die Verunreinigung durch den Menschen zu schützen oder ihre unersetzlichen Rohstoffquellen zu erhalten. Diese politische Anarchie darf nicht länger andauern in einer Ökumene, die längst auf technischem und wirtschaftlichem Gebiet eine Einheit geworden ist. Was seit fünftausend Jahren [also seit der Bildung der kriegerischen Staaten in Ägypten und im Zweistromland] nötig ist – und sich in der Technologie seit hundert Jahren als durchführbar erwiesen hat –, ist eine weltumfassende politische Organisation, bestehend aus einzelnen Zellen von den Ausmaßen der neolithischen Dorfgemeinschaften – so klein und überschaubar, dass jedes Mitglied das andere kennt und doch ein Bürger des Weltstaates ist. [...] In einem Zeitalter, in dem sich die Menschheit die Beherrschung der Atomkraft angeeignet hat, kann die politische Einigung nur freiwillig erfolgen. Da sie jedoch offenbar nur widerstrebend akzeptiert werden wird, wird sie wahrscheinlich so lange hinausgezögert werden, bis die Menschheit sich weitere Katastrophen zugefügt hat, Katastrophen solchen Ausmaßes, dass sie schließlich in eine globale politische Einheit als kleinerem Übel einwilligen wird." (Toynbee, S. 501 f.)

Die Welt wird derzeit noch eingeteilt in Gut und Böse, Demokratie versus Diktaturen. Die USA als lupenreine Demokratie? Ein ganz dickes Fragezeichen ist angebracht. Trump hat die Wahlen 2024 gewonnen. Steht uns eine Autokratie oder Diktatur bevor? Trumps letzte Regentschaft stand schon unter dem Slogan „America first". Seitdem hat sich die Politik der USA nicht verändert. Die Einteilung in Gut und Böse, Demokratie versus Diktaturen ist ideologisch motiviert zur Begründung der Überlegenheit einer Seite. Die Vergangenheit wirkt übermächtig nach. In vielen Ländern Europas gibt es die Institutionen der Monarchien. In „sozialistischen" Ländern herrschten stalinistische Parteien. Deren Repräsentanten bestimmen vielerorts noch heute. Sie haben nur die politischen Fähnchen ausgetauscht. Zu denken sollte die Autoritarismus-Studien der Leipziger Soziologen geben. Danach sind 40 Prozent der Deutschen empfänglich für autoritäre Strukturen: Fremdenfeindlichkeit, Führerkult, Ausgrenzung, Diskriminierungen, Glaube an Hierarchien sind virulent. Die Alternative für Deutschland (AfD) hat also durchaus noch Spielraum in der Wählergunst nach oben. In den USA dürfte es mit der rassistischen Vergangenheit und dem Glauben an die Vorherrschaft des weißen Mannes und der eigenen Nation nicht anders aussehen. Auch in den Ländern Italien und Frankreich erstarken Rechtsradikale. Wir müssen also vor der eigenen Tür kehren, um wirkliche demokratische Strukturen erst zu schaffen und dann krisenfest zu etablieren.

Zwölf Kardinalfehler des Demokratieverständnisses

Demokratie beschert freie Meinung in einer freien Welt, Wohlstand, Reichtum, Zukunftsperspektiven. Die freiheitlich demokratische Welt hat einen mächtigen Feind: die Diktatur der Diktatoren, die Manipulation der Usurpatoren, die Infiltration der Dogmatiker, das schleichende Gift der Schmeichler. Diese einseitigen ideologischen Kennzeichnungen sind Wortschöpfungen von Demagogen: Schluss mit den üblichen Demokratie-Worthülsen.

Erstens: Das Wort Demokratie hat zwei Bestandteile. Demo lässt sich leicht mit Volk übersetzen. Aber es bestehen Schwierigkeiten. Wer gehört dazu, wen grenzt es aus? Staatsvolk: Wie ist es geschichtlich geworden? Völkisch, nationalistisch, rassistisch? Die Schwierigkeiten spitzen sich beim zweiten Wortbestandteil zu. Kratie bedeutet Macht, Gewalt, Herrschaft. Alle Macht geht vom Volke (Bevölkerung, Staatsvolk?) aus? Das hat es in der Geschichte seit 5.000 Jahren noch nie gegeben. Macht, Gewalt, Herrschaft wurden immer von oben gegen die unten ausgeübt: gegen DAS Volk? Volkssouveränität und Herrschaft sind Gegensätze. Die dieses Gegensatzpaar in einem Wort zusammenschweißten, waren aristokratische Gelehrte mit entsprechenden aristokratischen Vorstellungen. Sie streuten Sand in die Augen der Unfreien und Sklaven.

Zweitens: Die Ursprünge der Demokratie werden auf die griechischen und römischen Staatswesen zurückgeführt. Hier wird die Welt auf den Kopf gestellt. Sklavenhaltergesellschaften als Ursprung? In denen die führenden Aristokraten über Tod und Leben jedes Einzelnen im Staatsvolk entscheiden konnten? In denen sie berieten, wie sie Völker unterjochen oder abschlachten können? In denen sie dann per (demokratischer?) Mehrheitsabstimmung Einigkeit darüber erzielten, wen sie zuerst überfallen? In der griechischen „Demokratie" waren höchsten 20 Prozent freie Bürger (und die waren den Aristokraten untergeordnet), die restlichen 80 Prozent waren Unfreie und Sklaven. Im römischen Staatswesen herrschte ein ähnliches Ungleichgewicht.

Drittens: Die freie Marktwirtschaft hat die Demokratie im Schlepptau. Für Händler auf dem Wochenmarkt mag das gelten. Da bietet der Käsehändler seine Spezialitäten für 100 Gramm gleich 2 Euro an, der Fleischer seine Wurst auch für 100 Gramm gleich 2 Euro. Sie begegnen sich auf gleicher Augenhöhe, sie treten sich als Gleiche gegenüber. Aber in einer Gesellschaft, in der ein Prozent der Bevölkerung 70 Prozent des Reichtums und der Produktivkräfte besitzt? Die Macht der Konzerne erwürgt jeden Kleinkrämer, stellt seine Existenz in Frage. Die Besitzer, Magnaten und Oligarchen lenken Kultur und Meinungen. Die Ungleichheit muss beseitigt werden, soll eine Demokratie gleichberechtigter Bürger eine Chance bekommen.

Viertens: Die Gegensätze zwischen Kapital und Arbeit gleichen sich an. In den führenden westlichen und östlichen Staaten spitzt sich der Konflikt zu. Aber es besteht Hoffnung. Die Zukunft hängt entscheidend davon ab, wie es gelingt, das „Humankapital" – sprich das Können und Wissen der Vielen – zu nutzen. Vereinigen sich die Gegensätze zu einer widersprüchlichen Einheit? Die Hoffnung richtet sich auf viele Start-Ups, viele Initiativen von „unten". Entscheidend wird in einem ersten Schritt sein, ob es gelingt, die sogenannten Mittelschichten zu einflussreichen Akteuren auf der politischen Bühne weltweit zu emanzipieren.

Fünftens: Technischer Fortschritt erweitert die Möglichkeiten demokratischer Entwicklungen und Einflussnahme. Sicher. Telefone, Zeitungen, Autos, Fernsehen, Computertechnik erweitern die Spielräume der Einzelnen. Aber gleichzeitig entstehen digitale Kraken: Facebook, Google, Amazon, Huawei, lenovo und viele andere sammeln gewaltige Datenmengen über jeden. Die Algorithmen dieser Kraken können die Verhaltensweisen der Individuen besser einschätzen als zum Beispiel ein Intimpartner den anderen in einer Lebensgemeinschaft. Die Gedanken sind frei – den Rest besorgt die automatisierte Gedankenpolizei. Nur eine mündige Gesellschaft kann den Kraken Einhalt gebieten. Hier müssen Bildung mehr Schutzmöglichkeiten bieten und per Gesetz Verhaltensvorschriften festgesetzt werden.

Sechstens: Die freie Presse bildet ein Gegengewicht. Sie kritisiert, protestiert, korrigiert. Sie stellt Transparenz her. Aber fünf Mediengiganten kontrollieren in den USA rund 90 Prozent der Medienlandschaft. Auch in Deutschland nimmt die Medien- und Pressekonzentration rasant zu. Immer mehr selbständige Redaktionen verschwinden und werden durch Zentralredaktionen mit Zentralanordnungen ersetzt. Das Internet bietet Chancen. Aber nur eine gebildete, mündige Gesellschaft kann sich gegen Demagogen in den Schaltzentralen der Medien wehren. Ein Demagoge wie Trump beherrscht die Einflussnahme per Funk und Fernsehen virtuos. Wie ist die Manipulation der Massen zu verhindern? Wie können Demagogen, die mit Milliardenbeträgen Medienagenturen und Pressegiganten dirigieren, in die Schranken gewiesen werden? Die militärisch mächtigste Gesellschaft der Welt schlittert in eine Oligarchie. In eine Diktatur. Die Presselandschaft ist gespalten. Fox klatscht begeistert Beifall. die New York Herald Tribune und andere geben sich kritisch zurückhaltend – sparen aber mit grundsätzlicher, warnender Kritik.

Siebtens: Ein starker Staat mit geregelter Gewaltenteilung (Legislative, Judikative, Exekutive) sichert die Rechte der Bürger. Umgekehrt wird ein Schuh draus. Ein starker Staat bündelt die Macht, sie ermöglicht die Befehlsgewalt von oben. Die Dezentralisierung der Entscheidungshoheit in den Kommunen, die konföderale Koordination der Aktivitäten befördert Demokratisierungsprozesse. Die Frage ist, wie die Macht des Staates begrenzt werden kann. Entscheidungsbefugnisse müssen auf die kommunale Ebene verlagert werden. So werden demokratische Prozesse erleichtert und gleichzeitig die Kompetenz in regionalen und sozialen Fragen erhöht.

Achtens: Verstaatlichung ist eine Überführung ins Gemeineigentum, die Beteiligung jedes Einzelnen. Falsch. Eine Lehre der ehemals „sozialistischen" Staaten ist: Staatskonzerne wurden zur leichten Beute der Oligarchen. Die bestehenden Machtzentralen brauchten nur marktgängig gemacht werden. Die Werktätigen haben sich in den „realsozialistischen" Ländern nie als Eigentümer gefühlt. Mitbestimmung ist ein Schritt in die richtige Richtung. Partizipation, Beteiligung ist besser. Keine Angst vor Mitarbeiter-Aktien, keine Angst vor der Belohnung von Innovationen. Das Engagement muss sich für die Akteure auch lohnen, vor allem in gesellschaftlicher Anerkennung und auch materiell.

Neuntens: Demokratischer Zentralismus versucht totale Gegensätze auf einen Nenner zu bringen. Da wird der Bock zum Gärtner gemacht. Die Avantgarde-Funktion von Parteien oder Institutionen hat ausgedient. Zentralismus bedeutet Bürokratie. Bürokratie bedeutet überbordende Verwaltung. Verwaltung degradiert den Einzelnen zur verwaltenden Sache. Parteien zementieren hierarchische Ordnungen. Die entscheidende Frage lautet: Wie kann basisdemokratischen Entscheidungen Geltung verschafft werden?

Zehntens: Die Parlamentarische Demokratie ist Stellvertreter-Demokratie. Macht wird in den Händen einer potenziellen Oligarchie gebündelt, so wird Korruption und Lobbyismus gefördert. Ein „verdienstvoller" Nebeneffekt ist, dass die Gewählten ihre Diäten regelmäßig und kraftvoll erhöhen. Jede Verkäuferin, jeder Arbeiter darf vor Neid erblassen.

Elftens: Die nationale Demokratie sei der Fels in der Brandung der unfreien Staaten. Jahrzehntelang galten die USA als das Vorzeigemodell des freien, demokratischen Westens. Eine kritische Wertung zeigt, dass der Weg mit vielen Kriegen, Korruption und der Kollaboration mit Diktaturen und Mördern gepflastert ist. Es ist kein Zufall, dass dort jetzt Oligarchen herrschen, die ihre Taschen vollstopfen.

Zwölftens: Die Parteien spiegeln die Meinung des Volkes wider. Im Streit der Meinungen werde ein goldener Mittelweg gefunden. Meistens ist der Mittelweg wirklich für die Eliten vergoldet. Dieser Pluralismus bedeutet nicht, dass sich das Vernünftige durchsetzt. Die Freiheit ist immer die Meinung der Andersdenkenden. Wenn die Andersdenkenden aber ignoriert, überstimmt oder nicht einmal angehört werden?

Fazit: Westliche Demokratie ist keine Schablone, die kopiert werden sollte. Sie ist ein Prozess mit vielen Hürden aus der Vergangenheit. Sie ist ein Weg, der Engagement, der Transparenz, achtsame Prüfung und Kontrolle der Mehrheit erfordert – daran mangelt es aber in den meisten Staaten. Streiten wir dafür, dass die vielen Hürden schnell gemildert, dann beseitigt werden.

Von der weltpolitischen Lage, vom Frieden hängt auch der Spielraum für politische Emanzipation im eigenen Land ab. Durchgreifender Fortschritt, ein wie auch immer gearteter Sozialismus ist nur in einem Land nicht möglich. Natürlich muss in jedem Land für die Erweiterung der demokratischen Strukturen gestritten werden. Bewaffnete Auseinandersetzungen haben nicht nur die mörderische Konfrontation der Kontrahenten zur Folge. Sie sorgen auch für weltpolitische konfrontative Lagerbildung, zur feindlichen Zuspitzung auch der Ideologien. Diplomatie, gegenseitige Verständigung, internationale Abkommen – und sei es in vorsichtigen ersten Schritten – sind jetzt erforderlich.

I.8. Autoritarismus – die rechtsradikale Gefahr

Joe Biden, Donald Trump, Meloni in Italien, Le Pen in Frankreich, Wladimir Wladimirowitsch Putin, Xi Jinping: Die „mächtigen Weltreiche" werden von Autoritäten geführt. Sie konzentrieren eine fabelhafte politische und wirtschaftliche Macht. Ihnen jubeln Massen zu. Sie werden verehrt. Ihre Einschätzungen und Direktiven bestimmen in den Gesellschaften. Autoritarismus ist also weltweit sehr stark verbreitet – und keinesfalls ein ausgeprägtes deutsches Problem.

Oliver Decker, Elmar Brähler et al. arbeiten in ihrem Buch „Flucht ins Autoritäre. Rechtsextreme Dynamiken in der Mitte der Gesellschaft" sehr schön heraus, dass einer Mehrheit der Bevölkerung in Deutschland das Verständnis für die Interessen anderer fehlt. „Mehr als 40 % der Befragten weisen die manifeste Bereitschaft auf, ein autoritäres System zu stützen – dies ist der Teil der Bevölkerung mit einem autoritären Syndrom. Ihnen stehen nur knapp 30 % gegenüber, die ausdrücklich demokratisch orientiert sind und für plurale und Gleichheitswerte eintreten, ein weiteres Drittel ist unentschieden. (Decker, Brähler 2019, S. 152)

Erich Fromm hatte schon in den 1930er Jahren nach Auswertung von Fragebögen des Frankfurter Instituts eingeschätzt, dass nur von 15 Prozent der Befragten eine „aktive Verteidigung" der Demokratie erwartet werden könne. Hitler hatte es leichter, die Macht zu erringen, weil er sich auf breite autoritäre Strukturen stützen konnte. Die wirtschaftlichen Krisen während der Zeit der Weimarer Republik führten zum Zerfall demokratischer Strukturen und Einstellungen. Aber nicht die, die unter den Krisen am meisten zu leiden hatten, wählten Hitler, sondern Bauern, der Mittelstand, Beamte und Angestellte. Hier konnten die Rechtsradikalen Ängste schüren und ausnutzen. Ängste vor dem sozialen Abstieg, vor dem Verlust ihrer scheinbar gehobenen und sicheren sozialen Stellung. Die Schlussfolgerungen, die aus den Umfrageauswertungen von Erich Fromm schon in den 1930er Jahren gezogen werden müssen, lauten: Damals befürworteten 85 Prozent der Bevölkerung autoritäre Macht. Ein sehr bedrückendes Erbe der 5.000-jährigen Vergangenheit mit patriarchalen Machtstrukturen und Kriegen. Aber im Vergleich zu heute ergeben sich hoffnungsvolle Verbesserungen. Es sind derzeit „nur" 40 Prozent.

Decker und Brähler führen aus: „In der Sehnsucht nach der Mitte kam der latente Wunsch der Nachkriegszeit zum Ausdruck, die Zerstörung des Krieges möge geheilt, der kränkende Verlust der Herrenideologie nicht erlitten, die Schuld an millionenfachen Morden nicht vorhanden sein. [...] ›Mitte‹ in den Zusammenhang mit ›Rechtsextremismus‹ zu bringen, hieß eine heilige Kuh zu schlachten. [...] Wir wollten die Schmach öffentlich machen, dass die demokratisch verfasste Gesellschaft nicht von den Rändern bedroht wird, sondern mitten aus ihrem scheinbar stabilen Zentrum. [...] Für extrem rechte Themen ist das Fenster aber schon lange sehr weit geöffnet." (Decker & Türcke, 2016, S. 24 f.)

Besteht das Wählerreservoir von Trump nicht auch vor allem aus den Mittelschichten? Schürt er nicht auch Ängste des weißen Mannes, der seine Privilegien und die Überlegenheit „seines" Nationalstaats bedroht sieht? Stützt er seine Macht nicht auch auf den militärisch-industriellen Komplex, auf die Medien- und Propagandaindustrien und die mächtigen Konzerne? Noch allgemeiner gefragt: Erhalten nicht auch autoritäre Strukturen in Russland oder China ihre Stabilität dadurch, dass sie sich auf die Unterstützung der breiten Masse ihrer Bürokraten, ihrer Militärs und der bestimmenden Konzern- und Wirtschaftslenker verlassen können? Noch allgemeiner gefragt: War es in der patriarchalen Geschichte nicht immer so, dass die Mächtigen, die Herrscher, die Kaiser, Könige und Fürsten ihre Macht mit den „Mittelschichten" absicherten und ihre Herrschaft durch Militär und wirtschaftlich Mächtige stabilisierten? Staaten, deren Kampf um Vorherrschaft ziehen mit Kriegen eine breite Blutspur durch die gesamte Geschichte. Schon der griechische Historiker Heraklit konstatierte, dass der Krieg der Väter aller Dinge sei. Haben den Frieden liebende Demokratien angesichts dieser Strukturen überhaupt Chancen?

Autoritarismus ist eine sehr große reale Gefahr

Mehr als ein Viertel der Wähler in Sachsen und Brandenburg hat bei den letzten Wahlen im Jahr 2019 und 2024 Rechtspopulisten gewählt. In Brandenburg, Thüringen und in Sachsen gewann die AfD jeweils zweistellig hinzu und kommt dort jeweils auf insgesamt rund 30 Prozent der Stimmen. Die „Volksparteien" CDU und SPD waren in den letzten zehn Jahren die großen Verlierer. Und Die Linke fuhr in den ostdeutschen Bundesländern ihr bisher schlechtestes Ergebnis ein. Die Klagen sind hier besonders groß: „Sehr schmerzhaft, das tut weh."

Muss jetzt angesichts drohender Gefahr von rechts der gesellschaftliche Notstand ausgerufen werden? Es wurden Fehler gemacht. Lehren müssen gezogen werden. Aber zur Dramatik besteht kein Anlass. Gregor Gysi stellt fest, dass Die Linke in der Vergangenheit häufig gewählt wurde, um den anderen Parteien einen Denkzettel zu verpassen. Dass bei der Öffnung der Partei nach Westen der Osten ins Hintertreffen geraten sei. Fraktionschef Dietmar Bartsch beklagt, dass Die Linke nicht mehr als Interessenvertretung im Osten wahrgenommen werde. Auch Sahra Wagenknecht stellt fest, dass Die Linke lange Zeit die Stimme der Unzufriedenen gewesen sei. Hat diese Rolle jetzt die AfD übernommen?

Die „Nichtwähler" haben entschieden. Zunächst: Der Erfolg der AfD ist nicht darauf zurückzuführen, dass massenhaft Linke-Wähler zur AfD wechselten. Ihr Erfolg ist in erster Linie der Tatsache geschuldet, dass die AfD Nichtwähler mobilisieren konnte, in Sachsen rund 280.000 und in Brandenburg rund 150.000. Vor allem ehemalige CDU-Wähler wanderten zur AfD, in Sachsen, Thüringen und in Brandenburg weit über 200.000. Im Vergleich dazu waren die Wählerwanderungen von SPD, Linken oder Grünen zur AfD eher gering. In Sachsen, in der die CDU mit dem ehemaligen Verfassungsschutzpräsidenten Maaßen und der „Werteunion" einen

eher rechten Wahlkampf geführt hatte, waren die Erfolge der AfD groß –
auch zum Schaden der CDU. Die großen Verluste der Partei Die Linke sind
zu einem großen Teil darauf zurückzuführen, dass ihre Wähler Angst vor
einem Erstarken der AfD hatten und in der „Entscheidungsschlacht" in
Brandenburg der SPD und in Sachsen der CDU den Rücken stärkten. Und
nicht nur Psychologen wissen, dass Angst ein sehr schlechter Ratgeber
ist.

Langzeituntersuchungen der Leipziger Forscher (Decker/Brähler et al.
2018) belegen, dass kein Rechtsruck in der deutschen Gesellschaft zu
verzeichnen ist. Nach ihren Ergebnissen steht die „Demokratie als Idee"
mit einer Zustimmungsquote von 93,3 Prozent in der deutschen Gesellschaft in hohem Ansehen. Aber nur noch 76,5 Prozent sind mit der „ver-
fassungsmäßigen demokratischen Ordnung", mit der „erfahrenen
Demokratie" allerdings nur noch 53,2 Prozent zufrieden. Eine Umsetzung
demokratischer Vorstellungen würde also von einer Mehrheit der Bevölkerung begrüßt werden. Es war „genial" vom ehemaligen AfD-Chef Ale-
xander Gauland und nachfolgender AfD-Politiker, dass sie Willy
Brandts-Leitgedanken „Mehr Demokratie wagen" für sich beanspruchten.
Dass diese Partei allerdings überhaupt keine Lösungen für ein „mehr an
Demokratie" anbietet sondern eher das Gegenteil, davon muss die Mehrheit – vor allem im Osten – noch überzeugt werden.

Es existiert kein Rechtsruck in der Gesellschaft. Die Leipziger Wissenschaftler, die seit 2002 alle zwei Jahre die politischen Einstellungen erheben, weisen aus, dass rechtsextreme Einstellungen eher abgenommen
haben. Der Anteil der befragten Deutschen mit einem geschlossenen
rechtsextremen Weltbild lag 2018 bei 6 Prozent (Ost 8,5 Prozent, West
5,4 Prozent). Zu Beginn der Erhebungen 2002 waren es noch 9,2 Prozent.
Allerdings heben sie als die am weitesten verbreitete antidemokratische
Einstellung in Deutschland die Ausländerfeindlichkeit hervor. 2018
waren 35,7 Prozent der Befragten (unter Ostdeutschen sogar 47,1 Prozent) der Meinung, dass Migrantinnen und Migranten den „Sozialstaat
ausnutzen". Die Ausländerfeindlichkeit ist in Ostdeutschland vor allem in

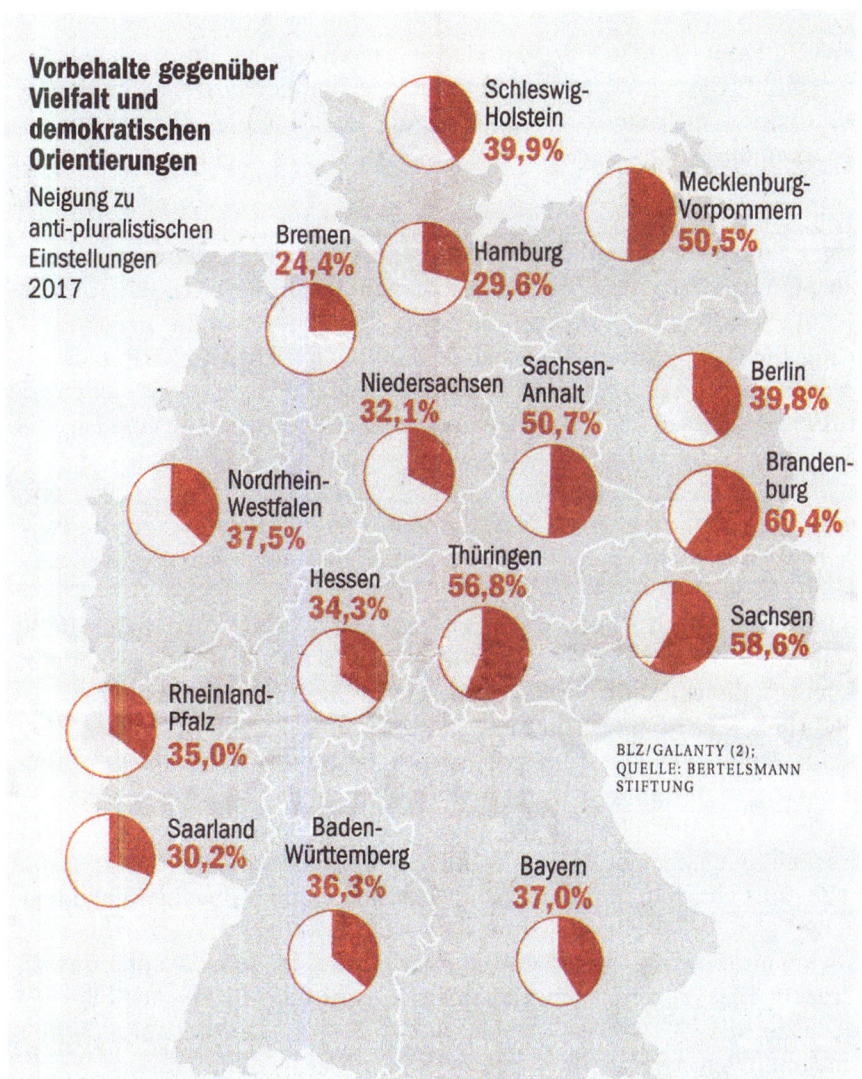

Vorbehalte gegenüber Vielfalt und demokratischen Orientierungen

Neigung zu anti-pluralistischen Einstellungen 2017

Schleswig-Holstein **39,9%**

Mecklenburg-Vorpommern **50,5%**

Bremen **24,4%**

Hamburg **29,6%**

Niedersachsen **32,1%**

Sachsen-Anhalt **50,7%**

Berlin **39,8%**

Nordrhein-Westfalen **37,5%**

Branden-burg **60,4%**

Hessen **34,3%**

Thüringen **56,8%**

Sachsen **58,6%**

Rheinland-Pfalz **35,0%**

BLZ/GALANTY (2);
QUELLE: BERTELSMANN
STIFTUNG

Saarland **30,2%**

Baden-Württemberg **36,3%**

Bayern **37,0%**

Vorbehalte gegenüber demokratischen Orientierungen und Vielfalt Quelle: Bertelsmann-Stiftung

Gegenden ausgeprägt, wo der Ausländeranteil an der Bevölkerung unter zwei Prozent liegt. 36,3 Prozent der Befragten fordern ein „starkes Nationalgefühl". Hier aktiviert die AfD Vorurteile, hier gewinnt sie Stimmen. Hier wird in der demokratischen Öffentlichkeit immer noch zu wenig gegengesteuert.

Politische Einstellungen: Interessant sind auch die Erkenntnisse der Leipziger Forscher, die demokratische oder autoritäre Einstellungen untersuchten und Parteipräferenzen zuordneten. Das ist ihre Klassifikation:
– **Entschiedene Demokraten** sind danach 28,2 Prozent der Bevölkerung. Die Demokraten setzen sich ungefähr zu gleichen Teilen aus „Konservativen" und „Performern" zusammen. Die „Konservativen" stehen der CDU nahe, lehnen aber die AfD ganz klar ab. Die CDU würde einen großen Teil ihrer Wählerschaft verlieren, wenn sie mit der AfD fraternisieren würde. Die „Performer" verorten sich als „links". Die Partei Die Linke wird von ihnen aber nicht favorisiert. Hier hat Die Linke noch das größte Potenzial. Diese Performer-Gruppe ist deshalb besonders wichtig, weil sie häufig Meinungsbildner sind.
– **Politisch Ambivalente,** Unentschiedene sind 28,2 Prozent in der Bevölkerung. Diese Gruppe entscheidet sich am häufigsten für die SPD, gefolgt von der CDU und der Partei Die Linke. Unter ihnen bilden die die Mehrheit, die sich ganz klar in der Mitte der Gesellschaft einordnen. Ausländerfeindlichkeit ist weniger ausgeprägt als in der Gesamtbevölkerung.
– **Personen mit autoritären Einstellungen** sind mit 42 Prozent die Mehrheit der Bevölkerung. Der hohe Anteil von Personen mit autoritären Einstellungen kann auf dem ersten Blick überraschen. Diese Gruppe ist widersprüchlich in ihren Einstellungen und beeinflussbar. Es ist im Langzeitvergleich eher eine Abnahme dieser Einstellungen zu verzeichnen. Es sticht allerdings die „neu-rechte Funktionselite" heraus, die unter den 42 Prozent 12,9 Prozent ausmacht. Sie bekennt sich häufig zur AfD, aber auch zur CDU. Die Abwertung von „Ausländern" und antidemokratische Einstellungen sind bei ihnen besonders stark ausgeprägt.

Zu ähnlichen Ergebnissen kommt die Bertelsmann-Stiftung in zwei Studien mit den Titeln „Wie weltoffen und tolerant ist Deutschland?" und „Vom Unbehagen an der Vielfalt". „Die Globalisierung löst die Grenzen der Nationalstaaten zunehmend auf und schafft eine neue Gruppe von Gewinnern und Verlierern", heißt es dort. Zwar sei die Zustimmung zur Mitgliedschaft in der Europäischen Union ungewöhnlich hoch, besonders bei der Elite. Sie steht auch der Globalisierung und der Öffnung der Nationalstaaten deutlich positiver gegenüber. Aber die Durchschnittsbevölkerungen seien deutlich ablehnender eingestellt. In allen europäischen Nationalstaaten gebe es ein Gefühl des Autonomie- und Kontrollverlusts, das zu einer wachsenden Verunsicherung führe. Die Wissenschaftler registrierten in allen deutschen Bundesländern starke Vorbehalte gegenüber Vielfalt und demokratischen Orientierungen (Antipluralismus). Dieser Populismus äußere sich auch in dem Anspruch, allein den Volkswillen auszudrücken (Alleinvertretungsanspruch) und in Vorbehalten gegen die etablierten politischen Akteure (Anti-Establishment und Skepsis gegenüber Institutionen). In Deutschland sind nach diesen Studien rund 39 Prozent „Antipluralisten", die sich vor allem durch Ängste vor dem Fremden und durch die Sorge, benachteiligt zu werden, auszeichnen. Dem steht allerdings eine Gruppe gegenüber die sich weltoffen zeigt. Sie stellen 61 Prozent der Bevölkerung. Die Gruppe mit antipluralistischen Einstellungen, die auffällig in allen ostdeutschen Ländern eine Mehrheit bildet, wird in den Bertelmann-Studien in vier Gruppen unterteilt:

1. Die sogenannten Zweifler, die elf Prozent der insgesamt Befragten mit überwiegend konservativen Werten und Einstellungen stellen, haben ambivalente Vorbehalte gegenüber Flüchtlingen, sind aber ansonsten gut sozial integriert.
2. Die Gruppe der Verunsicherten (16,3 Prozent) zeigen ein gestörtes Vertrauen in Institutionen. Sie verorten sich in der politischen Mitte, sind aber empfänglich für rechtspopulistische Botschaften.
3. Die Frustrierten mit 7,9 Prozent sind sehr unzufrieden mit ihrem Leben und ihren Perspektiven. Sie zweifeln daran, dass die Gesellschaft die Flüchtlingskrise bewältigen kann.
4. Der Gruppe der Ausgegrenzten mit 4,2 Prozent fehlen soziale Bindun-

gen. Die Angehörigen dieser Gruppe sind überdurchschnittlich häufig in Ostdeutschland anzutreffen. Deutliche Defizite sind vor allem für Ostdeutschland auszumachen. Das wird auch in dem Jahresbericht Deutsche Einheit deutlich, den das Bundeskabinett Ende September 2019 beraten hat. Darin heißt es: „So fühlen sich laut einer jüngst für die Bundesregierung durchgeführten Umfrage 57 Prozent der Ostdeutschen als Bürger zweiter Klasse [...] Die Wiedervereinigung halten nur rund 38 Prozent der Befragten für gelungen. Bei Menschen unter 40 Jahren seien es sogar nur rund 20 Prozent. Knapp die Hälfte der Menschen im Osten sei eher unzufrieden mit der Funktionsweise der Demokratie." (zit. n. Berliner Zeitung, 23. 9. 2019) Von gleichwertigen Lebensverhältnissen sei man weit entfernt. Ärztemangel, Funklöcher und ein schlechtes Nahverkehrsangebot, insgesamt eine schlechtere Infrastruktur belasten.

Als Fazit ergibt sich: Das Fenster für rechte Themen ist schon sehr lange weit geöffnet, weil autoritäre Einstellungen weit verbreitet sind. Die Abgrenzung von Personengruppen aus der Gesellschaft fördert Rechtspopulismus und schwächt demokratische Positionen. Die Volksparteien haben ihre dominierende Rolle eingebüßt – und werden sie in der alten Form nicht wieder gewinnen. Die Linke hat ihre Position als Protest-Partei verloren – und das ist gut so. Sie wird nur dann erstarken, wenn sie glaubhaft mit konkreten Lösungen für ein Mehr an Demokratie streitet – und dafür Kampagnen startet. Mitbestimmung, Partizipation auch in der Wirtschaft sind „linke" Werte. Sie werden in Zukunft an Bedeutung gewinnen. Ökonomische Themen rücken in den Mittelpunkt. Schätzungen gehen davon aus, dass die Berufsbilder von 50 Prozent der Beschäftigten sich in den nächsten zehn Jahren verändern. Krisen und Unsicherheiten sind also vorhersehbar, die nicht von Rechtspopulisten politisch ausgenutzt werden dürfen. Die Nichtwähler stellen mit 39 Prozent in Sachsen und Brandenburg noch immer die „größte Partei". Dass ausgerechnet die AfD die Chance nutzen konnte, ist ein Versagen der Linken. Es wird in Zukunft also entscheidend darauf ankommen, die Demokratie zu stärken, indem aufgezeigt wird, wie die Gesellschaft im Interesse der Mehrheit verändert, wie die „schweigende Mehrheit" einbezogen werden kann.

I.9. Die Klimakrise ist nur international lösbar

Die Klimakatastrophe bedroht die Menschheit

Die Klimakrise ist existenzbedrohend. Es tickt weltweit eine Zeitbombe, die allerdings erst in Zukunft explodieren wird. Aber die Zeitbombe tickt. In den ärmeren Ländern der Welt führt sie schon jetzt zu schwer wiegenden Klimaveränderungen. In den reicheren vermag man sie noch zu ignorieren. Hier kann man noch den Eindruck verbreiten, dass mit der Einführung von Pfand auf Dosen und Flaschen, durch abgasärmere Autos und Wärmepumpen die Probleme in den Griff zu bekommen seien. Diese Maßnahmen sind vollkommen unzureichend. Sie sind ein paar Tröpfchen auf die viel zu heißen Steine. Klimakleber erklären die Klimakrise zu dem Hauptproblem, das es in der Welt zu lösen gilt. In dem zu den ältesten Schriften der Welt zählenden Gilgamesch-Epos planen die Helden Enkidu und Gilgamesch den Hüter des Zedernwaldes Humbaba zu töten, um in Istars Zedern-Wald Bäume zu fällen. Sie errichten mit dem gefällten Holz die Stadt Uruk und deren Stadtmauer, damit sichern sie die patriarchalische Herrschaft und brechen die Macht der Göttin Istar. Sie zerstören gleichzeitig Natur und das ökologische Gleichgewicht. Die Verwandlung des riesigen Mittelmeergebiets einschließlich der Sahara in wüstenartige, unfruchtbare Landschaften hat ihre Ursachen nicht nur in Umweltkatastrophen sondern auch in menschlichen Eingriffen. Mit dem Zeitalter des Patriarchats begann gleichzeitig das Zeitalter der Kriege und der Umweltzerstörung.

Die größte Bedrohung der Menschheit und der Umwelt sind Kriege, ist der Kampf um die Hegemonialmacht in der Welt. 75 Prozent aller Rüstungsausgaben der Welt entfallen auf NATO-Staaten und deren Verbündete. Diese Staaten, die nur etwas mehr als 15 Prozent der Weltbevölkerung repräsentieren, steigern ihre Militärausgaben weiter.

Wozu? Mehr als gewaltige Übermacht geht doch eigentlich nicht. Viele der NATO-Staaten sind ehemalige Kolonialmächte. Sie wollen auch weiterhin beherrschenden Einfluss in der Welt ausüben. Die überdimensionierten Militärausgeben fehlen natürlich, um die drängenden Probleme wie die Klimakrise in der Welt zu lösen. Das zweitwichtigste zu lösende Problem in der Welt ist die Kluft zwischen dem reichen Westen und dem armen Süden. Viele Länder des Südens sitzen in der Schuldenfalle und haben keine oder zu wenig Mittel, um wirksam gegen die Klimakrise, die sie am stärksten betrifft, vorgehen zu können. Nur wenn die Kluft zwischen dem reichen Westen und dem ökonomisch deklassierten armen Süden gelöst wird, kann auch die Klimakrise in den Griff bekommen werden. Deshalb beurteile ich die Klimakrise als sehr wichtiges, aber nur als eines der wichtigsten zu lösenden Probleme. Die Klimakatastrophe bedroht die Lebensgrundlage künftiger Generationen, der Systemkonflikt gefährdet das Heute und verhindert die Einleitung von durchgreifenden Maßnahmen zum Klimaschutz in der Gegenwart.

Diese Rangfolge zu betonen ist auch deshalb wichtig, um Illusionen entgegenzutreten, die Klimakrise sei isoliert und ohne grundlegende Änderungen in der Weltpolitik zu lösen. Wenn zum Beispiel in Deutschland bei der Entsorgung Plastikmüll getrennt wird und anschließend ins Ausland verschifft wird, wo es dann im Meer als Endlagerung landet, konterkariert diese Praxis natürlich die Klimapolitik. Den Ländern des Südens, die am meisten von der Klimakrise betroffen sind, fehlen die finanziellen Mittel, um gegenzusteuern.

Die Partei der Grünen gilt in Deutschland als die Klimaschutzpartei. Ihr sei es zu verdanken, dass das Bewusstsein für Klimaschutzmaßnahmen in der Bevölkerung stark zugenommen hat. Die Verringerung der Verwendung fossiler Brennstoffe, die Mülltrennung, die Wärmedämmung der Häuser und Wohnungen und viele andere innenpolitischen Maßnahmen wie die Propagierung der Wärmepumpen (obwohl umstritten) sind Resultat der Politik der Grünen. Diese Maßnahmen können nützlich sein – eine grundsätzliche Wende zum Besseren stellen sie nicht dar. Die

Partei Die Grünen, Fridays for Future oder die Klimakleber erwecken häufig den Eindruck, als ob entschiedenere Maßnahmen zur Reduktion der Verbrennung fossiler Brennstoffe oder der Verringerung der Treibhausgase in Deutschland das Problem lösen könnten. Das ist eine Illusion. Treten Die Grünen, Fridays for Future, oder die Klimakleber für tief greifende Veränderungen in der Weltpolitik ein, die Kriege vermeiden helfen und die die tiefe Kluft zwischen dem dominierenden Westen und dem globalen Süden beheben – und die dafür auch realistische Konzepte vorlegen? Nein? Dann ist ihr politisches Handeln Stückwerk, das die Klimakrise nicht in den Griff bekommen kann.

Eine kurze Bestandsaufnahme: Schon im Vierten Bericht des Zwischenstaatlichen Ausschusses für Klimaänderungen der UNO (IPCC) wird 2007 festgestellt: „Zu den mit diesem Temperaturanstieg verbundenen Folgen der globalen Erwärmung, die der Bericht auflistet, gehören unter anderem ein Anstieg des Meeresspiegels im 20. Jahrhundert um 17 Zentimeter – seit 1993 sogar um 3,1 Millimeter pro Jahr; schmelzende Gletscher, die Verringerung der schneebedeckten Erdoberfläche um 5 Prozent seit 1980, der in den letzten Jahren deutlich beschleunigte Rückgang des Meereises; häufigere Starkregen; zunehmende Regenfälle in Nordeuropa und im östlichen Nord- und Südamerika; zunehmende Trockenheit im Mittelmeerraum, in der Sahel, in Südafrika und Teilen Südasiens; zunehmende Hitzewellen und heftigere tropische Stürme. Der Meeresspiegel steigt gemäß den zugrunde gelegten Szenarien bis zum Ende des 21. Jahrhunderts um mindestens 18–38 cm und um höchstens 26–59 cm... Für die Zukunft wird eine weiter ansteigende globale Erwärmung erwartet. Die Emissionen an Treibhausgasen sind zwischen 1970 und 2004 um 70 Prozent gestiegen; die des wichtigsten Treibhausgases, Kohlendioxid, um etwa 80 Prozent. Den höchsten Anteil an diesem Anstieg hatten die Energieversorgung (+ 145 Prozent) und der Verkehr (+120 Prozent). Wenn die gegenwärtige Politik nicht geändert wird, können wir bis 2030 – je nach Annahme über Wirtschafts- und Technologieentwicklung – mit einem weiteren Anstieg um 25 bis 90 Prozent rechnen (für Kohlendioxid sogar um 45 bis 110 Prozent). Bis zum Jahr 2050 müssten die Emissionen an Treibhausgasen um 50 bis 80 Prozent sinken, wenn der Temperaturanstieg bei 2 bis 2,4 °C begrenzt werden soll." (Wikipedia)

Es sind in der Zukunft zunehmende Wetterextreme wie Hitzetage, Hitzewellen und Starkregen zu erwarten. Dabei werden vor allem tropische Stürme heftiger, betroffen sind also in erster Linie Länder des globalen Südens. Im Norden nimmt die Niederschlagsmenge zu, was sich in Überflutungen der Flüsse äußert. Die damit verbundenen Probleme versuchen die Länder vor allem durch bessere Deiche und Wasserstauräume in den Griff zu bekommen. Folgenreicher ist, dass die Niederschlagsmengen in den Regionen nördlich und südlich des Äquators abnehmen. Diese Regenwald-Gebiete leiden unter zunehmendem Wassermangel. Erosion, Versalzung und Verwüstung führen auch zur Verringerung der landwirtschaftlichen Nutzfläche. Besonders betroffen sind Afrika und Asien mit schweren Beeinträchtigungen der Landwirtschaft in vielen Ländern. In Asien wird es zusätzlich zu Überflutungen in den bevölkerungsreichen Großdeltas kommen. Dadurch verschärft sich in vielen Regionen der beiden Kontingente die eh schon bedrohliche Ernährungslage. Hungersnöte werden häufiger zu registrieren sein. Besonderen Risiken sind die Küsten und die Küsten-Ökosysteme zusätzlich durch den steigenden Meeresspiegel ausgesetzt. Auch in Deutschland hat die Klimakrise vor allem Folgen für die Landwirtschaft. Schon jetzt sind die Sommer zu trocken. Bedrohliche Ausmaße sind aber hierzulande noch nicht erreicht. Wenn nicht vor allem im Süden der Welt entschieden gegengesteuert wird, werden in Deutschland und kontinental-europäischen Ländern vor allem die Probleme für die Landwirtschaft aber auch für die Gesundheit der Bevölkerung zunehmen.

Die totalen Treibhausgasemissionen waren zwischen 2010 und 2019 so hoch wie in keiner anderen Dekade zuvor. Die Netto-Treibhausgas-Emissionen haben sich seit 2010 in allen wichtigen globalen Sektoren erhöht. Schon jetzt kann prognostiziert werden, dass die globale Erwärmung im 21. Jahrhundert das Ziel der Begrenzung von 1,5 Grad Celsius überschreitet. Schon eine Limitierung der Erwärmung unter 2 Grad Celsius würde

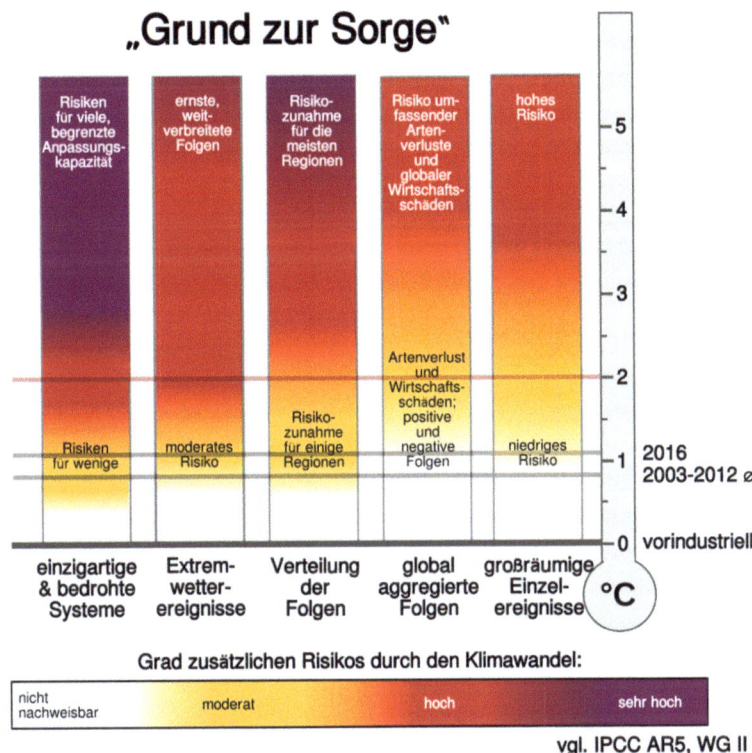

vgl. IPCC AR5, WG II

nach Einschätzung der UNO-Kommission IPWW eine starke Reduktion der Treibhausgas-Emissionen erfordern. UN-Generalsekretär António Guterres schlussfolgerte: „Klimaaktivisten werden manchmal als gefährliche Radikale dargestellt. Aber die wirklich gefährlichen Radikalen sind die Länder, die die Produktion von fossiler Energie erhöhen."

Die Klimakrise ist mit äußerst gravierenden ökonomischen Folgen für die Weltwirtschaft verbunden. Das weltweite Bruttoinlandsprodukt, also der Gesamtwert aller geschaffenen Werte wird, wenn nicht entschieden gegengesteuert wird, innerhalb des 21. Jahrhunderts um 37 Prozent klimabedingt sinken. Das prognostizieren Forscher von europäischen und

US-amerikanischen Universitäten, die in der Zeitschrift Environmental Research Letters veröffentlicht wurden. Bei dem derzeitigen politischen Kräfteverhältnis in der Welt ist klar, welchen Ländern diese Kosten aufgebürdet werden sollen: den Ländern des globalen Südens. Diese Länder, in denen ihre Bewohner nur über niedrige Einkommen verfügen und in denen häufig schon jetzt Hunger herrscht, geben fünfmal so viel für Schulden aus wie für die Bewältigung der Auswirkungen des Klimawandels und die Verringerung der Kohlenstoffemissionen. Das stellt die Hilfsorganisation Jubilee Debt Campaign zur Bekämpfung der Armut fest. Deren Zahlen belegen, dass 34 der ärmsten Länder der Welt jährlich 29,4 Milliarden Dollar für Schuldentilgung ausgeben müssen, verglichen mit 5,4 Milliarden Dollar für Maßnahmen zur Verringerung der Auswirkungen des Klimawandels.

Das Fazit der UNO-Kommission IPCC in ihrem 6. Zustandsbericht 2022 für die politische Entscheidungsfindung ist klar: „Die Summe der wissenschaftlichen Belege ist eindeutig: Der Klimawandel ist eine Bedrohung für das menschliche Wohlergehen und die Gesundheit des Planeten. Jede weitere Verzögerung von konzertierten vorausschauenden globalen Maßnahmen zur Anpassung und Minderung wird ein enges und sich schnell schließendes Zeitfenster verpassen, eine lebenswerte und nachhaltige Zukunft für alle zu sichern [...]."

Der Regenwald ist die atmende Lunge des Planeten

Unbestritten ist, dass der Regenwald die grüne Lunge des Planeten ist. Dieser Wald erstreckt sich wie ein Gürtel rund um den Globus. Obwohl er nur rund 12 Prozent der Erdoberfläche bedeckt, ist er entscheidend für das Klima. 1950 betrug die Ausdehnung rund 17 Millionen Quadratkilometer, um die Jahrhundertwende waren es noch rund 8,5 Millionen, Die Hälfte des Regenwaldes wurde schon vernichtet. Seine weitere Abholzung wird zur massiven Verwüstung der Erde führen. Denn die Bäume und Pflanzen im Regenwald binden große Mengen an Kohlenstoff, indem sie das Gas CO_2 (Kohlenstoffdioxid) aus der Luft aufnehmen. Den Kohlen-

Tropical (1980-2016)

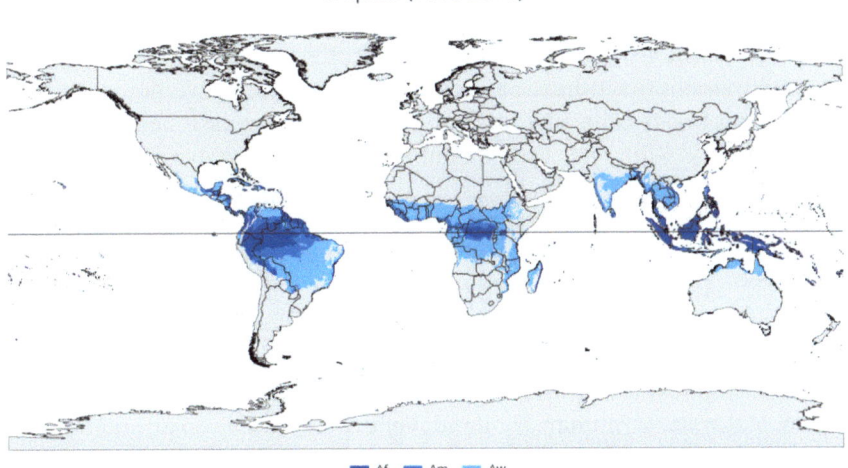

■ Af ■ Am ■ Aw

Regionen mit tropischem Klima nach Köppen und Geiger: Tropisches Regenwald-klima (Af), Tropisches Monsunklima (Am), Tropisches Savannenklima (Aw). Regenwälder sind die atmenden Lungen des Erdballs.

stoff daraus nutzen sie für ihr eigenes Wachstum. Dabei entsteht Sauerstoff, den auch wir Menschen zum Überleben brauchen. Des weiteren nehmen die Wälder hohe Mengen des weltweit erzeugten Treibhausgases CO_2 auf und spielen so bei der Regulierung des Weltklimas eine entscheidende Rolle. Wenn Wälder gerodet oder auch nur in ihrem Gleichgewicht gestört werden, setzen sie Kohlendioxid und andere Treibhausgase frei. Der Verlust und die Zerstörung von Wäldern sind für etwa zehn Prozent der globalen Erwärmung verantwortlich. Die Klimakrise kann nicht bekämpft werden, wenn die Abholzung des Regenwalds nicht gestoppt wird, vor allem in Brasilien.

Zusätzlich treten nicht reversible Schäden im Ökosystem der Erde ein. Weit mehr als die Hälfte aller derzeit bekannten Tier- und Pflanzenarten leben in den tropischen Regenwäldern. Wenn die Regenwälder verschwinden, verlieren auch die dort beheimateten Tiere und Pflanzen ihren Lebensraum. Jeden Tag sterben rund 100 Arten für immer aus. Regenwälder sind natürliche Luftfilter. Sie speichern und filtern überschüssigen Kohlenstoff und andere Schadstoffe aus der Atmosphäre und setzen durch Photosynthese Sauerstoff frei. Ohne Regenwälder ist unser Planet nicht in der Lage, übermäßige Treibhausgasemissionen zu reduzieren, was das Klima der Erde destabilisiert. Der Regenwald versorgt riesige Gebiete mit genügend Wasser und generiert seinen eigenen Regen.

Die größten Regenwaldflächen besitzen Brasilien mit 4,7 Millionen und die Demokratische Republik Kongo mit 1,336, Indonesien mit 885, Peru mit 687 Kolumbien mit 607 Millionen Quadratkilometern. Weitere Länder mit erheblichen Waldbeständen sind Kamerun, die Republik Kongo, Gabun, Malaysia, Myanmar, Thailand, Venezuela, Madagaskar und Papua Neuguinea. Es handelt sich allesamt um relativ arme Länder, die auf Agrarexporte angewiesen sind und sich in der Abhängigkeit von Agrarkonzernen befinden.

Wikimedia (Stichwort: Vierter und Sechster Sachstandsbericht des IPCC) dokumentiert einen alarmierenden Sachstandsbericht: „Der Amazonas-Regenwald umfasst mehr als die Hälfte des weltweit verbliebenen tropischen Regenwaldes. [...] Die Hauptursachen der Entwaldung in Amazonien sind menschliche Siedlungen (meist in Folge unkontrollierter Besiedlung entlang von Forststraßen) und die Schaffung riesiger Landwirtschaftsflächen, vor allem durch die Agroindustrie mit Monokulturen, mittlerweile auch eine zunehmende, von den Rodungsflächen ausgehende Versteppung und die globale Erwärmung: Die Kombination von globaler Erwärmung und Entwaldung macht das regionale Klima trockener und könnte große Teile des Regenwalds in eine Savanne verwandeln.[...] Gemäß einer deutsch-britischen Studie vom März 2022 hat seit Beginn der 2000er-Jahre bei mehr als drei Vierteln des Regenwaldes die Fähigkeit nachgelassen, sich von Störungen wie Dürren oder Bränden zu erholen (ökologische Resilienz)...

„Insgesamt wurden bereits rund 20 Prozent des Amazonasregenwaldes entwaldet. Klimawissenschaftler gehen davon aus, dass sich das Amazonasgebiet ab einer Waldzerstörung von 25 % zu einem großen Teil in eine Savanne umwandeln könnte, was das Niederschlagsmuster weltweit beeinflussen würde.[...] Dieser Prozess könnte bis im Jahr 2050 eintreffen, früher vermutete man, dass es 2100 so weit kommen würde.[...] Der Regenwald im Amazonasgebiet stellt ein sogenanntes Kippelement im Erdklimasystem dar. [...] Im vergangenen Jahrzehnt emittierte der Amazonas Regenwald fast 20 % mehr Treibhausgase als er aufgenommen hat. Es ist nicht bekannt ab welchem Punkt diese Entwicklung irreversibel sein könnte. Durch CO_2 Emissionen und die daraus resultierenden Erwärmung der Atmosphäre werden Dürren begünstigt, was Waldbrände intensiviert. Die von Bränden freigesetzten Treibhausgase verursachen eine weitere Erwärmung des Klimas.
Möglicherweise werden laut dem Bericht Assessment of the Risk of Amazon Dieback der Weltbank vom Februar 2018 etwa 75 % des Amazonas-Regenwalds bis 2025 dauerhaft verloren sein. 2075 seien möglicherweise nur noch 5 % des Waldes im Westen Amazoniens übrig. Der Vorgang ist eine Folge der Entwaldung, des Klimawandels, der Brandrodungen und aufgrund der durch die verstärkte Erosion einsetzenden Wüstenbildung teilweise irreversibel.[...] Stand 2024 wurden in den letzten 40 Jahren 88 Millionen Hektar Regenwald in Südamerika zerstört, was etwas mehr als der Fläche ganz Skandinaviens entspricht.[...]" (Wikipedia)

Schon in naher Zukunft ist das Ende des Amazonas-Regenwaldes besiegelt. Nur entschiedene, weltweite Abkommen können die absehbare Entwicklung stoppen. Die derzeitige Konkurrenz der Weltmächte verhindert dies.

In Indonesien betreiben vor allen die Palmölkonzerne eine rasante Entwaldung. Die Weltproduktion von Palmöl stieg von 2010 bis 2020 über 60 Prozent. Im Jahr 2020 wurden weltweit 75,9 Millionen Tonnen Palmöl produziert. Zum Vergleich: Im Jahr 2000 waren es noch 22,2 Millionen Tonnen gewesen. Die wichtigsten Anbauländer für Ölpalmen sind Indonesien und Malaysia mit zusammen 84,1 Prozent der Weltproduktion. Jetzt wurde der Roundtable on Sustainable Palm Oil (RSPO) gegründet, um weltweite Standards für umweltschonendes, nachhaltiges Palmöl festzulegen. Die RSPO besteht aus Herstellern sowie Groß- und Einzelhändlern der Palmölindustrie, die an der Produktion verdienen. Die Nachfrage nach Palmöl wird sich in den nächsten 20 Jahren verdoppeln – mit zu erwartenden Folgen für das zweitgrößte Regenwaldgebiet der Erde.

Desertec: hoffnungsvolles aber nur halbherzig realisiertes Projekt

Glasrecycling und Mülltrennung sind in Deutschland die bekanntesten Maßnahmen beim Klimaschutz. Leider sind sie bei der Bekämpfung der Klimakatastrophe nur ein Tropfen auf einen heißen Stein. Durchgreifende Maßnahmen stellen dagegen laut UNO-Kommission IPCC die Umstellung auf Wind- und Solarenergie dar. Hier ist in Deutschland schon viel geleistet worden. Am effektivsten ist die Nutzung der Sonnenenergie natürlich dort, wo die Strahlung am intensivsten ist und tagsüber am längsten anhält. Genau diese Vorteile plante das Projekt Desertec für die Region Middle East and North Africa (MENA) umzusetzen. Das in ökonomischer und ökologischer Hinsicht als realistisch vom Deutschen Zentrum für Luft- und Raumfahrt eingeschätzte Vorhaben sah vor, durch Nutzung von Wind und Wüstensonne bis 2050 genügend zusätzlichen Strom für die Region und für Europa zu generieren. Zusätzlich sollte auch die industrielle Meerwasserentsalzung für die Landwirtschaft der MENA-Region gewährleistet werden. Geplant war also eine Win-Win-Situation durch die Vernetzung des großen Wirtschaftsraums Europa, Nordafrika und den Nahen Osten. Vorteile für die MENA-Region wären zusätzliche Arbeitsplätze inklusive Einkommen, Verbesserung der Infrastruktur, preiswerte Energie und Meerwasserentsalzung für Haushalte und die Landwirtschaft. Ursprünglich wurde das Projekt von den Firmen ABB, Abengoa, Cevital, Deutsche Bank, E.ON, Enel Green Power, Flagsol, HSH Nordbank, M+W Group, Münchener Rück, Nareva, RWE, Compagnie de Saint Gobain und Siemens vorangetrieben.

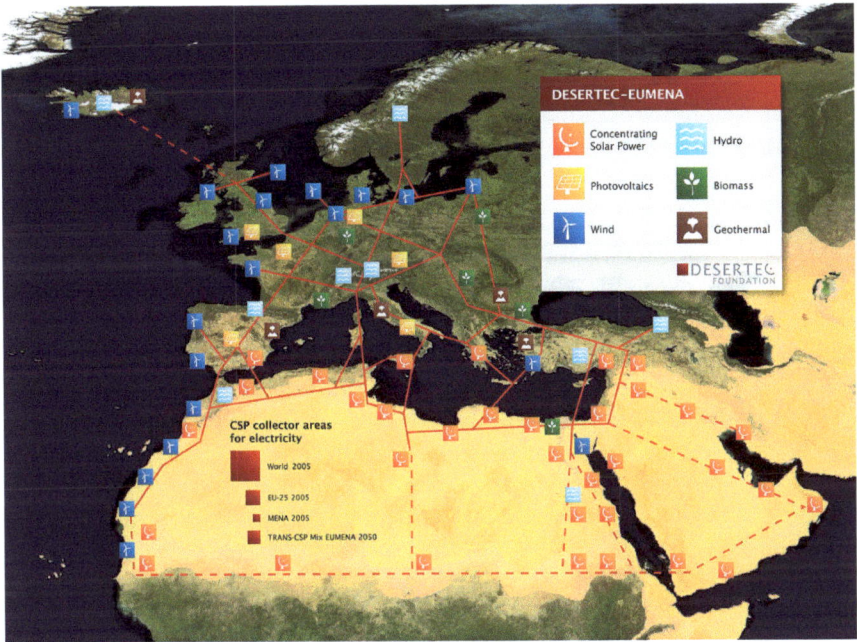

Studien ergaben, dass solarthermische Kraftwerke nur ein Gebiet von 0,3 Prozent der Wüstenfläche Nordafrikas und des Nahen Ostens beanspruchen würden. Nach Berechnungen des Fraunhofer-Instituts könnten die MENA-Länder nicht nur ihren eigenen Strombedarf decken, sondern zusätzlich auch noch Energie mit einem Jahresumsatz von 60 Milliarden Euro exportieren. Europa würde dadurch 30 Milliarden Euro sparen. Wenn solarthermische Kraftwerke in großem Still gebaut werden würden, könnten die Stromerzeugungskosten auf bis zu 4 Cent die Kilowattstunde sinken, ein weltweit bei weitem niedrigster Preis. Das errechnete das Deutsche Zentrum für Luft- und Raumfahrt (DLR). Um bis 2050 nicht nur den Strombedarf der MENA-Länder zu decken sondern gleichzeitig eine Exportkapazität von 100 Gigawatt , die Leistung von etwa 80 Kernreaktoren aufzubauen, wären allerdings wenige staatliche Anschubhilfen notwendig. Davor scheuten allerdings Regierungen der Industrieländer zurück. Sie nehmen dabei Rücksicht auf Lobbyverbände der deutschen Solarindustrie und der Energiewirtschaft. Derzeit wird das Projekt nur noch von den MENA-Ländern und von den Unternehmen RWE, State Grid Corporation of China und ACWA Power als Gesellschafter unterstützt.

Offenbar nehmen die deutschen Politiker und vor allem die Experten der „grünen" Partei die Veränderungen der Weltpolitik nicht zur Kenntnis. China ist auch auf dem Gebiet des Klimaschutzes zur führenden Kraft in der Welt geworden. Der US-amerikanische Bestsellerautor David Wallace-Wells stellt fest: „China setzt verschiedene grüne Energietechnologien mit einer erstaunlichen Geschwindigkeit um und übertrifft dabei die Prognosen der Analysten jedes Jahr aufs Neue." Nach seinen Recherchen hat China bei der Produktion von Solarzellen und Solarwafern mit einem Weltmarktanteil von 90 Prozent alle anderen Hersteller weit hinter sich gelassen. Bei vielen anderen Zukunftstechnologien drohen ähnliche Entwicklungen einzutreten. Kooperation und nicht Gegnerschaft ist das Gebot der Stunde.

Anteil Chinas an der Weltproduktion 2023 in %

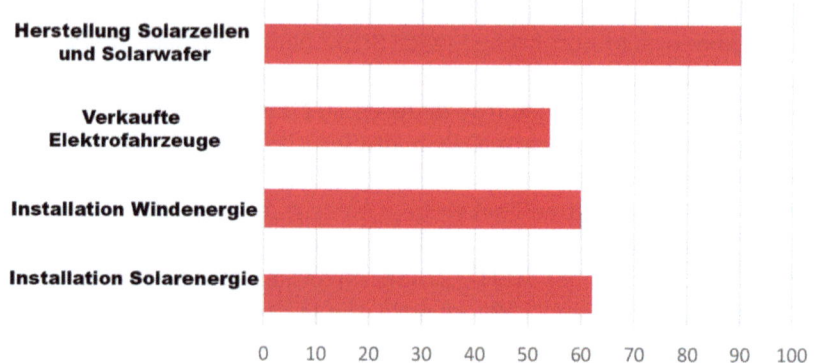

II. Grundsätzliches
II.1. Kapitalismus, Sozialismus oder ein dritter Weg ?

Karl Marx wurde (und wird?) als der Prophet einer kommenden Revolution gehandelt. Die Arbeiterklasse werde sich erheben und dem erniedrigenden System den Garaus machen. Denn die Werktätigen hätten nichts zu verlieren als ihre Ketten. Marx war um wissenschaftliche Exaktheit bemüht. Als wichtigstes das kapitalistische System charakterisierende Gesetz identifizierte er das Mehrwert-Gesetz. Der Arbeitende schafft mehr Werte, als er selbst wert ist. Den Surplus kassiert der Kapitalist und bereichert sich so. Diese Ausbeutung und Unterdrückung charakterisiere das kapitalistische System. Doch auch dieses Gesetz ist nicht ehern und für immer in Beton gegossen. Denn der Wert der Ware Arbeitskraft erhöht sich nicht nur durch notwendige Ausgaben in Wohnungen, Bildung und Gesundheit. Und auch der Kapitalist kann nicht immer nur abkassieren. Höhere Ausgaben in das Gemeinwesen, in die Infrastruktur, in das Bildungs- und Gesundheitswesen schmälern seine Möglichkeiten. Wandeln diese Veränderungen das System oder geben ihm wenigstens ein anderes Gesicht?

Die Bedeutung des Gesetzes vom tendenziellen Fall der Profitrate

Es gibt ein weiteres Gesetz, das Marx als das vom historischen Standpunkt aus wichtigste kennzeichnete: das Gesetz vom tendenziellen Fall der Profitrate. Allerdings konzedierte er, dass dieses Gesetz von den wenigsten Wissenschaftlern verstanden und in seiner Bedeutung gewürdigt werden würde. Auch wurde es später von den meisten Okonomie-Professoren im realen Sozialismus ignoriert oder als überholt bezeichnet, weil Monopole es außer Kraft setzen würden. Das vom historischen Stand-

107

punkt aus wichtigste Gesetz wurde ad acta gelegt. Das hatte wohl propagandistische Gründe. Tendenzieller Fall der Profitrate, das könnte falsch verstanden werden, als ob die Profite sinken. Die Propagandamaschinerie tönte dagegen: Kapitalisten scheffeln immer höhere Profite, Monopole unterdrücken die Werktätigen in immer brutalerer Art und Weise. Das Gesetz vom tendenziellen Fall der Profitrate fordert aber eine differenzierte Betrachtungsweise. In der angeheizten Situation des Kalten Krieges gab es keinen Raum für Zwischentöne. Zwischentöne sind nur Krampf im Klassenkampf, tönte es in einem Degenhardt-Lied. Aber wenn man das vom „historischen Standpunkt wichtigste Gesetz" für unwirksam erklärt, konterkariert, kastriert man dann nicht das wissenschaftliche Werk von Karl Marx?

In der Tat besitzt dieses wichtigste Gesetz eine gewisse Sprengkraft: Die inneren Widersprüche des kapitalistischen Systems führen zu Veränderungen und zersetzen es. Das Gesetz beschreibt einen komplizierten, langwierigen, ökonomischen Prozess. Hat es einen Umsturz der Gesellschaft, eine Revolution zur Folge? Oder beschreibt es einen letztlich friedlichen Wandlungsprozess über einen längeren Zeitraum? In letzterem Fall ist „der Weg das Ziel", wie der „Revisionist" Eduard Bernstein behauptete. In der Konsequenz kennzeichnet das Gesetz den Tod des „Kapitalismus" auf Raten. Wandel, der sich über Jahrhunderte hinzieht oder gewaltsame Revolution des Systems: Diese Frage lassen die Begründer des Kommunismus Karl Marx und Friedrich Engels letztlich offen. Auf jeden Fall sollte man das vom „historischen Standpunkt" wichtigste Gesetz besser kennen und begreifen, weil es geschichtliche Entwicklungen in der Zukunft wirtschaftlich und vor allem politisch vorzeichnet.

Grundlage der Marxschen Überlegungen sind die Ausführungen, „dass die durch das Kapital selbst in seiner historischen Entwicklung herbeigeführte Entwicklung der Produktivkräfte, auf einem gewissen Punkt angelangt, die Selbstverwertung des Kapitals aufhebt, statt sie zu setzen. Über einen gewissen Punkt hinaus wird die Entwicklung der Produktivkräfte eine Schranke für das Kapital; also das Kapitalverhältnis eine Schranke

Tendenzieller Fall der Profitrate oder der Renditen

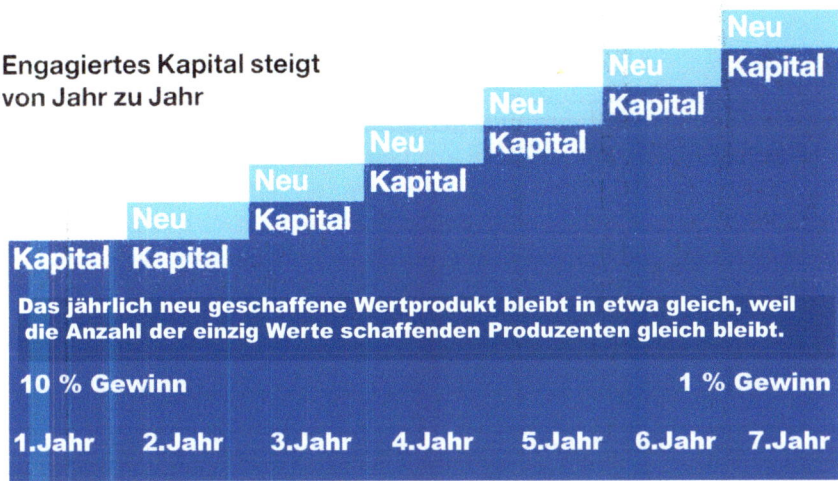

Engagiertes Kapital steigt von Jahr zu Jahr

Neu Kapital (7. Jahr)
Neu Kapital (6. Jahr)
Neu Kapital (5. Jahr)
Neu Kapital (4. Jahr)
Neu Kapital (3. Jahr)
Neu Kapital (2. Jahr)
Kapital Kapital (1. Jahr)

Das jährlich neu geschaffene Wertprodukt bleibt in etwa gleich, weil die Anzahl der einzig Werte schaffenden Produzenten gleich bleibt.

10 % Gewinn   1 % Gewinn

1.Jahr   2.Jahr   3.Jahr   4.Jahr   5.Jahr   6.Jahr   7.Jahr

Das engagierte Kapital steigt von Jahr zu Jahr, weil ein Teil des produzierten Mehrprodukts ständig reinvestiert werden muss. Je mehr reinvestiert werden kann, desto größer ist der Vorteil im Wettbewerb. Aber das jährlich von den Arbeitenden geschaffene Mehrprodukt bleibt in etwa gleich – nur Arbeit schafft Werte. In der Gesellschaft ist ja immer in etwa die gleich große Anzahl von Arbeitenden produktiv engagiert. Da sich die Profitrate auf das gesamte eingesetzte Kapital errechnet, muss die Profitrate sinken.

für die Entwicklung der Produktivkräfte der Arbeit." (Grundrisse, S. 635) Diese Schranken entwickelt das System in seiner Entwicklung immer wieder. Und es findet in seiner historischen Entwicklung immer wieder neue Mechanismen, um diese Schranken aufzuheben.

Das Interessante und Faszinierende an diesem Prozess ist, dass jede Beseitigung dieser Schranken mit einer Vergesellschaftung verbunden ist. Es kommt also zu keiner endgültigen Zuspitzung der Widersprüche oder zu einer Verelendung des Proletariats, wie noch Marx oder Lenin angenommen haben. Vergesellschaftungen bedeuten weitere zukunftwei-

109

sende Entwicklungen der Produktivkräfte der Arbeit. Beginnen sie die Grundlagen für eine neue Gesellschaft zu bilden? Oder prägen sich bekannte Eigenschaften des „alten Systems" nur deutlicher heraus und werden zu dominierenden Charistika?

Die Beschäftigung mit dem tendenziellen Fall und vor allem den entgegengesetzten Tendenzen ist deshalb so wichtig, weil sie zu Veränderungen des Kapitalismus führen, die gleichzeitig die Grundlagen einer neuen Gesellschaft bilden. Marx zeigt in umständlicher, etwas antiquierter Ausdrucksweise Möglichkeiten auf, die dem tendenziellen Fall der Profitrate entgegenwirken, also dem endgültigen Zusammenbruch des „kapitalistischen" Systems entgegenwirken: 1. durch die Erhöhung des Ausbeutungsgrades, des Drückens des Arbeitslohns unter seinen Wert. Hier argumentiert Karl Marx sehr einseitig. Er nimmt eine Verelendung der Arbeiter an. Aber die Arbeitenden können einen entscheidenden Stellenwert in der Gesellschaft bekommen, wenn sie mehr Geltung in der Gesellschaft erlangen. Die Erwerbstätigen sind schließlich diejenigen, die alle Werte erzeugen. 2. durch die Verwohlfeilerung der Elemente des Kapitals. Also: Es wird immer effektiver, mit modernen Produkten, preiswerter und mit effizienterer Maschinerie gearbeitet. 3. durch den auswärtigen Handel. Die Vorteile der Globalisierung können nicht nur den Verfall der Profitraten aufhalten sondern auch weltweit patriarchale Systeme und damit Armut und Hunger in aller Welt beseitigen. 4. durch die Zunahme des Aktienkapitals beginnt sich das Kapital- und Ausbeutungsverhältnis in entscheidenden Charakteristika zu verändern. Kapitalisten scheiden aus dem Produktionsprozess aus und müssen ihre Stellung bezahlten Fachkräften überlassen. Zukunftsmusik?

Charakteristisch sind sinkende Wachstumsraten und Zunahme des Aktienkapitals

Kann das Wirken des tendenziellen Falls in der Realität nachgewiesen werden? Profit ist der Stachel der kapitalistischen Produktion: Wenn die Profitrate sinkt, verfällt auch der Impuls zur Ausweitung der Produktion.

In der gesamten Geschichte der Bundesrepublik lässt sich ein Verfall der Wachstumsraten der Wirtschaft nachweisen. Die Wachstumsraten des preisbereinigten Bruttoinlandsprodukts der Bundesrepublik im Durchschnitt von Zehn-Jahresphasen verdeutlichen die Wirksamkeit des tendenziellen Falls der Profitrate:

Durchschnitt 1950 bis 1960   8,2 %
Durchschnitt 1960 bis 1970   4,4 %
Durchschnitt 1970 bis 1980   2,9 %
Durchschnitt 1980 bis 1990   2,6 %
Durchschnitt 1990 bis 2000   1,6 %
Durchschnitt 2000 bis 2010   0,9 %
Durchschnitt 2010 bis 2020   1,3 %   Quelle: Statistisches Bundesamt

Zu erwartender Profit ist der Anreiz zur Ausweitung der Produktion. Dass in den Jahren 2000 bis 2010 ein so starker Rückgang des Wachstums der Wirtschaftsleistung zu verzeichnen war, ist auf die Weltwirtschaftskrise 2008/2009 zurückzuführen. 2009 war in Deutschland ein Rückgang von 5,9 Prozent zu verzeichnen. In den Folgejahren 2010 und 2011 wurden diese Verluste kompensiert vor allem durch den Export mit Wachstumsraten von 4,2 beziehungsweise 3,9 Prozent. In den 2020er Jahren ist die Wirtschaft bisher durch schrumpfende Wachstumsraten geprägt. Impulse sind allenfalls durch eine veränderte Wirtschaftspolitik mit der Expansion des Außenhandels zu erwarten.

Nimmt die Ausbeutung der Erwerbstätigen zu?

Zu 1. Erhöhung der Ausbeutung: Marx geht in erster Linie von einer Verelendung der Arbeitenden aus. An das Gegenteil denkt er ungenügend. Aber der Fall der Profitrate kann vor allem durch die Steigerung der Effizienz der Arbeit aufgehalten werden. Mit Rationalisierung und Steigerung der Arbeitsdichte werden negative Aspekte benannt, es gibt auch positive. Schon Adam Smith hatte darauf hingewiesen, dass in der Manufaktur die Produktion von Stecknadeln um das 40-fache gegenüber der Handwerkerarbeit gesteigert werden konnte. Diese Steigerung der Produktivität der Arbeit vervielfacht sich in der modernen Industrie.

111

Arbeits- und Sozialbeziehungen aus der Sicht von Betriebs-/Personalräten (BR/PR) und Geschäfts- und Behördenleitungen (GL) (Antworten in Prozent)

		sehr gut	eher gut	durch- schnittlich	eher schlecht	sehr schlecht	k.A
Betriebsklima insgesamt	BR/PL	0,9	30,1	44,7	20,4	3,1	0,9
	GL	9,3	54,6	32,2	1,6	1,6	0,5
Verhältnis von Belegschaft	BR/PL	0,9	18,6	41,2	29,6	8,8	0,9
zur Leitung	GL	9,3	49,2	35,0	3,8	1,6	1,1
Führungskompetenz	BR/PL	1,3	16,4	39,8	30,5	11,1	0,9
	GL	6,0	59,0	26,8	5,5	1,6	1,1
Motivation und Engage-	BR/PL	3,5	32,23	38,1	19,1	4,9	1,3
ment der Beschäftigten	GL	7,1	51,9	33,9	5,5	1,1	0,5

Quelle: Institut für praxisorientierte Forschung und Bildung (ifb, Saarbrücken), 2000

Um das Betriebsklima in deutschen Betrieben ist es nicht zum Besten bestellt. 68,2 Prozent der Betriebsräte oder Personalräte bezeichnen das Betriebsklima insgesamt als durchschnittlich/ eher schlecht/ sehr schlecht. Die Geschäftsleitungen sind aber der gegenteiligen Ansicht: 63,9 Prozent von ihnen meinen, das Betriebsklima sei sehr gut/ eher gut. Sehr groß sind die abweichenden Meinungen bei der Einschätzung der Führungskompetenz des Managmens in den Betrieben. Hier sind 81,4 Prozent der Betriebsräte oder Personalräte der Meinung, die Kompetenz sei durchschnittlich/ eher schlecht/ sehr schlecht, während 65 Prozent der Geschäftsleitungen sie als sehr gut/ eher gut bezeichnen. Auch die Motivation und das Engagement der Beschäftigten schätzen die Geschäftsleitungen sehr viel besser ein als die Betriebs- oder Personalräte.

Durch die Ausweitung und Diversifizierung der gesellschaftlichen Produktion werden auch mehr und vor allem preiswerte Verbrauchsgüter für die Arbeitenden hergestellt. Vor allem die Bedeutung des „relativen Mehrwerts" steigt. Die wichtigsten Wirtschaftszweige produzieren Lebensmittel und Produkte für die Masse der Bevölkerung und nicht Luxusgüter für eine elitäre Minderheit. Dies ist eine neue Triebkraft, aber eine widersprüchliche. Denn es werden immer neue Produkte für die Warenkörbe der Arbeitenden geschaffen. Subjektiv empfinden diese das als äußerst angenehm.

Mit der teilweisen Abkehr von der fordistischen Produktion und der wachsenden Bedeutung der wissenschaftlich-technischen Evolution wird die Motivation der Arbeitenden immer wichtiger. Aber nach aktuellen Gallup-Umfragen bewerten seit 20 Jahren rund 70 Prozent der Arbeitenden ihre Arbeitssituation als wenig zufriedenstellend, nur 15 Prozent engagieren sich bei ihrer Arbeit. 15 Prozent sind aktiv negativ eingestellt, das heißt, sie vernichten Werte im Arbeitsprozess (siehe auch Abbildung 11 zu den Arbeits- und Sozialbeziehungen aus Sicht der Betriebsräte und der Geschäftsleitungen). Gallup beziffert die jährlichen Kosten des fehlenden Engagements derzeit allein in Deutschland auf rund 170 Milliarden Euro im Jahr, eine gewaltige Summe. Die aktiv Desengagierten klagen häufiger über Burnout-Syndrome und bleiben sehr viel häufiger der Arbeit fern. Engagierte Mitarbeiter sind auch viel länger ihrer Firma treu und tragen zu einem höheren Umsatz bei. Firmen mit einem großen Anteil von engagierten Mitarbeitern sind auch widerstandsfähiger in Krisen. Die Arbeitsökonomie ließe sich also sehr stark verbessern. Denn rund 80 Prozent der Befragten wünscht sich eine sinnvolle und befriedigende Arbeit als oberstes Ziel im Arbeitsleben. Sie wollen primär nicht mehr Geld oder immer kürzere Arbeitszeiten.

Welche Potenziale können durch Mitbestimmung, durch unmittelbare Beteiligung und Abbau der hierarchischen Strukturen erschlossen werden? Schätzungen benennen die Steigerung der Produktivität der Arbeit allein dadurch auf bis zu 50 Prozent. Durch höhere Verantwortung, durch stärkere Einbindung zur Steigerung der Produktion bekommen die Arbeitenden eine größere Bedeutung im Arbeitsprozess. Die Erhöhung der Motivation der Arbeitenden und der Abbau der Befehlswirtschaft im Staatswesen, in Politik und im Arbeitsleben steht auf der Tagesordnung. Das meint der von Marx geforderte Abbau des Staates und die angestrebte unmittelbare freie Assoziation der Arbeitenden. Die vielen Start-Ups in der jetzigen Zeit und das Ringen um mehr Beteiligung weisen in diese Richtung. Start-Ups und der Mittelstand sind entscheidende Impulsgeber für die wirtschaftliche Entwicklung. Überführung in Staatseigentum schafft per Dekret die ökonomische Mittelschicht ab. Diese ist aber der entscheidende Motor der wirtschaftlichen Entwicklung. Dass die ehemaligen „realsozialistischen" Staaten in genau die entgegengesetzte Richtung marschierten und auf Befehlswirtschaft setzten, ist eine Ironie der Geschichte – offenbart aber auch mangelnde Einsichten in den ökonomischen Prozess. Die Ideologen dieser Staaten erklärten ja auch das Wirken des Gesetzes der fallenden Profitrate für nicht mehr wirksam.

Der Abbau der Hierarchien, die Neuordnung der „Führungsstrukturen" muss uns auch zu einer Neubewertung der sozialen Strukturen in der Gesellschaft bewegen. In den 1970er Jahren deckte eine „Klassenanalyse" von Ökonomieprofessor Heinz Petrak von der Akademie für Gesellschaftswissenschaften beim ZK der SED auf, dass 94 Prozent der Bevölkerung zur Arbeiterklasse gehören. 6 Prozent seien an der „Ausbeutung" beteiligt. Nur eine geringe Promille-Schicht habe in nennenswertem Umfang Besitz an Produktionsmitteln und damit gesellschaftliche Macht. Was nützt eine derartige „Analyse"? Sie könnte lediglich zu der Annahme verführen, dass die Vergesellschaftung einen derartigen Stand erreicht hat, dass von einer „Klassengesellschaft" nur sehr differenziert gesprochen werden kann. Die wissenschaftlich-technische Intelligenz bekommt eine neue Stellung und größere Kompetenz. Sie muss sachbezogen im Kollektiv die Entwicklungsschritte großer Industrie- und Wirtschaftskomplexe bestimmen. Die Entscheidungen der Führungsspitzen der Industriegiganten werden immer fragwürdiger (eigentlich müssten sie von einem breiten Kollektiv, das die vielen Aspekte berücksichtigt, erarbeitet werden). Die, die alle Werte in der Gesellschaft produzieren, bekommen in Zukunft den entscheidenden Stellwert. Einzelne große Konzerne gehen schon daran, die Hierarchieebenen radikal zu reduzieren.

Daraus ergeben sich auch praktische Konsequenzen für linke Politik. Es gilt, nicht nur „Gegengutachten" linker Professoren gegen die aktuelle Wirtschaftspolitik zu publizieren, sondern konkrete Vorschläge zur akti-

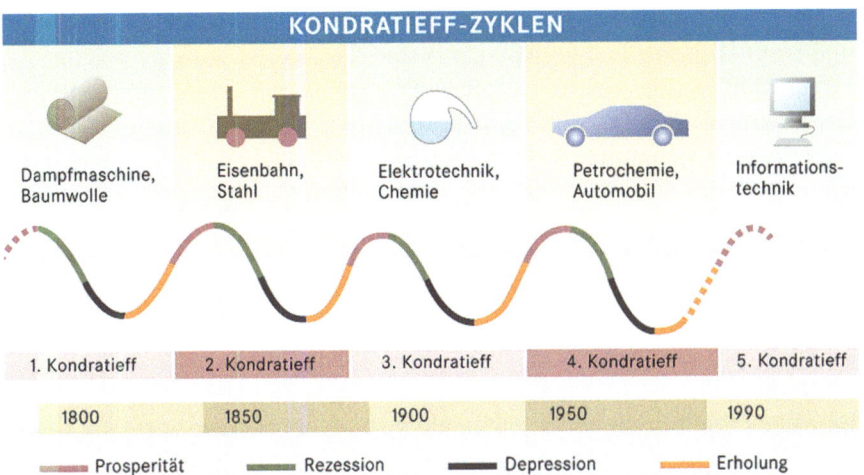

Die langfristigen Kondratieff-Wellen

ven Gestaltung zu unterbreiten. Forderungen für mehr Mitbestimmung oder Arbeiterrechte oder Überführung in Gemeineigentum müssen durch konkrete Handlungsanweisungen untermauert werden. Ich habe mehrere Betriebe untersucht, in denen Betriebsräte und Arbeiter nach Konkursen die Betriebe reorganisiert und erfolgreich weiterbetrieben haben. Es müssen konstruktive, konkrete Modelle für Beteiligungen ausgearbeitet werden: nicht nur im ökonomischen Bereich zur Arbeitszufriedenheit, zum Umgang miteinander oder auf lokaler Ebene zur Mitgestaltung. Auch auf überregionaler Ebene muss die unmittelbare Einflussnahme gesichert werden. Nicht anklagen: Die antikapitalistische Keule hat ausgedient. Ein Betriebsrat charakterisierte mir gegenüber die Lage so: „Früher habe ich die Hacke rausgeholt, jetzt sitze ich am Computer."

Innovationen sind Triebkräfte der Wirtschaft

Zu 2. Verwohlfeilerung der Elemente des Kapitals, besser Innovationen spielen die Zukunftsmusik. Der russische Ökonom Nicolei D. Kondratieff, der von Stalin ermordet wurde, hat drei große Innovationswellen registriert: erstens die Dampfmaschine und Baumwolle, zweitens Eisenbahn und Stahl, drittens die Elektrotechnik und Chemie. Nach dem Tod von Kondratieff folgten als Innovationswellen in den 1950er Jahren die Petrochemie und Automobilität, in den Jahren ab 1990 die Informationstechnik und die sogenannte wissenschaftlich-technische Revolution. Letztere führte zu einer Zusammenführung der Produktivkräfte in den einzelnen Wirtschaftszweigen und realisierte den Nutzen von Synergien. Mit seinen wissenschaftlichen Untersuchungen bewies Kandratieff, das sich der Kapitalismus nach einer Krise neu organisiert und regeneriert. Gleichzeitig wird die Wirtschaft durch gesteigerte Produktivität weiter vergesellschaftet.

Eine neue Welle steht bevor: eine neue Arbeitsorganisation und die vernetzte Industrie 4.0. inklusive Vorteile der Künstlichen Intelligenz mit einem bedeutenden Aufschwung der Gesundheitsindustrie. Man kann nicht mehr mit dem einzig Werte bildenden Faktor, der Arbeit, verschwenderisch umgehen. Die Entwicklung der Produktivkräfte führt zu der Notwendigkeit, immer mehr die Gesamtheit der Wirtschaft, ja der Weltwirtschaft im Auge zu behalten. Die führende Rolle in der Weltwirtschaft werden diejenigen erringen, die die gewaltigen Datenmengen aus allen Bereichen mit Hilfe der künstlichen Intelligenz richtig zu bewerten wissen und daraus praktischen Nutzen ziehen. Die Macht der Algorithmen muss auch demokratisch kontrollierbar bleiben. Das ist eine der wichtigsten Herausforderungen: Die Macht von Facebook, Amazon und Konsorten muss transparent und überprüfbar sein. Vom ökonomischen Aspekt bedeutet dies, dass sich keine Monopole bilden dürfen. Ein bedeutendes Gegengewicht bilden schon jetzt die chinesischen IT- und KI-Konzerne, die teilweise eine größere Akzeptanz in der Welt besitzen als die US-amerikanischen.

Globalisierung bietet Chancen und Gefahren

Zu 3. Die Bedeutung des auswärtigen Handels veranschaulicht schon allein die Tatsache, dass 60 Prozent der deutschen Industrieproduktion exportiert werden. Dabei ist ein gewaltiger Wandel der Industriestruktur zu verzeichnen. Dazu nur zwei Beispiele: In den 1960er, 1970er Jahren arbeiteten in der Textil- und Bekleidungsindustrie in der Bundesrepublik Deutschland noch über 2 Millionen Menschen, in der DDR waren es zusätzlich 1,5 Millionen. Heute ist diese Zahl in Deutschland insgesamt auf weniger als 300.000 geschrumpft (und die arbeiten vor allem nicht in der unmittelbaren Produktion, sondern in der Kontrolle und der Verteilung der Waren). Die eigentliche Produktion erfolgt in anderen Ländern in internationaler Arbeitsteilung. Stichwort Globalisierung.

Die deutsche Automobilindustrie realisiert derzeit 40 Prozent ihrer Gewinne in China. Fällt diese Möglichkeit weg, wird sie kollabieren. Mindestens jeder sechste Arbeitsplatz hängt in Deutschland von dieser Industrie ab.

Die entwickelten Staaten werden die noch unterentwickelten Länder als Partner (und nicht mehr nur als Rohstofflieferanten) anerkennen müssen. Noch herrscht im Großen und Ganzen Ausbeutung vor. Aber die Konkurrenz unter den entwickelten Staaten lässt hoffen, dass es voran geht. Ein weites Feld. Das bedeutet aber, dass auch die entwickelten Länder noch ein großes Expansionspotenzial haben. China und Indien holen gerade in gewaltigen Schritten auf. Wenn China und Indien jährliche Wachstumsraten von 7 Prozent aufweisen, ergeben sich daraus auch bedeutende Impulse für die entwickelten Industrieländer, die ihre Stellung als Exporteure von Maschinenbau- und anderen hochwertigen Industriegütern behaupten und weiter entwickeln müssen. Die neue Seidenstraße beginnt die Welt zu verändern. Afrika und Lateinamerika stehen „ante portas". Lateinamerika war 100 Jahre lang das Hinterland der USA. Das entspricht nicht der Dynamik des Kapitals als sich verwertendem Wert. Einzelne Länder wie Brasilien beginnen sich freizuschwimmen.

Für die deutsche Politik bedeutet diese Entwicklung nicht nur „antiimperialistische" Solidarität. Sie muss für ein selbständig auf der Weltbühne agierendes Europa eintreten, das aktiv die Brandherde in der Welt bekämpft und einigend auf die derzeit antagonistisch sich bekämpfenden Zentren USA und China wirkt. Und sie muss auch ökonomische Perspektiven für zurückbleibende Länder ausarbeiten: nicht nur in Afrika sondern auch in Europa. Nach dem Zweiten Weltkrieg waren die USA die einseitig weltweit führende ökonomische Kraft. Das wird sich in den nächsten zehn Jahren grundlegend ändern.

Das Kapital wandelt seinen Charakter

Zu 4. Die Entwicklung des Aktienkapitals ist eigentlich das aufregendste Thema. Letztlich wird hier ein Prozess beschrieben, der zu einem grundlegenden Wandel des „Kapitalismus" und zu einem Ausscheiden der Kapitalisten aus dem unmittelbaren Wirtschaftsprozess führt. Marx handelt das im 14. Kapitel des dritten Bandes auf einer halben Seite ab, obwohl an vielen Stellen seiner Werke Bemerkungen zu den bedeutenden Veränderungen durch Banken und Aktienkapital zu finden sind. Diese Form des Kapitals ist die extremste Form der Vergesellschaftung innerhalb kapitalistischer Grenzen, räumt er ein. Wenn er aber schreibt, dass das Aktienkapital sich dem Ausgleich der Profitraten entziehen könne, werden da nicht die Grenzen des von Marx skizzierten Kapitalismus gesprengt? Marx schreibt: „Gingen sie [die Profite des Aktienkapitals] ein, so sänke diese [die allgemeine Profitrate] viel tiefer." Aktienkapital ist heute die bestimmende Form des Kapitals. Industrieaktien, Bankaktien, Staatsanleihen, die Wirtschaft vernetzt sich in gewaltigem Maßstab. Wenn man dann Belegschaftsaktien (die sich auch aus der Notwendigkeit der veränderten Arbeitsorganisation ergeben, Punkt 1), hat man eine fast nicht überschaubare Gemengelage, die aber durch eine perfektionierte gesellschaftliche Buchführung im Gleichgewicht gehalten wird – allerdings nicht ohne notwendige Krisen. Diese Veränderungen haben Auswirkungen auf das Kapitalverhältnis. Hier verheddert sich Marx ausgerechnet bei dem Begriff, der auch den Titel seines Werks abgibt. Kapital sei Kapitalist schreibt er einerseits. Kapital sei sich verwertender Wert andererseits. Man kann ganz gut ohne den personifizierten Kapitalisten auskommen. Man kommt schon heute zum allergrößten Teil ohne ihn aus.

Mit der Entwicklung des Aktienkapitals (inklusive Staatsanleihen und Belegschaftsaktien) sind zwei ganz wesentliche Entwicklungslinien zu verzeichnen. Wer verwaltet die in den Wertpapieren verbrieften Besitzrechte? Die Banken erhalten anfangs eine fabelhafte Macht. Rudolf Hilferding darf „Das Finanzkapital" schreiben und den unsachgemäßen Gebrauch der Macht anprangern. Aber die Verwaltung und die gesellschaftliche Buchführung sind zu einer Notwendigkeit geworden. In einer entwickelten Gesellschaft wird die Kontrolle der Wertströmungen und die Beachtung der Verteilung der Werte auf die einzelnen Produktionssektoren immer wichtiger. Es ist eine gigantische Erfassung der Wertstrukturen in der Gesellschaft und der Weltwirtschaft notwendig. Sie wird ständig weiter perfektioniert. Das begründet allerdings keine politische Macht (oder nur in Randbereichen). Es bleibt eine Buchführung: Wenn der tendenzielle Fall zu Zinsen gerade mal über Null führt, wird diese Macht immer fragiler: Bankenkrisen. Die einst mächtige Deutsche Bank scheint aus den Strudeln nicht heraus zu kommen.

Bei der Analyse der Besitzstruktur der großen Aktiengesellschaften stellt sich die Frage, inwieweit diese Industriegiganten schon vergesellschaftet sind. Viele der Firmen von Adidas und Allianz bis SAP und Zalando bieten ihren Beschäftigten Mitarbeiteraktien an. Bei SAP besitzen 90 Prozent der Beschäftigten Aktien dieses wertvollsten deutschen Unternehmens. Gerade in der IT-Branche ist das Engagement der Mitarbeiter entscheidend auch für den Unternehmenserfolg. 305.000 der 380.000 Mitarbeiter von Siemens besitzen Aktien des Elektrogiganten. Allerdings ist das Interesse der Beschäftigten hierzulande im Vergleich mit anderem Nachbarländern gering. In Frankreich besitzen vier Mal mehr Beschäftigte Mitarbeiteraktien, in Großbritannien sind es drei Mal mehr. Das liegt sicherlich auch daran, dass Mitarbeiter in Deutschland pro Jahr nur für 360 Euro Mitarbeiteraktien steuerfrei erwerben dürfen – eine sinnlose Barriere für die notwendige Beteiligung der Beschäftigten. Für Beträge darüber hinaus, für die ja schon Lohnsteuer-Beträge abgeführt worden sind, muss abermals Geld an den Fiskus fließen. Allenfalls kann bei dem größten deutschen Konzern VW noch von nennenswertem Einfluss von Privatkapitalisten gesprochen werden. Hier besitzen über die Porsche Automobil Holding SE mit 31,5 Prozent Anteilen die Familien Piech und Porsche nennenswerten Einfluss. Die weiteren Eigner: institutionelle Anleger aus dem Ausland (25,9 %), Qatar Holding (14,6 %), Land Niedersachsen (11,8 %), Privataktien (12,9 %), institutionelle Anleger aus dem Inland (3,4 %). Bei Daimler hat der chinesische Investor Li Shufu von den rund einer Milliarde Aktien 9,7 Prozent. Er ist der größte Investor, gefolgt vom Staatsfond von Kuwait (6,8 %). Institutionelle Anleger halten 58,6 %. Bayer hat 982,4 Millionen Aktien ausgegeben. Hier besitzt die US-amerikanische BlackRock den größten Anteil mit 7,17 Prozent der Aktien, gefolgt von der Ellington Invest aus Singapur (3,97 %).

Staatseingriffe werden erforderlich

Die andere Entwicklungslinie: Staatliche Strukturen müssen in den Wirtschaftsprozess eingreifen, um das Gesamtsystem in Takt zu halten. Das wurde schon in den frühen Stadien zum Beispiel bei den großen Eisenbahngesellschaften ersichtlich, die Bankrott anmelden mussten. Die erforderliche Größe des Kapitals für den Betrieb der Eisenbahn-Aktiengesellschaften erbrachte anfangs nicht die geforderte Profitrate und Profitmasse der Privatkapitalisten. Der Staat muss übernehmen (too big to fail). Bedeutender Bereich ist heute zum Beispiel die Energiewirtschaft. Hier ist eine hohe Kapitalintensität erforderlich, die die kurzfristige Profitabilität in Frage stellt. Eine gewaltige Kapitalmasse ist erforderlich: Die Ausgaben für die Produktionsanlagen in der Energiewirtschaft übertreffen die Ausgaben für die Arbeitenden um das 200-fache. In anderen Wirtschaftsbereichen ist das Verhältnis 20 Prozent Produktionsanlagen zu ein Prozent für Löhne und Gehälter. Da nur Arbeit Werte schafft, führen die hohen Investitionsausgaben natürlich zu Verwertungsschwierigkeiten des eingesetzten Kapitals. Zudem ist unsicher, ob die eingesetzten Investitionen sich auch langfristig lohnen. Zum Beispiel hat sich die sehr kapitalintensive Atomwirtschaft als zu teuer und zu riskant herausgestellt. In der Terminologie von Marx wird formuliert, dass sich das Verhältnis des fixen und konstanten Kapitals zum variablen in der Energiewirtschaft 200 zu 1 beträgt, während es in der Wirtschaft durchschnittlich 20 zu 1 ist. Sehr hohe Investitionen in Maschinen und Anlagen beinhalten Vergesellschaftungstendenzen, verschlechtern aber gleichzeitig die Verwertungsbedingungen des eingesetzten Kapitals.

Hier könnte der Einwand erhoben werden, dass es ökonomische Regulierungen des Staats schon immer seit Bestehen der Staaten gegeben habe. Napoleon habe Merkantilismus in großem Maßstab praktiziert. Das ist Abschottung, keine Regulierung in dem Sinn, günstige Möglichkeiten für die Entfaltung der Wertbeziehungen zu schaffen. Hier ist auch der Begriff des „Staatsmonopolistischen Kapitalismus" kritisch unter die Lupe zu nehmen. Wenn sich in den verschiedenen Staaten Staatsmonopole entwickeln, die sich mit entgegensetzten Interessen anderer Staaten gegenüber feindlich gegenüberstehen, behindern sie damit den Kapitalverkehr. Sie errichten Mauern, wie es der ehemalige und künftige USA-Präsident Trump versuchte. Das ist langfristig zum Misserfolg verdammt. Das Kapital kommt an ihnen vorbei, als sich verwertender Wert beseitigt er die Mauern. Staatliche Regulierung darf nicht abschotten und die Wertverhältnisse behindern: Staatliche Regulierung muss im Gegensatz dazu durch Verallgemeinerung der Wertverhältnisse Win-Win-Situationen für alle schaffen. Staatliche Regulation transportiert damit Vergesellschaftungsprozesse. Natürlich spiegelt die staatliche Regulation gesellschaftliche Kräfteverhältnisse wider. Es ist auch hier Aufgabe der Politik, bürgernahe, demokratische Lösungen zu erarbeiten.

Gesundheits- und Bildungswesen müssen neu geordnet werden

Weitere Sektoren der notwendigen Staatseingriffe sind der Bildungs- und Wissenschaftsbereich und das Gesundheitswesen, Bereiche, die sich vordergründig den Wertberechnungen zu entziehen scheinen. Doch auch hier sind Wertberechnungen notwendig, soll nicht gesellschaftliches Eigentum verschwendet werden. Wieder zwei Beispiele: Das Krankenhauswesen ist in Deutschland ein jährlich mehr als über 200 Milliarden Euro verschlingender Wirtschaftsgigant. Bürokratische, hierarchische Strukturen verhindern die exakte Berechnung der erbrachten Leistungen. Götter in Weiß und Landräte herrschen. Noch existiert hier eine staatliche, „feudale" Regulierung. Das „untere" Personal, die Pflegekräfte werden schlecht bezahlt. Ich habe als Journalist mitverfolgt und kommentiert, wie ein privater Konzern, das Rhön-Klinikum, Krankenhäuser mit Hotelkomfort geschaffen, bürokratische und hierarchische Hemmnisse abgebaut und die Krankenkassen aufgefordert hat, die Fallpauschalen zu senken, um mehr Patienten behandeln zu können. Hier steht der Kapitalismus auf dem Kopf: Privatinitiative führt zur Senkung der Profite pro gut behandeltem Patienten (allerdings um eine größere Profitmasse zu ergattern). Aber was ist gegen Krankenhäuser mit Hotelkomfort einzuwenden? Es gehört noch immer zum guten Ton „linker" Politik, für Enteignungen einzutreten und gegen Privatinitiativen zu wettern.

Gesundheitsleistungen seien keine Waren, wird behauptet. Natürlich sind sie Waren, weil Arbeitskraft und Arbeitszeit in sie investiert werden müssen. Die Effizienz muss im Vordergrund stehen – und der Ausbau demokratischer Kontrolle auf allen Ebenen: Mitbestimmung auch für das Pflegepersonal, Einflussnahme auch für Patientenorganisationen. Wie hat es der Sanierer und Großaktionär des Rhön-Klinikums Eugen Münch geschafft, Gewinn bringende Krankenhäuser aufzubauen, die gleichzeitig medizinische Leistungen auf höchstem Niveau und sehr großen Komfort für die Patienten bringen? Gleichzeitig bietet der Konzern den Krankenkassen auch an, die Fallpauschalen für bestimmte Leistungen zu senken. Krankenhäuser der öffentlichen Hand wissen oft gar nicht, welche Kosten die Behandlung bestimmter Krankheiten verursachen. Entsprechend macht sich Gleichgültigkeit gegenüber der Kosteneffizienz breit. Die Patienten dürfen dies dann mit rasant steigenden Krankenkassen-Beiträgen bezahlen. Der Rhön-Konzern setzt auf die Steigerung der Motivation aller Beschäftigten, also nicht nur der Ärzte. Leistung, Teamgeist und Kontrolle der Kosten müssten sich lohnen. Die Arbeitsorganisation wurde radikal verändert, nicht die Hierarchien entscheiden, sondern die medizinisch erforderlichen Maßnahmen, die im Kollektiv optimiert werden. Gleichzeitig wurde massiv in Krankenhäuser der kurzen Wege investiert, während Krankenhäuser der öffentlichen Hand über einen bedrohlichen Investitionsstau klagen. Dieser führt wegen mangelnder Effizienz zu weiter steigenden Kosten. Nur durch große Investitionen sind Mängel an Gebäuden und an medizinischen Geräten zu beheben.

Wohnungen seien keine Waren sondern Menschenrechte, behauptet jetzt die Berliner Initiative „Deutsche Wohnen und Co. enteignen". Die Liste der Besitztümer, die durch Menschenrechte erworben werden, lässt sich grenzenlos erweitern: Kleidung, Lebensmittel, Kulturgüter, ja quasi alle Waren sind irgendwie nützlich und erforderlich, auch Autos, Kühlschränke und Fernseher. Die Gier der Kapitalisten und Spekulanten führe zu immer höheren, nicht bezahlbaren Mieten. Die Knappheit auf dem Wohnungsmarkt führt zu steigender Nachfrage und zu höheren Mieten. Dass in Berlin die Hochhäuser der ehemaligen DDR zurückgebaut wurden, ist natürlich ein schwer wiegender Fehler der Politik und führte auch zu den heutigen Missständen. Dadurch wurde Wohnraum verknappt, was natürlich zu höheren Mieten führte.

Umgekehrt sinken Mieten bei einem Überangebot. Förderung der Bautätigkeit, Förderung der Arbeiter und Angestellten, Wohneigentum zu erwerben, würde eine Wende auf dem Wohnungsmarkt einleiten. In Deutschland besitzen die wenigsten Einwohner von Europa Wohneigentum. Die Einführung eines Mietendeckels, strenge Strafen bei Mietwucher helfen, die Mieten erschwinglich zu halten. Überführung der Immobilien in Staatseigentum oder Organisationen der öffentlichen Hand, helfen nicht. Im Realsozialismus verfiel die Bausubstanz rapide. In der ehemaligen Bundesrepublik löste die Pleite des von den Gewerkschaften kontrollierten Immobilienkonzerns „Neue Heimat" Skandale aus und führte zur Aufdeckung von Korruption und Misswirtschaften. Ich persönlich habe in Immobilienfonds in Deutschland und Europa investiert. Das ist eine sichere Geldanlage, sie brachte jedes Jahr zwei bis zweieinhalb Pro-

zent Zinsen, allerdings auch in keinem Jahr mehr. In Zeiten der Geldent-
wertung von bis zu fünf Prozent summiert sich natürlich ein satter Verlust. Würde sich die Berliner Initiative „Deutsche Wohnen und Co.
enteignen" durchsetzen, würde das den Berliner Haushalt massiv belasten – ein Streichkonzert bei den anderen Haushaltsposten wäre die notwendige Folge. Aber ein Volksentscheid in Berlin erbrachte eine Mehrheit
von 57 Prozent für die Enteignung von Deutsche Wohnen. Volksent-
scheide müssen von der Politik befolgt werden, auch wenn dies wirtschaftlich als nicht sinnvoll erscheint.

II.2. Revision der herrschenden Geschichtsschreibung

Meine zentrale Arbeitshypothese lautet: Unser Wissenschafts- und Geschichtsverständnis wurde im feudal-absolutistischen Zeitalter ausgearbeitet. Es prägt bis heute und idealisiert Macht- und Herrschaftsverhältnisse – eine ideale Rechtfertigung für Kriege, die auch heute noch das Geschehen bestimmen. Es verstellt so auch die Sicht auf mögliche Veränderungen der Gesellschaft. Ich unterteile die Menschheitsentwicklung in drei Abschnitte: Der erste dauert von vor rund drei Millionen Jahren und endet vor rund 5.000 Jahren. Sie wird von der Geschichtswissenschaft als „prähistorisch" abgetan; wissenschaftlich gesicherte Aussagen seien nur schwer zu verifizieren. Allerdings lässt schon die lange Zeitdauer dieses Abschnitts vermuten, dass er der prägendste ist: Der Mensch entwickelt seine Psyche, entfaltet seine Fähigkeiten. Der zweite Abschnitt beginnt vor rund 5.000 Jahren mit der Etablierung von Dynastien und Herrschaftsverhältnissen, der Unterdrückung der weit überwiegenden Mehrheit der Bevölkerung – und kriegerischen Auseinandersetzungen. Der dritte ist im Werden und kündet von Möglichkeiten friedlicher Entwicklungen. Die materiellen Voraussetzungen sind vorhanden: Sie müssen „nur" noch umgesetzt werden. Das bedeutet aber auch Abschiednehmen von chauvinistischen, tief sitzenden autoritären Einstellungen des feudal-absolutistischen Zeitalters.

Weshalb ist die Revision des Geschichtsbilds so wichtig? Um uns von dem ideologischen Ballast reaktionärer Gesellschaftsklischees zu befreien. Noch immer dominiert das Bild des Keulen schwingenden, bluttriefenden Urmenschen. Der Schritt in die „Zivilisation" im alten Ägypten und im Zweistromland habe Fortschritt, Wohlstand, Innovation und Kultur gebracht. Die Wiege der Menschheit sei in diesen Gegenden zu verorten. Hier seien auch unter anderem mit Ur und Uruk die ersten Mega-Cities

125

der Welt entstanden. Die Erfindung der Schrift und die schriftliche Fixierung der religiösen Vorstellungen von der Erstehung der Welt und der Vorherrschaft der Herrschenden hätten Selbstbewusstsein und Erkenntnisgewinn gebracht. All diese Erklärungen sind falsch. Ihr ideologischer Gehalt bedeutet Rechtfertigung des Obrigkeitsstaats, dessen Gewalt mit ständigen Kriegen und der Unterdrückung der Mehrheit der Bevölkerung und besonders der Frauen. Die patriarchale Gewalt und die hierarchische Ordnung der Gesellschaft werden unwissenschaftlich als anthropologische Konstanten ausgegeben. Sie sind aber historisch geworden. Und sie können in der weiteren Entwicklung überwunden werden – wenn wir es denn wollen. Das ist nicht einfach. Autoritäre, rassistische, nationalistische Vorurteile sind fest und sehr oft unbewusst in unserem Gedankengut verankert.

Zäsuren der Menschheitsgeschichte: Erster Abschnitt

Im ersten Abschnitt der Menschheitsgeschichte entwickelt der Mensch seine grundlegenden Qualitäten, seine Psyche und seine charakteristischen Fähigkeiten. Es ist schon dreist (skandalös?), dass die bisherige Geschichtsschreibung diesen Abschnitt, der fast drei Millionen Jahre umfasst, als „prähistorisch" und nicht detailliert nachvollziehbar disqualifiziert. Als erste und größte Errungenschaft ist der Gebrauch der Werkzeuge zu nennen, hier besonders die Oldowan-Steinwerkzeuge vor rund zwei Millionen Jahren. Vor rund einer Million Jahre kultivierte der Mensch das Feuer. Diese Errungenschaft hatte natürlich große Auswirkungen auf die Psyche, die Kultur und die Nahrungsmittelzubereitung. Jetzt wurde es auch möglich, in größerem Umfang Nahrungsmittel-Vorsorge zu treffen. Schon früh wurde der Mensch in vielen Bereichen wenigstens temporär sesshaft: Die Menschen konnten nur in Gemeinschaften überleben. Von Anfang an war der Mensch ein soziales Lebewesen – er konnte nur in friedlichen Gemeinschaften überleben. Dieser Umstand prägt die Psyche nachhaltig. Die Vorstellung vom Keule schwingenden Urmenschen gehört in das Reich der Fabelwesen. Der Sozialdarwinismus mit seinem Postulat des immerwährenden „Kampfes ums Dasein", ist ein patriarchalische Konstruktion im fin de siecle, die letztlich in die Ideologie der Nazi-Barbarei mündete. In der „prähistorischen" Zeit hätte der ständige Kampf der Menschen bei den geringen Populationen zum Auslöschen der damaligen Gemeinschaften geführt. Die lange Aufzucht der Kinder erforderte Fürsorge und Empathie. So muss auch schon in sehr früher Zeit eine gewisse Arbeitsteilung – wenn auch nicht geschlechterspezifisch festgelegt – vorgeherrscht haben, belegen Fundstätten vor 700.000 bis 300.000 Jahren in Spanien und Deutschland.

Einen ganz wichtigen Einschnitt bedeutet die Geburtsstunde der Kunst. In jüngster Zeit wurden Höhlenmalereien auf Sulawesi im Fernen Osten mit einem Alter von 51.200 Jahren nachgewiesen. Es hatte vorher auch schon den Gebrauch von Ocker zum Schmuck und zur Heilkraft gegeben. Dann überzeugen die ältesten bisher bekannten Skulpturen aus der Hohle-Fels-Höhle im Schwabenland, die vor rund 40.000 Jahren entstanden. In ganz Europa und darüber hinaus (von Spanien bis ins ferne Sibirien) werden Tiere und vor allem Frauen in gebärfähigem Alter dargestellt. Es sind Dokumente der besonderen Achtung der Frauen, die mit ihrer Gebärkraft für den Fortbestand der Gemeinschaften sorgen. Sie zeugen von egalitären Ordnungen der Gemeinschaften. Ganz selten sind skulpturale Darstellungen von Männern. In diesem Zusammenhang muss berücksichtigt werden, dass es keine Möglichkeit und keine Notwendigkeit der Subordination oder Hierarchisierung in den Gruppen gegeben hat – es herrschte die Akzeptanz aller Gruppenmitglieder, die selten mehr als 30 Individuen umfasste, auf gleicher Augenhöhe. In den Gruppen herrschte offenbar eine matrilineare Ordnung ohne Konsequenzen für Rangordnungen. Es gab also kein Matriarchat, aber vor allem auch kein Patriarchat. Die notwendigen Nahrungsmittel mussten Tag für Tag beschafft und unter den Gruppenmitgliedern verteilt werden. Auch hier herrschten ganz offensichtlich egalitäre Prinzipien. Es konnte kein Besitz angehäuft werden. Auseinandersetzungen konnten bisher nur in sehr seltenen Fällen nachgewiesen werden. Keine Herrschaft und auch keine Frauschaft: Das kann sich offenbar die bisherige Geschichtswissenschaft nur sehr schwer vorstellen.

Reconstruction of Maydanets c 4000 B.C.
Design Kenny Arne Lang Antonsen & Jimmy John Antonsen

A Rekonstruktion von Maydanets in der Ukraine vor 6.000 Jahren, eine der größten Mega-Cities der damaligen Welt. Nicht Ur oder Uruk, wie in der Bibel beschrieben, bildeten die ersten großen Zentren, sondern Siedlungen nördlich des Schwarzen Meeres.

Einen weiteren besonderen Einschnitt bedeutete das Neolithikum vor rund 15.000 bis vor 5.000 Jahren. Der Archäologie Gordon V. Childe sprach in seinem Buch „Man makes himself" (Der Mensch macht sich selbst) gar von der neolithischen Revolution. Diese Kennzeichnung wählte er nicht, weil eine plötzliche Umwälzung zu verzeichnen war, sondern weil eine grundlegende Änderung der Lebensweise der Menschen erfolgte. Menschen wurden teilweise sesshaft und züchteten Pflanzen und Tiere. Auch heute noch bilden das in dieser Zeit gezüchtete Getreide, die gewonnenen Nutzpflanzen wie Gemüse die wichtigsten Grundlagen unserer Ernährung. Haustiere wie Rinder, Schweine oder Hühner – zuletzt wohl die Pferde – machten die Menschen unabhängig vom wechselhaften Jagderfolg und ermöglichen eine langfristige Planung über die Jahreszeiten hinaus. Vor 9.000 Jahren und später wird der Nutzen von Kupfer, dann von Bronze und Eisen entdeckt. Die Innovationen breiten sich schnell von der Türkei über Europa bis in den Ural aus. Es ist ein Kulturdrift vom Nahen Osten über die Türkei hin in die Donauregion und in das Gebiet nördlich des Schwarzen Meeres zu verzeichnen – Grundlage für Handel, Kultur und Austausch unter den Menschen. Vor allem im Gebiet nördlich des Schwarzen Meeres entstehen vor 8.000 Jahren viele Städte wie Trypillia, Tomashovka, Maydanets oder Talianki mit bis zu 40.000 Einwohnern. Grenzen waren in dieser Zeit unbekannt – offensichtlich waren es egalitär geordnete Gesellschaften mit matrilinearen Ordnungen. Voraussetzung für die Innovationen und die großen Städte sind die Produktion von Nahrungsmitteln über den unmittelbaren Bedarf hinaus. Diese Städte sind allesamt älter und größer als Ur oder Uruk, die bisher für die ältesten Megacities der Welt gehalten wurden. Die Bibel hat bisher der Geschichtsschreibung mit patriarchalischer Deutungshoheit die Feder geführt. Es wird immer wieder behauptet, dass die Schrift im alten Ägypten und in Mesopotamien „erfunden" wurde. Aber schon in der Donauzivilisation – also im Neolithikum – verständigten sich die Menschen mit der Vinca-Schrift vor rund 7.000 Jahren. In den Felsmalereien wimmelt es seit 40.000 Jahren von Zeichen, die die Zahl der Bilder bei weitem übertreffen. Gab es schon eine schriftliche Kommunikation?

Zweiter Abschnitt der Menschheitsgeschichte

Die Geschichtsschreibung teilt die Geschichte in die Prähistorie und die Historie ein. Die Prähistorie wird in das Reich der Archäologie verwiesen, über die nur unzureichend Auskunft gegeben werden könne. Mit schriftlich ausführlich dokumentierten Zeugnissen glänzt dagegen die Historie. Ganz im Geiste des feudal-absolutistischen Zeitalters beginnt die Geschichtsschreibung mit der Verherrlichung der patriarchalisch dominierten Obrigkeitsstaaten vor rund 5.000 Jahren in Ägypten und im Zweistromland. Der Wechsel der Dynastien, die Abfolge der Herrscher wird als Hauptmerkmal der Zeit gesehen, die Bauwerke (Pyramiden, Zikkurate) der Herrscher als die ersten bedeutenden Kulturdenkmäler. Es sind die Gräber der Pharaonen ohne direkten Nutzen. Es sind Herrschaftssitze einer von zentralen Instanzen gelenkten Gesellschaften. Die „Zivilisation" mit einem Staatsapparat, einer Bürokratie, einer Staatsideologie und Staatsreligion wird etabliert – Instrumente der Machthaber. Um das zu schützen, ist die Militarisierung der Gesellschaft notwendig. Dieser Begründungszusammenhang wird auch heute noch als richtig und notwendig bemüht.

Dabei werden entscheidende Veränderungen fast vollkommen ignoriert oder im Lichte der „Zivilisation" als notwendig dargestellt. Erstmals in der Geschichte der Menschheit wird die überwältigende Mehrheit der Bevölkerung brutal unterdrückt. Sie müssen Frondienste leisten oder werden Sklaven. Den Widerspenstigen droht die Todesstrafe. Alles ist auf den obersten Herrscher zentriert, der den Staat, die Bürokratie, die Priesterschaft, das Militär lenkt. Er muss auch als Gott verehrt werden. Das ist das hervorstechende Kennzeichen dieses zweiten Abschnitts der Menschheitsgeschichte: Personelle Herrschaft, verkörpert durch Pharaonen, Fürsten, Kaiser und Könige. Eine hierarchische, patriarchale Ordnung gilt bis heute als vorbildlich. In diese Zeit fällt nicht nur die Unterdrückung der Masse der Bevölkerung und die besondere Degradierung der Frauen. Es werden auch die ersten kriegerischen Auseinandersetzungen geführt. Zur Geschichte der Stadt Hamoukar stellt Wikipedia fest: „Etwa 3500 bis 3200 vor Christus wurde die Stadt zerstört, [...] Die zahlreichen Grabstätten und der Zustand vieler Häuser deuten allerdings darauf hin, dass die Stadt belagert und zerstört wurde. Daneben wurden auch große Mengen an Schleudergeschossen aus Ton gefunden. Das wäre der erste nachweisbare organisiert geführte Krieg. Die Stadt wurde wahrscheinlich bei der Expansion Uruks (um 3500 vor Chr.) als Konkurrentin militärisch ausgeschaltet." Kriege in immer brutalerem Ausmaß kennzeichnen seit dieser Zeit die „Zivilisation". Die Abfolge der Kriege lernt dann jedes Kind in der Schule als wichtigste Kulturereignisse.

Das, was die Geschichtsschreibung als Beginn der Zivilisation, als Beginn der eigentlichen menschlichen Geschichte beschreibt, ist in der Tat eine bedeutende Zäsur. Wir müssen umdenken: Diese Zäsur war kein Fortschritt, sondern der Beginn einer desaströsen Entwicklung. Die Geschichtsschreibung gaukelt uns vor, diese Entwicklung sei zivilisatorisch, folgerichtig, ohne Alternative. Sie ist aber von Menschen im Interesse einer entstehenden Elite gemacht. Wie es zu dieser weltweit folgenreichen Zäsur gekommen ist, ist unzureichend erforscht (weil daran kein Interesse besteht).

Es ist ein multifaktorielles Geschehen. Einen großen Anteil hatten sicherlich Umweltkatastrophen, die zum Beispiel zur Austrocknung der einst fruchtbaren und tierreichen Sahara führten. Die dort lebenden Menschen wurden in die Feuchtgebiete des Nils zusammengedrängt – auch in Indien am Ganges oder in China am Gelben Fluss. Die Möglichkeit, Mehrprodukte zur Ernährung der Bevölkerung über den unmittelbaren Bedarf zu produzieren, waren schon im Neolithikum geschaffen worden. Jetzt musste in sehr viel größerem Maßstab Nahrung produziert werden, es mussten Bewässerungssysteme von Experten angelegt werden. Die Verteilung erforderte eine neue Systematik und Logistik, die in Arbeitsteilung von Fachleuten und einer geschulten Bürokratie geleistet werden musste. Die Mehrproduktion konnte von Experten, einer sich bildenden Elite unter Ausübung von Gewalt für Machpositionen genutzt werden.

Fast überall setzten sich Herrscher mit absoluter Befehlsgewalt über die Untertanen durch. Die Vorherrschaft haben sie durch Kampf errungen. Kampf und Gewalt sind die vorrangigen Kennzeichen der neuen Ordnung. Überall können Listen der Staatsoberhäupter der Staaten Europas, Chinas, Russlands, Afrikas, Nord- und Südamerikas, Asiens, Ozeaniens mit Australien aufgestellt werden. Überall setzt sich die neue Ordnung durch. Nur in entlegenen Gebieten halten sich matrilineare Ordnungen. Gewaltherrschaft, einmal etabliert, versucht, neue Gebiete ihrem Machtbereich einzuordnen. In den gewaltfreien Gebieten gibt es in der Regel wenig Widerstand. Widerstand gibt es in den eigenen Bevölkerungen, der mit Gewalt gebrochen wird. Für das Nichterscheinen zum Militärdienst droht in den meisten Herrschaftsbereichen die Todesstrafe. Das Töten wird mit eiserner Disziplin und hartem Drill in Armeen geübt.

Wie lässt sich Gewaltherrschaft, die Unterdrückung der Masse der Bevölkerung, die Hierarchisierung der Gesellschaft rechtfertigen? Indem sie als göttliche Ordnung deklariert wird. Seit dem Patriarchat entstehen Religionen mit einer männlichen Gottheit als obersten Herrscher und Richter: Gerechtfertigt werden autoritäre und hierarchische Instanzen. Eingeübt werden sie mit prunkvollen Prozessionen und litaneihaften Riten. Die Riten gleichen im religiösen Bereich dem Drill im militärischen. Als ideologische Konstruktionen sind sie aber widersprüchlich und nehmen auch bisherige Strukturen auf. Die ägyptische Göttin Isis ist zum Beispiel für die Geburten und die Auferstehung zuständig, sie war auch die Herrin der Unterwelt. Auch der christliche Marienkult ist ein Zugeständnis an Völker, bei denen noch matrilineare Vorstellungen vorherrschten.

Die Kunst ändert ihren Charakter. Ihre Ausrichtung wird von der Obrigkeit diktiert. Der Kult der Herrscher, die auch sehr häufig als Götter verehrt werden, und die Verbreitung der religiösen Ideologien werden zur primären Aufgabe der Kunst. Daneben dient sie auch zur Verschönerung vor allem der Häuser der Privilegierten. Die herausragenden Werke sind steinerne Dokumente der Macht. Pyramiden künden davon, dass der Pharao zu seinesgleichen im Himmels aufsteigt. Die Tempel der Griechen haben bis heute überdauert. Skulpturen der Griechen und der Römer dienten vor allem zur Glorifizierung der Herrscher. Die überlebensgroßen Zeus-Statuen künden von der Macht der obersten Gottheit. Seit dem Machtantritt des Patriarchats bekommt die Kunst einen geheimnisvollen, numinösen, auratischen Charakter.

Insgesamt fällt auf, dass in den ersten 4.000 Jahren der patriarchalen Herrschaft relativ geringe Fortschritte (verglichen mit dem Neolithikum) errungen wurden. Die patriarchale Herrschaft beinhaltet wirtschaftliche Stagnation. Das ändert sich teilweise am Ende des europäischen Mittelalters. Ein Beispiel dafür ist der Zusammenschluss von Handelsstädten zum Verbund der Hanse, die sich dem Einfluss der territorialen Herrscher zum Teil entziehen. Amerika wird entdeckt. Die Niederlande begehren gegen die führende militärische, finanzielle und ideologische Macht Europas, das spanische Königreich, auf und erringen die Unabhängigkeit.

Hus und Luther rebellieren gegen die ideologische Führungsmacht, die katholische Kirche. Insgesamt floriert in den Städten das Handwerk, die Produktion und der Handel, die Werteproduktion und die Verteilung der Güter. Mit der Gründung von Nationalstaaten, einer verstärkten Bürokratie und ideologischer Repression versuchen die territorialen Herrscher ihre Macht zu halten und zu festigen. Doch ein Wandel bahnt sich an. Die wirtschaftliche Stagnation der Vergangenheit gebiert Gegenkräfte. Die inneren Widersprüche der alten Gewaltordnung führen zu Innovationen, die im langfristigen Verlauf das System sprengen und auf eine neue Gesellschaft zielen. Nicht Revolutionen, keine Gewalt (das Prinzip der alten Gesellschaft) führen zu neuen Ordnungen, die inneren Widersprüche sind es: Mächtige Königreiche, Fürstentümer zerfallen. Die einst Mächtigen dürfen für eine Weile noch Repräsentationsaufgaben wahrnehmen; aber die Musik spielt woanders.

Dritter Abschnitt der Menschheitsgeschichte

Der zweite Abschnitt der Menschheitsgeschichte ist durch die Herrschaft von Personen gekennzeichnet. Durchgesetzt wird dieser Abschnitt mit Gewalt. Herrschaft von Personen und Gewalt sind die Kennzeichen und die Ordnungsprinzipien dieses Abschnitts. Welche Prinzipien unterminieren diese Ordnung? Die Waren- und Wertebeziehungen zersetzen die personellen Herrschaftsbeziehungen und ersetzen sie durch sachliche Warenbeziehungen. Die Veränderungen am Ende des Mittelalters sind nur ein Vorspiel dafür. Der dritte Abschnitt der Menschheitsgeschichte beginnt sich durchzusetzen – es ist ein Jahrhunderte währender Prozess.

Seit Beginn der patriarchalen Herrschaft existieren auch Waren- und Wertebeziehungen, die aber anfangs nicht dominant werden konnten. Deren Regeln lassen sich auf jedem Marktplatz beobachten: Gibst du mir eine Wurst, gebe ich dir ein getöpfertes Gefäß. Äquivalente, die ein gleiches Maß an Arbeit erfordert haben, werden ausgetauscht. Die Menschen treten sich als Gleiche (Warenbesitzer) gegenüber. Personelle Beziehungen werden durch sachliche Warenbeziehungen ersetzt. Dies ist die ökonomische Grundlage für die Verkündigung der allgemeinen Menschenrechte. 1776 werden sie in der Unabhängigkeitserklärung der Vereinigten Staaten formuliert (noch ideologisch verklärt): „Wir halten diese Wahrheiten für ausgemacht, dass alle Menschen gleich erschaffen wurden, dass sie von ihrem Schöpfer mit gewissen unveräußerlichen Rechten begabt wurden, worunter Leben, Freiheit und das Streben nach Glückseligkeit sind." Die französische Nationalversammlung greift 1789 diese Erklärung der Menschen- und Bürgerrechte auf. Gleichheit, Freiheit, Brüderlichkeit lautet die Losung.

Zum ersten Mal wissenschaftlich ausformuliert und verallgemeinert wurden die Wertbeziehungen von dem Begründer der modernen (bürgerlichen) Ökonomie Adam Smith (1723 – 1790): Nur menschliche Arbeit schafft Werte, egal ob sie vom Bauer, der Bäuerin, dem Schneider, der Schneiderin, oder Köchin verrichtet wird. Ökomische Gleichheit durch menschliche Arbeit ist die Grundlage. Aber sie ist nicht verwirklicht, wendet Karl Marx (1818 – 1883) ein. Der Werteproduzent sei zwar frei, seine Ware Arbeitskraft zu verkaufen, er sei aber auch frei von den Produktionsmitteln, um Waren zu produzieren. Und der Besitz an Produktionsmitteln in den Händen von Kapitalisten begründe ein neues, Herrschafts- und Ausbeutungsverhältnis. Dem ist in einer Anfangsphase wenig entgegenzusetzen. In der Zeit von Karl Marx wirkten die alten persönlichen Abhängigkeits- und Herrschaftsverhältnisse noch. Es dauert eine Zeit, bis sich die Warenbeziehungen als vorherrschend, als dominant durchsetzen.

Wie verallgemeinern sich die Wert- und Warenbeziehungen im gesellschaftlichen Maßstab? Im ersten Band des Kapitals beschreibt Marx, wie die Werteproduzenten den Mehrwert schaffen, der von den Kapitalisten angeeignet wird und der deren Herrschaft und Reichtum begründet. Im ersten Band beschreibt er auch die Lage der Arbeitenden, gekennzeichnet durch Hunger und Armut. Er führt eindrucksvoll aus, wie die Masse der Arbeitenden im Elend versinkt. Verelendung resultiere aus der Logik des Kapitalismus, ist seine Überzeugung.

Doch es kommt anders. Im dritten Band des Kapitals versucht Marx die historische Entwicklung der Gesellschaft zu skizzieren. Marx ist nicht der Redakteur des dritten Bandes, Friedrich Engels, Karl Kautsky und Eduard Bernstein ordnen hier seine Gedanken, die bis dato nur handschriftlich und nicht bis ins letzte Detail geordnet vorlagen. Die Ironie der Geschichte will es, dass Lenin die Autoren Kautsky und Bernstein später als Verräter der Revolution, als Revisionisten beschimpft. Im dritten Band des Kapitals finden sich Ausführungen zum Gesetz vom tendenziellen Fall der Profitrate. Das sei das vom historischen Verlauf wichtigste Gesetz, führt Marx aus. Dieses Gesetz gibt also die Richtung der gesellschaftlichen Entwicklung vor. Marx greift Gedanken des „neoliberalen" Ökonomen Adam Smith auf. Vereinfacht besagt dieses Gesetz: Nur Arbeit schafft Werte, die Anzahl der Arbeiter bleibt relativ konstant – und damit bleibt die Summe der neu geschaffenen Werte in einem bestimmten Zeitraum in etwa gleich. Das bildet einen Gegensatz zum immer neu geschaffenen Kapital, das ständig in den Produktionsprozess zurückgeführt wird, also rasant steigt. Da die Profitrate – der Stachel der Produktion – sich auf das gesamte Kapital bezieht, muss die Profitrate sinken. Auf dem ersten Blick erscheint das vielleicht kompliziert. Es besagt, dass die Kapitalisten im Lauf der Geschichte in die Enge getrieben werden. Ihre Gewinne werden im Verhältnis zum eingesetzten Kapital immer mehr sinken. Also die „Aasgeier" kassieren nicht immer höhere Gewinne ab. Sie müssen sich im Lauf der Geschichte damit abfinden, dass die Profitrate tendenziell sinkt und die Vergesellschaftung vorantreibt. Das stärkt im Gegenzug die Bedeutung derer, die alle Werte schaffen, es erhöht den Stellenwert der Arbeitenden.

Eine tragische Rolle spielen nicht nur die Könige, Fürsten und Kapitalisten sondern auch die Kommunisten. Sie wollten mit den alten Mitteln der Gewalt das Ruder rumreißen: Revolution. Aber die inneren Widersprüche der Werteproduktion spielen die Zukunftsmusik. Sie verändern die Gesellschaften grundlegend.

Der Stalinismus sei eine Erbsünde der Linken. Sie sei aber überwunden. Diese Behauptung stimmt nicht. Stalin und die Bolschewisierung der Kommunistischen Partei Deutschlands in den 1920er Jahren des vergangenen Jahrhunderts verfestigten Denkmuster des feudal-absolutistischen Zeitalters, die bis heute vorherrschen (und aktivierten damit Unterdrückung und Ausbeutung, also das Gegenteil des behaupteten Ziels). Die Etablierung der Herrschaft Stalins, später Chruschtschows oder Breschnews bedeuteten die Wiederherstellung personeller Herrschaft, also feudal-absolutistischer Herrschaftsverhältnisse. Als wichtigste Aufgabe wurde die „Überführung in Volkseigentum" begriffen. Es wurde allerdings kein Volkseigentum sondern Staatseigentum unter der Direktion des obersten Herrschers und den Partei-Apparatschiki, die gleich Fürsten agierten, geschaffen. Wirtschaftliche Stagnation war die Folge. Menschheitsverbrechen, die im „revolutionären" Gestus verübt wurden, wurden und werden nicht oder nur unzureichend aufgearbeitet. Ostalgie übertüncht nur die Denkfaulheit.

Woran scheiterte der „Sozialismus" in erster Linie? An der „Überführung in Volkseigentum", realiter in Staatseigentum und der Enteignung der „Kulaken" und „Kleinkapitalisten". Die Enteignung der Mittelschichten unterminiert die Werteproduktion und ist der beste Weg in den wirtschaftlichen Bankrott. Die Mittelschichten sind Träger wirtschaftlicher Innovationen, auch heute noch, beweisen die vielen start-ups. Deren Förderung in China begründet einen beispiellosen wirtschaftlichen Aufschwung.

Die Verteufelung des Gewinnstrebens durch Stalinisten und übereifrige Kommunisten führte dazu, dass Betriebe Verluste produzieren. Das Gewinnstreben wurde verteufelt. Aber ohne Überschüsse über das eingesetzte Kapital – sprich Gewinne – ist sinnvolles Wirtschaften nicht möglich. Eine künftige Gesellschaft hebt nicht Werte- und Geldbeziehungen auf: Sie sind im Gegenteil die Basis künftiger Gesellschaften. Sie bauen hierarchische Herrschaftsverhältnisse ab. Das wusste schon Karl Marx: Es „bleibt, nach Aufhebung der kapitalistischen Produktionsweise, aber mit Beibehaltung gesellschaftlicher Produktion die Wertbestimmung [also auch der Geldbeziehungen] vorherrschend in dem Sinn, dass die Regelung der Arbeitszeit und die Verteilung der gesellschaftlichen Arbeit unter die verschiedenen Produktionsgruppen, endlich die Buchführung hierüber, wesentlicher denn je wird." (MEW 25, S. 859) Abschaffung der Geldbeziehungen ist also kontraproduktiv, wirtschaftlicher Unfug.

Wertbestimmungen fallen nicht weg. Sie verändern ihren Charakter in einer künftigen Gesellschaft gegenüber den „kapitalistischen" Verhältnissen. Durch die freie Assoziation der Arbeitenden können sie sich ihres gesellschaftlichen Charakters bewusst und nach klaren Prinzipien steuernd tätig werden. Es ist eine Illusion, durch Abschaffung der Wertbestimmungen das Übel des Kapitalismus an der Wurzel zu packen. Der ganze Unsinn, der dabei in den realsozialistischen Ländern – vor allem der DDR und in der UdSSR - betrieben wurde (Wohnungen, Brot, Eier, eben alles staatlich zu subventionieren, den Preis als regulierende Instanz abzuschaffen), führte zu Verzerrungen, zu einer Art Dauerkrise – und letztlich in den Bankrott.

Wir leben an einem Wendepunkt der Weltgeschichte, an dem sich Wertbeziehungen auch weltweit durchsetzen, sich weltweit verallgemeinern. Schon in wenigen Jahren, nach meinen Berechnungen im Jahr 2030, wird China die USA auch in nominalen Werten vom ersten Rang als führende ökonomische Weltmacht verdrängen. Mit China werden die BRICS-Länder (Brasilien, Russland, Indien und Südafrika) und Mitglieder der Shanghaier Organisation für Zusammenarbeit (SCO: Kasachstan, Indien, China, Kirgistan, Pakistan, Russland, Tadschikistan, Usbekistan, der Iran und jetzt auch Belarus) sehr wichtige Rollen in der Weltwirtschaft einnehmen. Weitere Länder werden sich diesen Staatenorganisationen anschließen, die schon jetzt über 60 Prozent der Weltbevölkerung ausmachen. Dagegen opponieren unter Führung der USA noch die früheren Kolonialmächte, die G7-Staaten. Die G7-Staaten repräsentieren rund 10 Prozent der Weltbevölkerung. Der Slogan „America first" verleitet hoffentlich nicht dazu, den Hegemonialanspruch mit Waffengewalt zu verteidigen.

Eine multipolare Welt, die die Interessen der Länder des Südens, bisher als Entwicklungsländer apostrophiert, angemessen berücksichtigt, lässt sich hoffentlich friedlich durchsetzen. Auch die sehr große Herausforderung, die Bekämpfung der Klimakrise, lässt sich nur im weltweiten Verbund bewältigen. Dazu zählt nicht nur die Reduktion der CO_2-Emissionen und die Einschränkung des Verbrauchs der fossilen Brennstoffe. Die Regenwälder müssen wieder in die Lage versetzt werden, einen Schutz zu gewährleisten. Wüsten wie die Sahara müssen wieder aufgeforstet und nutzbar gemacht werden. Es sind gewaltige Herausforderungen. Kriege, in die alle Weltmächte derzeit verstrickt sind, sind ebenso wie gegenseitige Schuldzuweisungen kontraproduktiv.

Aktuell beschäftigen uns die Kriege in der Ukraine und im Nahen Osten. Die Kriegsberichterstattung fokussiert auf den Diktator Putin und die „Terroristentruppe" der Hamas oder der Hisbollah. Die Sandmännchentruppen sind unterwegs: Es geht hier wie dort nicht um begrenzte Konflikte. Es geht um die Hegemonialansprüche des Westens, vor allem der USA, gegen die Großmachtfantasien Russlands (und Chinas?). Wenn dieser globale Konflikt wie bisher militärisch statt mit wirtschaftlichem oder diplomatischem Ausgleich, also friedlich, gelöst wird, dann können wir die großen Probleme wie die Klimakrise getrost vergessen. Dann lösen Atompilze unsere Konflikte.

II.3. Verstaatlichung oder Vergesellschaftung?

Welch dumme Frage: Verstaatlichung und Vergesellschaftung meinen doch das Gleiche. Ein grundlegender Irrtum. Es sind Gegensatzpaare. Verstaatlichung bedeutet Stärkung der Zentralgewalt und Ausbau von dessen Kompetenzen. Zentralgewalt und Obrigkeitsstaat führten in der Vergangenheit immer zur Unterdrückung der Masse der Bevölkerung, denen die Kosten dafür aufgebürdet wurden. Viele fordern einen starken Staat und meinen, dadurch würden sie den „Sozialstaat" stabilisieren. Ein falscher Weg. Damit setzen sie sich für Maßnahmen der Zentralgewalt „von oben" ein. Und das führte in der Vergangenheit zu Vetternwirtschaft, steigenden Sozialausgaben und aufwendigen „besitzstandswahrenden" Strukturen, die letztlich von der Masse der Bevölkerung getragen werden müssen.

Es hält sich hartnäckig der Irrglaube, linke Politik bedeute Enteignung der Kapitalisten und Überführung der Betriebe in Staatseigentum. Dass sich große Konzerne bilden, ist Ausdruck des Vergesellschaftungsprozesses, der sich letztlich auch in der Einflussnahme der Beschäftigten äußern muss.

Vergesellschaftung meint konträr zum Staatseigentum die Einflussnahme „von unten". Ein Abbau des Einflusses und der Kompetenzen des Staats muss damit einhergehen, dass die Betroffenen in den Betrieben und in der Gesellschaft Einfluss nehmen und kontrollieren. Das ist Dialektik: Privatinitiative in der Wirtschaft, im überregionalen und lokalen Bereich hat Vergesellschaftung im Gepäck. Und damit meine ich ausdrücklich auch den Mittelstand oder die vielen Start-Ups, die die Wirtschaft voranbringen. Der beispiellose Aufschwung der chinesischen Wirtschaft wäre nicht möglich gewesen, wenn der Mittelstand und die Privatinitiativen nicht massiv gefördert worden wären.

Hier könnte der falsche Eindruck entstehen, ich würde für Privatisierungen im Gesundheitswesen, im Wohnungsbau oder in anderen Bereichen der Wirtschaft plädieren. Die Alternative Privateigentum versus Eigentum der öffentlichen Hand konstruiert falsche Gegensätze. Staatseigentum, „Kollektiv- oder Sowjeteigentum" sind ja keinesfalls im Besitz oder der Verfügungsgewalt der Arbeitenden sondern monopolisieren in der Regel die Verfügungsgewalt des Staates und der dort herrschenden Kraft, eines Diktators, einer dominierenden Partei, einer Bank oder einer Kapitalistenvereinigung. Ich trete für die Verallgemeinerung der Wertbeziehungen ein, für sachliche Beziehungen der Menschen auf gleicher Augenhöhe. Wenn zum Beispiel Landräte und Götter in Weiß in Krankenhäusern entscheiden, die zum großen Teil überhaupt keine Kompetenz in Sachen Ökonomie und besonders der Arbeitsökonomie haben, dann läuft dieser Wirtschaftsbereich in den Investitionsstau und in die Schuldenfalle – mit steigenden Kosten für die Versicherten. Wenn jetzt private Sanierer, Investoren und vor allem die beteiligten Beschäftigten die Zeichen der Zeit besser erkennen, zum Beispiel in Krankenhäusern eine reibungslose Arbeitsorganisation einführen und Krankenhäuser der kurzen Wege organisieren, dann ist dagegen überhaupt nichts einzuwenden. Das spart Geld und Arbeitszeit, hilft, die Krankenversicherungsbeiträge zu senken. Gleichzeitig ermöglicht es eine schnelle und effizientere Hilfe für die Patienten. Es muss Druck auf die staatlich geführten Häuser aufgebaut werden, damit auch sie mehr Effizienz, mehr Komfort, bessere medizinische Leistungen zu niedrigen Kosten anbieten.

Im Falle des Immobilienmarktes ist die Sachlage anders. Hier versagen offenbar schon heute die Marktkräfte. Das liegt einerseits an den langen Abschreibungszeiten. Wenn zum Beispiel eine Wohnimmobilie erst in 70 Jahren voll steuerlich geltend gemacht werden kann, lähmt diese Tatsache das Interesse der Investoren. Offene Immobilienfonds bieten in der Regel eine Rendite von jährlich um die 2,5 Prozent. Eine 2-Prozent-Rendite ist ein Plus-Minus-Geschäft. Dieser Gewinn verkehrt sich bei einer höheren Inflationsrate wie Anfang 2022 in Höhe von über 5 Prozent schnell in einen Verlust. Die Förderung der Investitionen der Wohnungs-baugesellschaften oder die Bildung von staats- oder landeseigenen Immobilienkonzernen ist der falsche Weg. Die massive Unterstützung der Arbeitenden, der Masse der Bevölkerung, Wohneigentum zu erwerben, ist der Königsweg. Dann sind die Wohnungen Eigentum der Bewohner, die sich auch um den Erhalt, den Komfort und die Schönheit kümmern. Anfangs erhöht dies die Gewinne der Baukonzerne, das pendelt sich aber mit der Zeit ein. Diese Strategie muss auch für andere Wirtschaftsbereiche gelten.

Belegschaftsaktien, direkte Beteiligung der Arbeitenden am Produktivvermögen und an den Entscheidungsprozessen, breite Information und Mitbestimmung müssen dazu beitragen, dass die Beschäftigten die Firmen als „ihre Unternehmen" ansehen, mit denen sie sich auch identifizieren können. Das schärft auch das Interesse der Beschäftigten, darauf zu achten, dass nichts schief läuft. Es impliziert auch eine andere Organisation der Gesellschaft. Gewerkschaften kümmern sich derzeit in erster Linie darum, dass die Einkommen ihrer Mitglieder (und nur ihrer beitragspflichtigen) hoch sind und gute Tarifverträge die Arbeitsbedingungen absichern. Freie Assoziation der Beschäftigten meint aber auch, dass sie in die Verantwortung genommen werden. Hierzu ein positives Beispiel, das eine Entwicklungsrichtung vorgibt. Die IG Metall hat in der letzten Zeit mehrere Automobil-Konferenzen einberufen, um die Zukunft der Branche zu bestimmen und über Möglichkeiten der Umorganisation und Neuausrichtung dieses Wirtschaftszweiges nachzudenken. Die Einberufung dieser Konferenzen hat sicherlich auch damit zu tun, dass die IG Metall in Folge der Umstellung auf die Produktion von Elektrofahrzeugen einen erheblichen Arbeitsplatzabbau befürchtet. Aber es ist die richtige Konsequenz, schon frühzeitig Pläne aufzustellen und Maßnahmen einzufordern.

50 Prozent der Arbeitsplätze werden in Deutschland in den nächsten zehn Jahren wegfallen oder grundsätzlich umstrukturiert werden. An-

dere Arbeitsplätze müssen als Ersatz geschaffen werden. Hier schon frühzeitig mit den Beschäftigten Einfluss zunehmen, vor allem auch Weiterbildung zu organisieren und Kompetenz für den Umbau aufzubauen, ist
ein Gebot der Stunde.

Das gilt nicht nur für die Automobilindustrie. Die Arbeitenden und ihre
Organisationen müssen wirtschaftliche Kompetenzen und Verantwortung nicht nur für ihre einzelnen Branchen sondern auch für die Wirtschaft insgesamt und für die Gesellschaft aufbauen. Das gilt gerade auch
in Zeiten der Globalisierung. Als Beispiele mögen hier die Branchen Tex-
til- und Bekleidungsindustrie und die Bauwirtschaft dienen. In der deutschen Textil- und Bekleidungsindustrie sind in den vergangenen 40
Jahren 90 Prozent der Arbeitsplätze verloren gegangen. Von einst über
drei Millionen Beschäftigten schrumpfte ihre Zahl auf weniger als
300.000. Die Produktion wurde ins Ausland verlagert, in Deutschland
verblieben die Designabteilungen, die Qualitätskontrolle und der Handel.
Die einst sehr große Gewerkschaft Textil-Bekleidung hatte kein Konzept
und ging schließlich in der IG Metall auf, um in ihr als eigenständige
Branchenvertretung unterzugehen. Ein ähnlicher Schrumpfungsprozess
war in der Bauwirtschaft zu verzeichnen. Hier sank die Zahl der in der IG
BAU organisierten deutschen Arbeitnehmer allein in den letzten 30 Jahren von über 1,5 Millionen auf rund 200.000. Die IG BAU sicherte zwar
für die Beschäftigten in den führenden sehr großen Konzernen die Arbeitsplätze und durch sehr gute Entgelt-Tarifverträge auch die Bezahlung.
Eine Arbeiteraristokratie bildete sich wie in der Automobilwirtschaft heraus. Die Arbeit auf den Baustellen wird größtenteils von ausländischen
Baufirmen ohne gesicherte Tarifverträge geleistet.

Die Initiative „Deutsche Wohnen und Co. enteignen" verweist auf ein anderes Problem, dass sich die Linke weigert, aus den Fehlern der Vergangenheit zu lernen. Als in der Sowjetunion die Industrie verstaatlicht und
die Bauern in Sowchosen und Kolchosen gepresst wurden, brach in dem
Land eine gewaltige Hungersnot aus. Nach Schätzungen starben bis zu 30
Millionen Menschen. Die Bauern weigerten sich, Fleisch und Getreide zu

billigen Preisen zu verkaufen und aßen es lieber selber. Um das Land zu stabilisieren, wurde dann Staatsterror eingesetzt. Stalin gab „den Kulaken" die Schuld und entfachte Kampagnen. Als in der DDR und in anderen Ländern des Realsozialismus verstaatlicht und kollektiviert wurde, flüchteten sehr viele Menschen. Die Länder bluteten aus und die Wirtschaftskraft erlahmte. Wenn in Deutschland verstaatlicht und enteignet werden würde, würde nicht nur der gesamte Mittelstand ausgeschaltet – und damit eine wesentliche Kraft der Innovation und des Wohlstands. Auch viele Kleinstfirmen und Start-Ups würden aufgeben. Die Wirtschaft würde ganz erhebliche Schäden erleiden. Enteignungen sind gar nicht notwendig. Die Verwertungsschwierigkeiten des Kapitals nehmen zu. Das System stößt an Grenzen, die es nur durch immer neue Vergesellschaftungsprozesse überwinden kann.

Nun kann aus der breiten Streuung des Aktienkapitals nicht geschlossen werden, dass der Einfluss des Kapitals verschwunden ist. Die Konzerne müssen die durchschnittlichen Verwertungserwartungen ihrer Anleger erfüllen, sonst wird Kapital abgezogen und in andere Industrie- oder Dienstleistungsbereiche gesteckt – oder ins Ausland transferiert. Die durchschnittlichen Verwertungserwartungen können aber nicht ins Unermessliche wachsen. Auf Grund des Wirkens des Gesetzes des tendenziellen Falls der Profitrate und der wachsenden internationalen Konkurrenz sinken die Gewinne pro eingesetztem Kapital. Viele Anleger sind froh, wenn ihr Einsatz mit einem Betrag über dem geltenden Zinssatz belohnt wird. Aktiengesellschaften brauchen ja nicht mehr den Unternehmergewinn plus den Zins zu erwirtschaften, sondern dauerhaft nur den Zins, um am Markt bestehen zu können. Natürlich gibt es auf Kapitalseite auch schwarze Schafe – besonders bei den Hedgefonds. Dagegen können aber die Unternehmensführung und die Arbeitnehmervertreter wirksame Gegenmaßnahmen ergreifen – wenn die Mitarbeiter beteiligt werden und sie davon auch einen materiellen und ideelen Nutzen verspüren. Außerdem müssen auch Gesetze zum Schutz der Arbeitnehmer verbessert werden.

Herrscht Mangel in der Wirtschaft und der Gesellschaft, fängt die Misere immer wieder von vorne an, wusste Karl Marx schon in der „Deutschen Ideologie". Steigerung des Wohlstands durch Steigerung der Produktivkräfte ist der Erfolgsweg, der Win-Win-Situationen entstehen lässt. Eine weitere Steigerung Produktivkräfte ist heute ohne das Engagement der Beschäftigten nur sehr schwer zu erreichen – und durch deren Beteiligung am Produktivvermögen. Belegschaftsaktien und Mitbestimmung sind nur einige der vielen Möglichkeiten, das Engagement der Beschäftigten zu erhöhen und die Ordnungen in den Betrieben und der Gesellschaft als veränderbar und neu zu gestalten zu begreifen. Die Gesellschaft verändert sich rasant. Mit Start-ups ergreifen immer mehr Menschen die Initiative, ihre Arbeitsbedingungen und Lebensanforderungen neu zu ordnen. Diese Masse der Betriebsgründer und Erfinder bildet keine neue Kapitalistenklasse. Die neuen Arbeits- und Lebensbedingungen sind erforderlich für die erfolgreiche Bewältigung der Zukunftsaufgaben. Die Entwicklung der Produktivkräfte und damit der Effizienz steht im Vordergrund – im Hintergrund verändern sich dann auch die Produktionsverhältnisse infolge des so forcierten Vergesellschaftungsprozesses.

II.4. Realer Sozialismus: Schonungslose Abrechnung

Mit der dogmatischen, stalinistischen Politik muss es eine schonungslose Abrechnung geben. Ziehen wir nüchtern Bilanz: Haben die Jahre, in denen der „reale Sozialismus" Politik und Ökonomie in vielen Ländern bestimmte, gesellschaftlichen Fortschritt befördert? In der ehemaligen Sowjetunion diktiert jetzt eine Oligarchie mit feudalistischem Profil, in Ungarn und Polen regieren Rechtspopulisten, Nicolae Ceaucescus Rumänien entpuppte sich als mörderische Militärdiktatur. Die Bürger der DDR beeilten sich bei der Übernahme der D-Mark.

Trotzdem weinen einige Funktionsträger der guten, alten Zeit nach dem Motto „Es war nicht alles schlecht" dicke Krokodilstränen nach. Der letzte Staatsratsvorsitzende Egon Krenz empfahl die DDR sogar im Jahre 2019 noch als Vorbild: Sie habe gezeigt, es gehe auch ohne Kapitalismus. Die schroffe Gegenüberstellung Kapitalismus – Sozialismus verleitet zu ideologischem Dogmatismus. Die alten Schlagworte lauten: Expropriiert die Expropriateure. Der Profit regiert. Bereiche wie das Gesundheitswesen, die Infrastruktur, das Wohnungswesen müssten verstaatlicht werden. Die „realsozialistischen" Länder werden als erstrebenswerte Vorbilder verklärt und idealisiert. Und leider werden eben dadurch sozialistische Utopien diskreditiert.

Zwischenzeitlich gründeten Hoffnungen darauf, dass Gorbatschow mit Glasnost und Perestroika den Realsozialismus aufpolieren könne. Der Versuch misslang gründlich. Weil das Fundament falsch konstruiert war. Ohne eine grundlegende Kritik, ohne eine umfassende Revision lassen sich sozialistische Ideen nicht revitalisieren. Die Mauer wurde von der Mehrheit der DDR-Bevölkerung beseitigt. Auch in anderen „realsozialistischen" Ländern konnte ein „Weiter so" nicht praktiziert werden, weil die

Mehrheit der Bevölkerungen das nicht wollte.

Was ist schief gelaufen? In vielen Köpfen mit sozialistischen Ideen spukt immer noch die Hoffnung auf eine Revolution im Kapitalismus im Geiste des Marxismus-Leninismus herum. Der Kapitalismus müsse hinweggefegt werden, der Sozialismus müsse unter Führung der kommunistischen Avantgarde installiert werden. Die proletarischen Massen müssten für den revolutionären Umsturz mobilisiert werden. Alles was sie davon abhalte, würde den „Kapitalismus" retten. „Kapitalismus", das sei Faschismus. Weil die deutsche Sozialdemokratie den „Kapitalismus" reformieren wollte, sei sie der Hauptfeind, wurde in den 1920er-Jahren behauptet. Der diesen Kurs als einzig richtigen vorgab, war Generalissimus Josef Stalin. Die Bolschewisierung der Kommunistischen Partei Deutschlands nahm ab 1924 ihren unheilvollen Lauf: Diese Politik trug eine Hauptschuld daran, dass Hitler so leicht die Macht ergreifen konnte und unvorstellbares Elend dem vergangenen Jahrhundert brachte. Die Perversion sozialistischer Ideen in das Gegenteil durch den Stalinismus ist bis heute nicht grundlegend aufgearbeitet. In der ehemaligen DDR wurde nicht nur die umfassende Kritik des Stalinismus unterbunden. Sozialistische Denker wie Eduard Bernstein und Karl Kautsky (die engsten Mitarbeiter von Friedrich Engels und Mitverfasser des dritten Bandes des „Kapitals") wurden als „Revisionisten" diffamiert, der Leninismus als einzig richtige Lehre idealisiert. Der Leninismus ist aber auch eine geistige Grundlage des Stalinismus. Kritiker des Leninismus wie Rosa Luxemburg oder Karl Liebknecht wurden in der DDR nur stark zensiert – also nur entstellt – zugelassen. Es wurden nur die amtlich verordneten Richtlinien der Partei verbreitet. Es ist deshalb wenig erstaunlich, dass eine der zentralen Losungen der DDR-Opposition „Freiheit ist immer die Freiheit der Andersdenkenden" von Rosa Luxemburg lautete.

Grundlegender Irrtum: Der „Sozialismus" könne „von oben" mit einer Revolution eingeführt werden. Dazu sei eine Avantgarde, die Partei der Arbeiterklasse, notwendig. Nur diese zentralistische Vorhut könne die Herrschaft des Kapitals stürzen. Es verhält sich dabei wie bei dem Versuch, den Teufel mit dem Beelzebub auszutreiben. Der Sozialismus muss sich „von unten" entwickeln. Er hat ökonomische und politische Voraussetzungen, die der „Kapitalismus" schafft. Die Widersprüche dieses sich verändernden Systems sind Bedingungen für Veränderungen hin zu gesellschaftlichem Fortschritt. „Kapitalismus" und „Sozialismus" dürfen also nicht als krasse Gegensätze begriffen werden, letzterer kann sich nur aus dem ersten entwickeln – es ist ein Prozess.

Zu den ökonomischen Grundlagen: „Verstaatlichung" wird noch von vielen als „Vergesellschaftung" missverstanden, obwohl sie genau das Gegenteil davon ist. Verstaatlichung bedeutet mehr Bürokratie, vorschreibende Planung, mehr Unterdrückung, mehr Staat. Karl Marx ging in krassem Gegenteil dazu von einem Absterben des Staats aus. Er kennzeichnete Aktiengesellschaften als die Form einer Vergesellschaftung, zu der der „Kapitalismus" fähig sei. Nun sind seit den diesbezüglichen Überlegungen von Marx über 150 Jahre vergangen. Aktiengesellschaften sind heute mit Finanzdienstleistern, mit allen ökonomischen Instanzen der Gesellschaft verflochten. Was bedeutet Vergesellschaftung anderes? Kapitalisten sind weitgehend als dirigierende Kräfte aus dem Wirtschaftsleben verschwunden. Doch es gibt sie noch, die Quandts, Flicks und Piechs – aber nicht als den Produktionsprozess dirigierende Kräfte sondern als Rendite-Abzocker. Man sollte sich nicht der Illusion hingeben, mit ihrer Enteignung würden die Grundlagen eines Sozialismus geschaffen. Verstaatlichungen führten in der Sowjetunion zu Hungersnöten mit Abermillionen Toten. In den Ländern des „realen Sozialismus" verhinderten sie ökonomischen Fortschritt. Wirtschaftliche Initiative wurde als „Kulakentum" bekämpft. Dass dies ökonomischer Selbstmord ist, kann man sich an der Bedeutung verdeutlichen, die in unserer Gesellschaft die vielen Start-ups für die wirtschaftliche Dynamik haben. Sind das nach bisheriger Definition nicht alles „kleine Kapitalisten"? Sie orientieren sich an den Bedürfnissen des Marktes und schuften hart, um Neuerungen zu produzieren. Sie sind Innovationsmotoren der Wirtschaft. Mitbestimmung und Kontrolle sind die Zauberwörter gesellschaftlichen Fortschritts.

30 Jahre Mauerfall: Was ich als Manko vieler Linker empfinde, ist die ungenügende Aufarbeitung. Kritik an der ehemaligen DDR wird oft als „Nestbeschmutzung" beiseite geschoben. Schuld an den Fehlern haben nicht nur einige alte Herren im Politbüro. Fehleinschätzungen wie die „Diktatur des Proletariats", „demokratischer Zentralismus" (ein Widerspruch in sich) und anderer „revolutionärer", gewaltsamer Umsturzideen finden sich schon bei Marx. Stalinistischer Terror konnte an Überlegungen von Lenin anknüpfen. Die gesamte Geschichte der KPD und der SED war begleitet von stalinistischen Direktiven und Sektierertum. Es wird immer noch zu sehr auf alten politischen wie ökonomischen Dogmen beharrt und zu wenig nach neuen, praktikablen Wegen gesucht.

Was bleibt von sozialistischen Vorstellungen, wenn Verstaatlichungen, die Expropriation der Expropriateure und die Abschaffung des Geldes als kontraproduktiv bewertet werden? Sehr viel. Es gibt viele Fehlentwicklungen (Arm-Reich, Gefahr von rechts, Militarismus) zu korrigieren. Aber bitte nicht mit Verweis auf erreichte Fortschritte in der ehemaligen DDR. Das war ein falscher Weg. Neben dem Absterben des Staats wurde auch die „freie Assoziation" der Arbeitenden aus dem Vokabular der Länder des „realen Sozialismus" gestrichen. Im Gegensatz dazu erhalten Mitbestimmung, Beteiligung und Partizipation in politischen und wirtschaftlichen Prozessen Priorität. „Mehr Demokratie wagen" bedeutet in der Ökonomie die unmittelbare Beteiligung der Arbeitenden am „Kapital". Mitbestimmung muss mehr bedeuten als das Stimmrecht von Gewerkschaftern in Aufsichtsräten. Beteiligung am Erfolg eines Unternehmens durch Mitarbeiter-Aktien (also auch am Gewinn oder Verlust), Mitsprache bei der Ausrichtung eines Betriebs (das würde auch der Umwelt und dem Klimaschutz gut tun). In vielen Start-ups wird dies schon praktiziert. Die wirtschaftliche und vor allem politische Entwicklung würde durch dieses „Mehr Demokratie wagen" erheblich profitieren.

Als weiterer ökonomischer Unsinn ist verbreitet, dass Sozialismus Abschaffung des Geldes, also der Wertbeziehungen, bedeute, was in der

DDR in weiten Bereichen praktiziert wurde (bei Lebensmitteln, bei Wohnungen, aber auch bei der überwiegenden Anzahl von Industriegütern). Weit hinten im dritten Band des Kapitals schreibt Marx, es bleibe, „nach Aufhebung der kapitalistischen Produktionsweise, aber mit Beibehaltung gesellschaftlicher Produktion die Wertbestimmung vorherrschend in dem Sinn, dass die Regelung der Arbeitszeit und die Verteilung der gesellschaftlichen Arbeit unter die verschiedenen Produktionsgruppen, endlich die Buchführung hierüber, wesentlicher denn je wird." Der Wert, das Geld wird wichtiger als Steuerungsinstrument gesellschaftlicher Prozesse und als Mittel gesellschaftlicher Kontrolle.

Wichtig ist die Abrechnung mit dem Stalinismus nicht nur deshalb, weil er geistige Enge und undemokratische Entwicklungen fördert. Er hat als Folgen wirtschaftliche und politische Fehlentwicklungen, behindert gesellschaftliche Entwicklung, führt zum Bau von Mauern, zum Schießbefehl gegenüber der eigenen Bevölkerung. Kurz: Er führt zum Gegenteil, was den Inhalt sozialistischer Utopien ausmacht. Er hilft undemokratischen Kräften, das Ruder zu übernehmen und steuert so die Gesellschaften in Katastrophen. Diese Lehre muss aus der Geschichte gezogen werden.

30 Jahre nach dem Mauerfall sollte es möglich sein, den in der DDR gepflegten Dogmatismus und Stalinismus aufzuarbeiten, als grundlegende „sozialistische" Fehlentwicklungen zu kritisieren. Es gilt, die geistigen Grundlagen zu überdenken. Ist die krasse Gegenüberstellung „Kapitalismus – Sozialismus" richtig? Was ist von Eduard Bernsteins Losung „Der Weg ist das Ziel" zu halten? Es gäbe nicht das „Endziel" Sozialismus oder Kommunismus oder Schlaraffenland, die Gesellschaft gelte es „Schritt für Schritt" demokratisch so zu verändern, dass sie den Interessen der Mehrheit der Bevölkerung gerecht werde. Ist das die Produktion illusionistischer Reformideen? Gar die Revision der wissenschaftlich reinen Lehre des Marxismus-Leninismus? Oder ist das der Weg, den auch eine sozialistische Partei gehen muss, um die Mehrheit der Bevölkerung zu gewinnen und um in der Gesellschaft nach dem Mauerfall politisch zu bestehen und

gangbare Wege aufzeigen zu können? Nur mit grundsätzlicher Kritik an DEM Kapitalismus wird man nicht den Weg in die Köpfe der Masse der Bevölkerung finden.

Was ist das: „Kapitalismus", was „Sozialismus" oder „Kommunismus"? Wenn man die Begriffe unter die Lupe nimmt, kann man bemerken, dass ungeheuer viele Facetten zu beachten sind.

Der „Kapitalismus" ist eine Voraussetzung für eine wie auch immer geartete „sozialistische" Ordnung. Nun ist der „Kapitalismus" ein Produktionsverhältnis, in der Wertbestimmungen vorherrschen und bestimmen. Der „Kapitalismus" ist ein Produktionsverhältnis, in dem die Wertverhältnisse als gesellschaftliche Maßstäbe sich durchzusetzen beginnen. Diese Wertverhältnisse können die persönlichen Machtverhältnisse – die rechtlich vorrangig in der Vergangenheit in feudalistischer Obrigkeitsstaatlichkeit abgesichert wurden – ersetzen. Das geht nicht von heute auf morgen. Das setzt einen langen Vergesellschaftungsprozess voraus. Die Gesellschaft kann sich dahingehend emanzipieren, dass sich die Mitglieder der Gesellschaft als gleiche Warenbesitzer gegenübertreten. Dagegen wird der Einwand erhoben, die Ungleichheit werde dadurch zementiert, dass die einen den Besitz an Produktionsmitteln monopolisiert hätten und die anderen nur ihre Ware Arbeitskraft besitzen, die sie meistbietend auf dem Arbeitsmarkt feilzubieten gezwungen sind. Oder beginnt sich etwas an diesen gesellschaftlichen Bedingungen zu verändern? Oder haben sich die Bedingungen schon verändert, ohne dass Dogmatiker sie wahrzunehmen imstande sind?

Den „Kapitalismus" kennzeichnet kein einheitliches politisches Verhältnis. Es können feudalistische, faschistische, republikanische oder bürgerlich-demokratische politische Verhältnisse vorhanden sein. Ist auch eine Wandlung zu einer „sozialistischen" politischen Ordnung möglich?

Der „Kapitalismus" ist kein statisch zementiertes System mit den immer gleich bleibenden Qualitäten „Kapitalist" – „Ausgebeuteter", Kapital versus Arbeit. Was ist denn „Kapital"? Kapital ist sich verwertender Wert. Der Motor, der das Getriebe „Kapital" am Laufen hält, ist die Arbeit. Sie macht aus Kapital noch mehr Kapital. Immer mehr? Der Arbeiter, so lautet eine nahe liegende Schlussfolgerung, produziert wie die Maus im Hamsterrad immer wieder seine eigene Unterdrückung. Kapital als sich verwertender Wert begründet ein gesellschaftliches Verhältnis, treibt die Vergesellschaftung voran, entwickelt die Produktivkräfte. Kapital ist also die Grundlage gesellschaftlich positiver Veränderungen, behauptet Karl Marx auf der einen Seite. Andererseits schreibt er, Kapital sei wesentlich Kapitalist, begründet also ein persönliches Abhängigkeitsverhältnis, ein Herrschaftsverhältnis. Was denn nun? Sich entwickelnde Gesellschaftlichkeit oder ein statisches, immer gleich bleibendes Unterdrückungssystem? Nehmt dem Sache, also dem Wert, die Macht und ihr müsst sie Personen über Personen geben, schreibt Marx an anderer Stelle.

Dieser letzte Satz ist von grundlegender Bedeutung. Wertverhältnisse – die ihren Ausdruck in Geldverhältnissen haben – sind sachliche Verhältnisse. Sie gründen sich letztlich auf dem Wert der abstrakt-gesellschaftlichen Arbeit. Sich durchsetzende Wertverhältnisse können sich dahingehend emanzipieren, dass sich Warenbesitzer auch rechtlich als Gleiche gegenübertreten – es können sich also demokratische Veränderungen durchsetzen. Das ist unter einer Personenherrschaft nicht möglich. Die bleibt persönliche Unterdrückung – mit der Möglichkeit persönlicher Willkür. Jetzt ist die Wandlung des Satzes in „Nehmt dem Wert die Macht und ihr müsst sie der Partei der Arbeiterklasse oder Stalin, Ulbricht oder Honecker geben" möglich. Dann entwickelt sich Despotie. Das führt zur Perversion sozialistischer Ideen. Deshalb kritisiere ich auch den Begriff des „demokratischen" Zentralismus, die Einsetzung von Generalsekretären, die Herrschaft von „sozialistischen" Bürokraten der zentral gelenkten Planwirtschaft nach den Vorgaben der allwissenden Partei. Die Moskauer Schauprozesse sind logische Folgen der Personenherrschaft. Auch in der DDR wurden kritische Geister beseitigt und das Gerangel um persönliche Macht ermöglicht.

Deshalb polemisiere ich auch gegen die Behauptung, der „Realsozialismus" habe einen Fortschritt bedeutet, weil er mit der Marktwillkür, mit der Macht des Kapitals, des Geldes – kurz mit dem „Kapitalismus" – gebrochen habe. Es kann nicht darum gehen, die Wertbeziehungen als sachliche Verhältnisse zu beseitigen. Sozialistische Politik bedeutet, persönliche Willkür auszuschalten und statt dessen sachliche Beziehungen im allgemeinen Interesse durchzusetzen. Deshalb schreibt auch Marx, dass in einer künftigen Gesellschaft die Beachtung der Wertverhältnisse als gesellschaftlicher Buchführung wichtiger denn je wird.

Der Markt als Regelungsinstanz? Wir müssen aus dem Käfig „sozialistischer" Dogmen schauen und uns der Realität stellen. Was macht der Markt? Er schafft sachliche Verhältnisse, die sich letztlich auf dem abstrakt-gesellschaftlichen Wert der Arbeitenden gründen. Dieser Wert wird immer mehr im gesellschaftlichen Maßstab verglichen. Er schafft Gleichheit – im Gegensatz zu persönlichen Abhängigkeitsverhältnissen. Nichts anderes meint Vergesellschaftung. Und Vergesellschaftung ist die Grundlage demokratischer Veränderungen und letztlich auch der möglichen Verwirklichung „sozialistischer" Ideen. Nur durch Einsicht in die realen ökonomischen Prozesse ist eine realistische praxisgerechte Politik möglich. Sehr große Vorsicht sollte gegenüber Forderungen nach Überführung in Volkseigentum oder Verstaatlichung gehegt werden. Der Schuss ist in der Vergangenheit immer nach hinten losgegangen.

Aber Profit regiert die Welt. Na prima. Man kann es wahrlich nicht als Vorteil des „Sozialismus" ansehen, dass dort mit Verlust gearbeitet wurde, also die, die noch mit Gewinn produzierten, die Verlustträger durchschleppen mussten. Langfristig ist das nicht durchzuhalten. Ein Einwand dagegen lautet: Aber die Profitjäger werden immer tollkühner, sie wagen jedes Verbrechen, um ihre Profite in die Höhe zu jagen. Vergesellschaftung bedeutet, dass sich die Werteproduzenten auf der Grundlage des abstrakt-gesellschaftlichen Werts der Arbeitenden immer mehr vergleichen, also gleiche Bedingungen für alle schaffen. Das hat Marx auch mit dem Gesetz des tendenziellen Falls der Profitrate begründet – für ihn das vom historischen Standpunkt wichtigste Gesetz. Vom historischen Standpunkt ist es so enorm wichtig, weil es die Vergesellschaftung vorantreibt und die Voraussetzungen auch für politische gesellschaftliche Veränderungen schafft. Die Profitraten der einzelnen Wirtschaftszweige gleichen sich immer mehr an – nivellieren sich also im gesellschaftlichen Maßstab, schaffen Gleichheit der Werteproduzenten. Das Gesetz vom tendenziellen Fall der Profitrate ist keine originär marxistische Erfindung. Der Begründer der modernen politischen Ökonomie, der „neoliberale" Adam Smith, erkannte, dass die Arbeitenden alle Werte schaffen, dass sie auf dem Markt ihre Produkte auf der Grundlage der in ihnen investierten abstrakt-menschlichen Arbeit vergleichen, die Profitraten sich angleichen und die Tendenz haben zu sinken. Dass ausgerechnet „sozialistische" Ökonomen dieses Gesetz vehement bestritten (und bestreiten), dieses vom historischen Standpunkt wichtigste Gesetz kapitalistischer Ökonomie (und nicht nur kapitalistischer Ökonomie) leugneten, kann nur als Ironie der Geschichte bewertet werden.

Na klar, wenn man den grundlegenden, unversöhnlichen Widerspruch zwischen „Kapitalismus" und „Sozialismus" behauptet, muss man auch die Möglichkeit der Veränderung des „Kapitalismus" leugnen. Die Sozialisten müssen endlich begreifen, dass sich sozialistische Ideen nur auf der Grundlage „kapitalistischer" Entwicklungen und Veränderungen verwirklichen lassen. Die Diskussion, ob sich in einem einzelnen Land – und dazu noch in einem unterentwickelten – ein „Sozialismus" oder „Kommunismus" aufbauen lasse, lenkt schon in die falsche Richtung. Stalin beendete die Diskussion ganz praktisch, indem er die Hemdsärmel hochkrempelte, per Direktive die Fünfjahrpläne verordnete – und so den Weg für die größte Hungerkatastrophe mit schätzungsweise 30 Millionen Toten im Land ebnete. „Sozialismus" lässt sich eben nicht per Direktive oder unter Anweisung einer Partei verordnen. 30 Millionen Tote: Diese Tatsache nach Verordnung des Staatsdirigismus Anfang der 30er Jahre durch Stalin ist offensichtlich noch nicht in die Köpfe der „Marxisten-Leninisten" vorgedrungen. Diese 30 Millionen Tote waren nicht Resultat äußerer Einwirkung, sie waren Resultat des Stalinismus und der

„Planwirtschaft".

Sozialismus kann sich aus dem „Kapitalismus" als Resultat eines Vergesellschaftungsprozesses entwickeln. Man muss dem „Kapitalismus" seine
eigene Melodie vorspielen, um ihn ökonomisch und politisch zu verändern. Zum Beispiel, indem man begreift, welche Bedeutung der tendenzielle Fall der Profitrate für die gesellschaftliche Entwicklung hat. Welche
Folgen hat es, dass sich die Wirtschaftswachstumsraten immer mehr ab-
schwächen? Welche Folgen hat es, dass die Zinsen nahe Null tendieren?
Welche Konsequenzen ergeben sich für die Beschäftigten? Ihre Bedeutung steigt, Mitbestimmung oder besser Partizipation werden wichtiger.
Ich habe auf die Tatsache verwiesen, dass sich die Berufsbilder von über
50 Prozent der Beschäftigten in den nächsten zehn Jahren verändern –
mit dramatischen Folgen in der Arbeitswelt. Aber auch die Einflussmöglichkeiten werden größer. Man muss nur die Chancen nutzen. Das setzt
allerdings auch ihre Kenntnis (vor allem ökonomische Einsicht) voraus.
Eine Vogel-Strauß-Politik

Deshalb muss das Credo „Mehr Demokratie wagen" lauten. Dies hat die
Gleichheit der alle Werte Produzierenden zur Voraussetzung. Abbau der
Hierarchien, Abbau persönlicher Abhängigkeitsverhältnisse – sei es in
„kapitalistischer" oder „sozialistischer" Verkleidung – ist die Voraussetzung demokratischer Veränderungen. Von Lenin stammt der Spruch, Sozialismus sei Rätedemokratie plus Elektrifizierung. Ich wage den Spruch,
Sozialismus sei „Kapitalismus" plus Demokratie, vor allem Wirtschaftsde-
mokratie.

Ein wie auch immer gearteter Sozialismus setzt voll entwickelte Wertverhältnisse und daraus resultierender Abbau von persönlichen Herrschaftsverhältnissen voraus. Herrschen Personenkult wie bei Stalin, Fidel
Castro, Xi Jinping oder Putin ist das ein sicheres Indiz dafür, dass noch Voraussetzungen für eine emanzipierte Gesellschaft fehlen. Fraglich ist, ob
ein „Sozialismus" oder auch eine Demokratie in einem Land verwirklicht
werden kann, wenn die Welt in revalisierende Supermächte gespalten ist.

III. Gibt es Lösungen?
III.1. Priorität Nr. 1: Sicherung des Friedens – weltweit

Ich bekenne: Ich bin leidenschaftlicher Friedensaktivist. Frieden ist für mich das wichtigste, alles entscheidende Thema. Ohne Frieden ist alles nichts. Ohne Frieden können wir Demokratie, Freiheit und Gerechtigkeit in der Welt ad acta legen. Ohne Frieden ist die Klimakatastrophe nicht abzuwenden. Ohne Frieden ist auch der Konflikt der reichen Industrieländer mit den ärmeren Ländern des Südens nicht zu lösen. Die vielen Waffenkonzerne und militärisch-industrielle Komplexe, die die Staaten der Welt fest im Griff haben, bereiten mir Angst und Sorge. Waffenlieferungen in Krisengebiete sind für mich Öl in eh schon lodernde Feuerbrünste. Kriege produzieren immer neue Konflikte und Brandherde in der Welt. Ich plädiere für Friedenskonferenzen und Abkommen, die Abrüstung als Resultat beinhalten. Die gewaltigen Ausgaben für militärische Rüstung und Waffen müssen dafür eingesetzt werden, Hunger und Krankheiten in der Welt zu besiegen.

Ich muss gestehen: Ich sehe mich ratlos und verwundert den Ansichten der deutschen und internationalen Politiker gegenüber, die die kriegerischen Auseinandersetzungen befeuern und immer neue Waffenlieferungen und Billionenbeträge an Dollar- und Eurosummen für Kriegsgebiete fordern. Ratlos und verwundert bin ich denen gegenüber, die glauben, man könne im Atomzeitalter Siege erringen. Selensky fordert Atomwaffen. Netanjahu hat sie schon. Sie spielen mit dem Feuer, mit der totalen Vernichtung.

Die Bedrohungslage ist ernst. Der „Außenpolitik-Experte" der CDU Roderich Kiesewetter, „Außenpolitik-Expertin" der FDP Marie-Agnes Strack-

155

Zimmermann, die „grüne" Außenministerin Annalena Baerbock und ihr Parteikollege Wirtschaftsminister Robert Habeck, die SPD unter Olaf Scholz mitsamt Verteidigungsminister Boris Pistorius: Sie alle rüsten sich für die kriegerische Auseinandersetzung. Die Phalanx der „staatstragenden" Parteien steht. Unterstützung kommt aus den USA, Großbritannien und Frankreich, ganz zu schweigen von den baltischen Staaten und Polen.

Die Kriegsgefahr ist konkret und für Deutschland sehr bedrohlich

Im Ukraine-Krieg ist die Eskalation hin zu einem atomaren Konflikt sehr real. Die Minsker Abkommen zur Friedenssicherung waren das Papier nicht wert, auf dem die Unterschriften standen – von beiden Seiten. Jeder Krieg hat eine lange Vorgeschichte. Dabei Partei zu ergreifen und nur eine Seite als schuldig anzuklagen, bedeutet, sich auf einer Seite an der kriegerischen Auseinandersetzung zu beteiligen. Es muss der sofortige Stopp der Waffenlieferungen und die sofortige Beendigung der Kampfhandlungen gefordert werden. Ich bin kein Putin-Versteher. Dieses Etikett wird jedem aufgeklebt, der für Frieden eintritt. In Verhandlungen muss dafür eingetreten werden, dass das autokratisch organisierte Russland nicht die Oberhand gewinnt. Das ist mit der wirtschaftlich und militärisch weitaus überlegenen EU und dem Potenzial Deutschlands sehr wohl realistisch. Gleiches gilt für den Konflikt zwischen Israel, Palästina, Libanon und dem Iran. Auch hier droht die Eskalation hin zur atomaren Katastrophe. Sofortiger Waffenstillstand ist die aktuelle Forderung. Die Relevanz dieser Forderung verdeutlicht die Tatsache, dass bei einer Eskalation der kriegerischen Auseinandersetzungen die ersten Atombomben auf dem Gebiet des Schnittpunkts der konfrontativen Mächte explodieren. Und dieses Gebiet ist Deutschland.

In den kriegerischen Konflikten wird immer hervorgehoben, dass es um den Kampf um die Freiheit gehe. Das Gute kämpft gegen das Böse. Demokratie gegen Diktaturen. Der freiheitliche Westen gegen die BRICS-Länder als dem Klub der Autokraten. Der französische Historiker Emmanuel Todd erklärt dazu im Interview: „Über solche Argumente, dass es auf der

einen Seite die Guten, die Demokraten, und auf der anderen Seite die Bösen, die Autokraten, gibt, kann ich nur schmunzeln. Ich sehe im Westen keine liberale Demokratie mehr. Die USA sind eine liberale Oligarchie: Oligarchie, weil das Geld das System kontrolliert, liberal, weil es pluralistisch ist, es gibt mehrere Oligarchien. In Frankreich haben wir eine Mikrooligarchie, kombiniert mit einem teilweise autoritären Staat. In Deutschland ist die Demokratie ein bisschen besser. Aber das Problem ist, dass Deutschland nicht souverän ist." (Berliner Zeitung vom 23. 10. 2024) Deutschland sei ein von den Amerikanern noch immer besetztes und dirigiertes Land. Und Deutschland würde die Folgen des Ukraine-Kriegs besonders spüren. Emmanuel Todd: „Stichwort Energiekrise, Inflation. Vor dem Krieg in der Ukraine ging es Europa nicht so schlecht, jetzt befindet sich der alte Kontinent in einer Abwärtsspirale."

Einseitige Schuldzuweisungen sind fehl am Platz. Die kriegerischen Konflikte sind längst nicht mehr lokal oder regional einzugrenzen: Sie sind in den konfrontativen militärischen Konflikt im Weltmaßstab, USA und NATO einerseits und China, Russland andererseits, eingewoben. Die militärisch dominierende Überlegenheit des USA-NATO-Bündnisses wird nur durch die atomare Aufrüstung Russlands und Chinas im Gleichgewicht gehalten. Es ist eine riskante, sehr gefährliche Situation. Auf der ökonomischen Ebene spitzt sich die Konfrontation der G7-Staaten und der BRICS-Beitrittsländer zu. Eine neue Friedensbewegung kann mit einem internationalistischen Ansatz punkten und für einen handelspolitischen Ausgleich plädieren. Die klare Forderung der neuen Friedensbewegung an alle Weltmächte lautet: Reaktivierung der Friedensabkommen, neue Friedensinitiativen, Abrüstung, Abrüstung und noch einmal Abrüstung.

Die militärische Konfrontation und die Aufrüstung haben schwer wiegende Folgen auf die Innenpolitik und vor allem auf die Wirtschaftspolitik, weil sie die Möglichkeiten einer ausgewogenen Finanz- und Sozialpolitik einschränken. Der neu eingeführte NATO-Generalsekretär Mark Rutte, Nachfolger von Jens Stoltenberg, ruft die NATO-Mitgliedsstaaten zur weiteren Aufstockung der Militärausgaben auf, auch wenn sie dabei im Staatshaushalt Umschichtungen zugunsten der Militärausgaben vornehmen müssten. Das könnte den Unmut der Wähler hervorrufen, die Parteien könnten dadurch Wahlen verlieren. Wörtlich führte er aus: „Manchmal ist das Verlieren von Wahlen das Richtige, was man tun muss." Diese Haltung müssen sich die friedliebenden Kräfte zu Nutze machen, auf die gewaltigen Kosten der Aufrüstung verweisen und Wahlen gewinnen.

Wichtigste Forderung ist und bleibt, dass die Mächtigen sich endlich an einen Tisch setzen und in Verhandlungen den Frieden sichern. Verständigung und Diplomatie müssen wieder Vorrang vor Großmachtstreben und Dominanzgehabe bekommen. Wirtschaftliche Zusammenarbeit zum gegenseitigen Vorteil muss den Ausschlag geben. Protektionismus und Sanktionen dürfen keine Kriege oder kriegerische Auseinandersetzungen auslösen.

Frieden setzt die Ächtung von jeglichem Militarismus voraus

Kriege stellen die größte Umweltverschmutzung in der Welt dar. Sie vernichten wertvolles menschliches Leben, zerstören Natur und Umwelt. Sie führen zu Traumatisierungen von Bevölkerungen, Religionsgemeinschaften, schüren Hass und führen zu terroristischen Aktionen. Kriege führen zu immer neuen Kriegen und verursachen Spiralen der Gewalt. Ist folgendes Szenario weltfremd? Trump zettelt einen Krieg mit dem Iran an, der dann weltweite Konflikte auslöst. Erdogan bezichtigt Syrien und den Irak der Aggression – Krieg bricht aus. Deutschland als Bündnispartner in der NATO wird zur Teilnahme an Kriegen verpflichtet. Wir können in Kriege einbezogen werden, die immer neue Kriege und Konflikte auslösen. Auch hier ist ein Umdenken notwendig. Der ehemalige Verteidigungsminister und SPD-Politiker Peter Struck ist für die Formulierung in der Regierungserklärung der Schröder-Regierung verantwortlich: „Unsere Sicherheit wird nicht nur, aber auch am Hindukusch verteidigt." (Berlin, 11. März 2004, bmvg.de) Seitdem waren dort deutsche Soldaten stationiert. Hat sich die Lage gebessert? Ist Frieden eingekehrt? Nein: Unsere Sicherheit wird nicht am Hindukusch verteidigt.

Meine Vision und Hoffnung ist: Europa wird ein Impulsgeber für den Frieden, für diplomatische Lösungen überall in der Welt. Kriege haben bisher keine Konflikte gelöst, sondern führten immer zu weiterer Eskalationen. Friedens- und Abrüstungsverhandlungen wurden im 21. Jahrhundert abgebrochen, ein neuer Kalter Krieg hat begonnen. Weltweit wird für den Cyberkrieg aufgerüstet: Das ist Wahnsinn mit System. Noch ist Europa wirtschaftlich stark und politisch einflussreich genug, um Veränderungen einzuleiten. Wir haben nur diese eine Welt. Die Weltmächte – dazu zählt auch Europa – gehören an einen Diplomaten-Tisch, um die Konflikte friedlich zu lösen, die gewaltigen Militärausgaben zu stoppen, um sie für sinnvolle Aufgaben zu verwenden. Aber der US-Präsident Donald Trump fordert Deutschland und Europa auf, weiter aufzurüsten, um sich gegen die russischen und chinesischen Feinde zu schützen. Derzeit werde das wirkungsvolle Waffenschild von den USA geliefert. Schon ein

Blick auf die Militärausgaben genügt, um das als Lüge zu entlarven. Deutschland, Frankreich, Italien und Großbritannien haben drei Mal größere Militärausgaben als Russland. Der militärisch-industrielle Komplex hat die westlichen Industriemächte fest im Griff. Was hält die EU davon ab, weltweit für Frieden zu werben und die Rüstungsausgaben zu senken? Die Bündnistreue?

Falsche Feindbilder helfen, Kriege vorzubereiten

Die Weltwirtschaft hat sich in den vergangenen 75 Jahren dramatisch entwickelt. Von 1950 mit einem Volumen von rund 300.000 Millionen Dollar ist sie auf derzeit mit einem Volumen von 100.000.000 Millionen Dollar geradezu explodiert. Davon hat vor allem die deutsche Wirtschaft profitiert, die sich zum Exportweltmeister mit einem Exportanteil von rund 60 Prozent am deutschen Bruttosozialprodukt entwickelte. Die deutsche Wirtschaft segelte dabei im Windschatten der US-amerikanischen Wirtschaft, die mit dem Dollar als Welt-Leitwährung die Ökonomie der Welt dominierte und lenkte. Unangefochten regierten die USA als mächtigste ökonomische Kraft und propagierten den freien Welthandel und die Globalisierung in ihrer Regie. Doch seit dem Jahrtausendwechsel begann sich das Blatt zu wenden. Die Europäische Union und China entwickelten ihre wirtschaftlichen Potenzen und erstarkten zu ernsthaften Konkurrenten. Besonders China konnte mit dem BRICS-Staatenbündnis ein potentes Gegengewicht gegen die ökonomische Dominanz der USA und auch der Europäischen Union bilden. Besonders wenn es den BRICS-Staaten – was wahrscheinlich ist – in den kommenden Jahren gelingt, neben der industriellen Überlegenheit und der Dominanz im internationalen Handel auch die Finanzströme der Welt zu regulieren, ist es mit der Überlegenheit der USA vorbei. Der polnische Geostratege Jacek Bartosiak, mit der Firma Strategy&Future einer der führenden Denkfabriken für Geostrategie und Zukunftsprognosen, führt dazu im Interview aus: „Es gibt kein zurück in die alte Welt, und das ist nicht die Schuld von Donald Trump. Es sind die strukturellen Kräfte, die Amerika zu Fall bringen. Hätten die Amerikaner keinen Dollar, wären sie, was die Zahlungsfähigkeit des Landes angeht, auf dem Niveau von Venezuela" (Berliner Zeitung vom 9./10. 11. 2024). Mit anderen Worten: Wenn den USA mit dem Dollar als Leitwährung das Schuldenmachen verwehrt werden würde, wäre die US-Wirtschaft schon jetzt bankrott.

Die Schlussfolgerung von Bartosiak: „Es droht ein kinetischer Krieg, ein echter Krieg zwischen den Vereinigten Staaten und China im westlichen Pazifik." Auf die Frage „Ist ein solcher Krieg mit China, von dem sie sprechen, durch die Wahl von Trump wahrscheinlicher oder unwahrscheinlicher geworden?" antwortet er: „Es bleibt abzuwarten, wer Verteidigungsminister, Außenminister und Handelsminister werden wird. Aber es sieht so aus, als ob ein Krieg wahrscheinlicher wird. Ein Finanzkrieg ist sicher. Und ein kinetischer Krieg könnte ausbrechen. Die Europäer müssen einen Plan für diesen Fall haben. Es wäre gut, wenn sie sich in keiner Weise an diesem Krieg beteiligen würden. Glücklicherweise sind sie nicht in der Lage, den Amerikanern zu helfen, und das wird sie vielleicht dazu bewegen, sich nicht hineinzudrängen. Allerdings könnte dann der Handel mit China unterbrochen werden, da die Amerikaner eine Seeblockade verhängen könnten. Chinesische und asiatische Waren – Bauteile, Maschinen, Computer – würden nicht ankommen. All dies, und ein Krieg – unvorstellbar? Ich versichere Ihnen, dass ein Krieg zwischen Deutschland und England einst genauso unvorstellbar war." (ebd.) Nach der Einschätzung von Bartosiak haben die USA beschlossen, mit der Weltwirtschaft zu brechen. Jetzt komme die Zeit der amerikanischen Zölle nicht nur auf Waren aus China sondern auch auf die europäische Produktion, was Kapital und Innovation aus Europa abziehen werde. Das heißt: Die Europäische Union gerät zwischen die Mühlsteine, wenn sie nicht entschieden Gegenmaßnahmen ergreift und eigenständig von dem US-amerikanischen Partner agiert. Bartosiak prognostiziert den Ausbruch eines Krieges in Fernost schon in den nächsten Jahren. Wirtschaftlich würde das den totalen Zusammenbruch der Länder in Fernost bedeuten. Denn alle Staaten dort sind auf die Kooperation mit der Volksrepublik angewiesen. Die VR China ist der größte Handelspartner Taiwans. Das bilaterale Handelsvolumen stieg von 18 Milliarden US-Dollar

2002 auf 205 Milliarden US-Dollar 2022. Knapp 40 Prozent aller Exporte des Landes gehen in die Volksrepublik oder nach Hongkong. Elektronik, einschließlich Halbleiterchips, ist führend bei Taiwans Gesamtexporten nach China, die auch für die Volksrepublik eine hohe Bedeutung haben.

Auch für Europa und besonders für Deutschland wäre eine von den USA geforderte Decoupling, eine Entkoppelung von China, von den EU-Experten De-Risking genannt, äußerst folgenreich. Bartosiak: „Ich denke, die Entkoppelung wäre für Europa tödlich. Können Sie sich vorstellen, dass deutsche Arbeiter, statt in BMW-Fabriken zu arbeiten, jetzt Schuhe herstellen, Schneider sind, als Massenproduzenten Plastikspielzeug herstellen? Die Gewinnspanne ist bei diesen Dingen gering. Wenn wir uns von China abkoppeln, droht uns eine Rückkehr der margenschwachen Produktion nach Europa, mit hohen Energiepreisen und technologischem Rückstand." Die Folgen sind schon jetzt zu spüren: VW will Werke schließen, der Chemieriese BASF verlagert Produktion, die führende Maschinenbauindustrie jammert. Das ist das Rückgrat der deutschen Wirtschaft. Aber die führenden Politiker Deutschlands plädieren dafür, sich für den kommenden Krieg mit Russland und China zu rüsten – anstatt auf Diplomatie zu setzen.

Führer des Westens: Narzisst, Oligarch und Autokrat Donald Trump

Die bei weitem stärkste Militärmacht der Welt hat einen neuen Oberbefehlshaber, den Narzissten, Oligarchen und Autokraten Donald Trump. Seine Kontrahentin im Wahlkampf Kamala Harris bezeichnete ihn als Faschisten. In der Tat scheut er sich nicht, gemeinsam mit US-amerikanischen Nazis aufzutreten. Er hat schon angekündigt, dass er mit harter Hand gegen seine Feinde in den USA und im Ausland vorgehen wird. Für Freiheits- und Friedensbestrebungen in der Welt werden die Zeiten (noch) schwieriger. Trump ist unberechenbar. Seine Vorlieben für Autokraten und Diktatoren sind bekannt. Er ist der Star der Reality-Schein-Kultur. Er spaltet die US-amerikanische Bevölkerung und brüstet sich damit, die Welt in Händen und seinen Finger am Atomknopf zu haben. Er

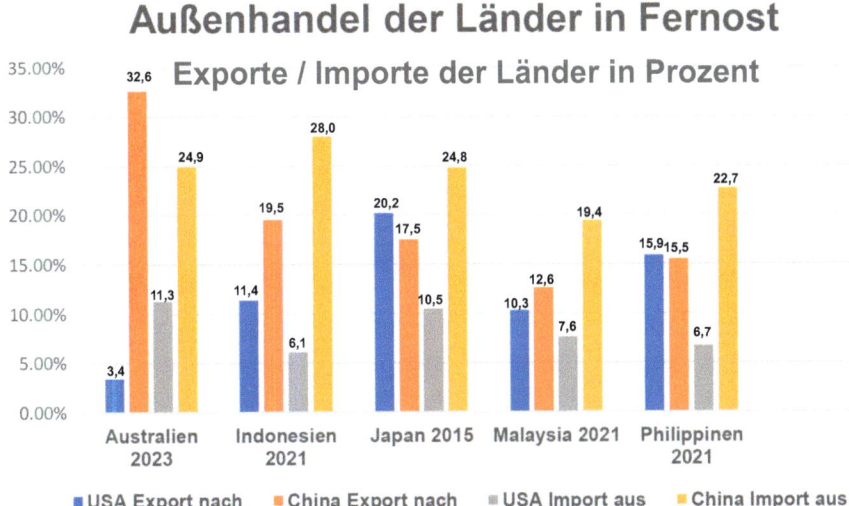

Außenhandel der Länder in Fernost
Exporte / Importe der Länder in Prozent

China dominiert den Handel mit den Ländern in Fernost. Besonders hoch ist die Abhängigkeit Australiens: Das Land exportiert 32,6 Prozent seiner Waren nach China und importiert 24,9 Prozent. Der Handel mit den USA ist dagegen gering. Vor allem bei den Importen profitieren alle Länder von dem Handel mit der Volksrepublik.

hetzt gegen ausländische Einwanderer, gegen Minderheiten und taucht tief in die Psyche der US-amerikanischen Bürger ein: „Durch die Identifikation mit meiner Größe, meinem Erfolg, meinem Reichtum kannst du deinen verwundeten amerikanischen Traum zu neuem Leben erwecken und dich selbst und Amerika wieder großartig machen." Der US-amerikanische Psychologe Thomas Singer schätzt ein: „Trumps Beispiel macht schattenhafte Gedanken, Gefühle und Handlungen im Namen des Selbst gesellschaftsfähig. Diese zugrunde liegende Gruppendynamik erklärt den Vergleich von Trump mit Hitler. Indem er ein archaisches Bild des deutschen Selbst beschwor, mobilisierte Hitler die schattenhaftesten Kräfte der modernen Geschichte für den sogenannten Dienst am Selbstbild, das auf der Vorherrschaft der arischen Rasse zentriert war... (Lee 2018, S. 323) Trump beschwört das archaische Bild des US-amerikanischen Selbst und die Vorherrschaft des weißen Mannes. Trump propagiert die Herrschaft der USA über die Welt. Singers Fazit ist: „Wie schrecklich ist der Gedanke, dass unsere Politik und unser Leben furchtbar mit dem Reality-TV, mit sozialen Medien, Computer- und Mobilfunktechnik und deren unendliche Fähigkeit verstrickt sind, die Wirklichkeit in eine Illusion und das Selbst in Narzissmus zu verwandeln. … Was mir in Bezug auf Trump am meisten Angst bereitet, ist sein meisterhaftes Geschick, in die nationale Psyche einzudringen und sie zu begrapschen. … Trump hat der amerikanischen Psyche ›an die Pussy gegrapscht‹." (ebd. S. 325 f.)

Hans-Jürgen Wirth beschreibt die psychopathologischen Züge der Machtbesessenen: „Der Fanatiker entwickelt ein narzisstisch übersteigertes Selbstbild, so als wollte er sagen: Ich bin etwas ganz Besonderes, Ungewöhnliches, Einzigartiges. Ich bin eine Lichtgestalt, ein Erlöser. Ich bin mit einer unermesslichen Machtfülle ausgestattet [...] Ich habe alles unter Kontrolle und vertraue auf nichts und niemanden außer auf die allein selig machende Idee, der ich mich mit Haut und Haaren verpflichtet habe. Auch wenn ich selbst ein Nichts bin, so bin ich doch Teil einer größeren, göttlichen Macht und kann mich auch grandios fühlen." (Wirth 2006, S. 374) Wer denkt bei diesem Zitat nicht unwillkürlich an Donald Trump? Der Gott dieser Milliardäre und der Oligarchen ist der Mammon. Oligarchen in Politik und Wirtschaft deformieren oder zerstören demokratische Entwicklungen überall auf der Welt. Wirth weist auch darauf hin, was passiert, wenn der Narzissmus der Oligarchen verletzt wird: „Amerika wäre genötigt, unablässig den Beweis seiner militärischen Überlegenheit anzutreten, indem es – mehr oder weniger wahllos – Feinde definiert, aufspürt, verfolgt und vernichtet. Schließlich käme es zur Ausbildung einer nationalistischen Ideologie, die Verfolgungs-, Rache- und Größenphantasien zum Inhalt hat." (ebd., S. 382) Die Herausbildung dieser nationalistischen Ideologie dürfen wir jetzt in realiter erleben.

Die Kränkung des Narzissmus ist auch darauf zurückzuführen, dass die wirtschaftliche Vormachtstellung der USA in der Welt bröckelt. Die Volksrepublik China ist zu einem mächtigen Konkurrenten geworden und droht, schon in den nächsten Jahren die USA als Wirtschaftsmacht zu überholen. Internationale Abkommen werden wichtiger denn je. Nun glänzt auch die VR China nicht durch Fortschritt bei den Menschenrechten. Drohen die ohnehin schwachen und schwächelnden demokratischen Errungenschaften in aller Welt unter die Räder zu kommen? Umso wichtiger ist es, dass die Europäische Union und besonders Deutschland energischer für demokratische Strukturen in Politik und Wirtschaft, eine freie Presse, eine Freiheit der Meinungsbildung und für unabhängige Gerichte eintreten.

Die Regierungen der „westlichen Welt" scheinen sich für den „Weiter-so-wie-bisher-Modus" entschieden zu haben. Sie preisen die Freiheit der westlichen Demokratie – trotz Trump. Inbrünstig bekennen sich der bisherige SPD-Kanzler Scholz und der kommende Kanzler Friedrich Merz zum freiheitlichen NATO-Bündnis. Doch die Krisengebiete in der Welt nehmen zu. Dem US-amerikanischen Expansionsbestreben „America first" oder „MAGA – Make America Great Again" setzen andere Staaten mit „China first" oder „Russland muss wieder einflussreicher werden" nationalistische Konzepte entgegen. Nicht nur in den westlichen Industriestaaten sind Bevölkerungen mit der Entwicklung unzufrieden. In Lateinamerika, in Afrika oder im Nahen Osten mehren sich die gewalttätigen Auseinandersetzungen. Immer häufiger ertönt die Mahnung zur Deeskalation. Doch das Gegenteil tritt ein.

Noam Chomsky hat in seinem Buch „Wer beherrscht die Welt" auf die dominierende Rolle der USA und den Wandel ihrer politischen Strategie seit den 1960er Jahren hingewiesen. Seit dieser Zeit sei es von der Duldung der Habgier und Grausamkeit des lateinamerikanischen Militärs zur offenen Mittäterschaft an ihren Verbrechen gekommen: Militärputsche in Brasilien, Chile, Krieg gegen Nicaragua, Militärputsch in Honduras, Unterstützung der Paramilitärs in Kolumbien und viele andere Aktionen. Aber nicht nur in Lateinamerika werden Kriege geführt: Unterstützung von grausamen Regimes in Afrika, der Vietnam-Krieg ... Chomsky verweist darauf, dass die Bush-Obama-Kriege im Irak und Afghanistan allein 4,4 Billionen Dollar (4.400.000.000.000,00 US-Dollar) gekostet hätten. Wenn diese gewaltige Summe für friedensfördernde Maßnahmen oder zur Steigerung des Wohlstands der Bevölkerungen eingesetzt worden wäre...

Chomsky zitiert Gideon Rachman, den außenpolitischen Kolumnist der Financial Times:. „›Seit Ende des Kalten Krieges ist die erdrückende Macht des amerikanischen Militärs die zentrale Tatsache der internationalen Politik.‹ Das gelte insbesondere für drei Regionen: Ostasien, wo ›die U.S. Navy sich angewöhnt hat, den Pazifik als einen amerikanischen See zu behandeln‹, Europa, wo die NATO – sprich die USA, die ›für beeindruckende drei Viertel der NATO-Militärausgaben verantwortlich zeichnen‹ – ›die territoriale Integrität ihrer Mitgliedsstaaten garantiert‹, und den Nahen Osten, wo riesige amerikanische Marine- und Luftstützpunkte ›existieren, um Freunde zu beruhigen und Gegner einzuschüchtern‹. Das Problem der heutigen Weltordnung sei, so Rachmann weiter, dass ›diese Sicherheitsordnungen inzwischen in allen drei Regionen in Frage gestellt werden‹ – wegen der russischen Intervention in der Ukraine und in Syrien und weil China die Meere um sich herum von einem amerikanischen See zu ›eindeutig umstrittenen Gewässern‹ mache.‹" (Chomsky 2018, S. 326)

Demokratie und Freiheit für die Mehrheit setzt soziale Gleichheit in der Gesellschaft voraus. Der ehemalige Präsident der Vereinigten Staaten Jimmy Carter kennzeichnete die US-amerikanische Gesellschaft als Oligarchie, also als Herrschaft der Reichen. Sie finanzieren mit gewaltigen Summen die Wahlkämpfe, sie sind im Besitz der großen Medien- und Industriekonzerne. Sie setzen ihre Vertreter in den politischen Parteien und in den politischen, wirtschaftlichen und kulturellen Institutionen durch. Gleichzeitig wächst in der Bevölkerung die Skepsis gegenüber den Eliten, die verdächtigt werden, sich hemmungslos zu bereichern und ihre Interessen rücksichtslos durchzusetzen. Trotzdem gelingt es den Eliten, ihre Interessenvertreter an die Spitze der Parteien zu setzen und sie von der breiten Masse wählen zu lassen. Nicht nur in der US-amerikanischen Gesellschaft, die lange Zeit als Vorbild der „freien, westlichen Welt" dargestellt wurde, ist das kritische Korrektiv verloren gegangen. Zunehmende soziale Ungleichheit und soziale Spannungen lassen eine weitere Erosion der westlichen Demokratie erwarten.

Gegen Konzernmacht hilft nur Mitbestimmung und Partizipation

In ihren Jahresberichten weisen der Internationale Währungsfonds und die Weltbank immer wieder darauf hin, dass Ungleichheit und Armut die weltweit größten Probleme sind. Hunger und Mangelernährung stellen auch im 21. Jahrhundert die größten Katastrophen dar – mit Abermillionen Toten in jedem Jahr. Gleichzeitig konzentriert sich wirtschaftlicher Reichtum in wenigen Ländern – und auch dort nur in wenigen Händen. Die größte Gefahr für demokratische Freiheiten stellt die zunehmende Konzentration der Macht dar – vor allem der wirtschaftlichen Macht. Züricher Wissenschaftler analysierten in dem Zeitraum 2007 bis 2011 die Daten von 37 Millionen Firmen und Investoren. Sie identifizierten 43.060 multi- und transnational operierende Firmen. Diese waren hochgradig miteinander vernetzt und finanziell verflochten. Die Forscher stellten heraus, dass 1.318 Unternehmen 80 Prozent der Gewinne in der Weltwirtschaft realisieren. 147 Firmen bilden nach den Recherchen der Züricher Wissenschaftler dann die Elite der Elite, die über 40 Prozent des Reichtums der Weltwirtschaft verfügen. Hier erfährt der Spruch des CSU-Politikers Horst Seehofer seinen wahren Realitätsgehalt, dass die, die gewählt wurden, nichts zu sagen haben und die, die über den Reichtum verfügen und damit Macht besitzen, nicht gewählt wurden. Die Konzentration der Macht dürfte noch größer sein, denn die Forscher konnten nicht die Verflechtung der multi- und transnationalen Konzerne mit den ebenfalls international operierenden Banken und Finanzgiganten detailliert analysieren.

Sie konnten auch nicht die Verbindungen der Konzerne mit der Politik aufzeigen. In der US-Regierung sitzen zum Beispiel viele ehemalige Mitarbeiter des Bankriesen Goldman Sachs. Die Tageszeitung „Die Welt" berichtete: „Ungebrochen ist auch die Macht der Konzerne, sich der

Steuerpflicht in ihrer Heimat durch trickreiche Verlagerung oder Verrechnung von Gewinnen im Ausland zu entziehen. Trauriger Spitzenreiter sind die USA: Dort sorgten Unternehmen in den 50er-Jahren noch für 30 Prozent der Staatseinnahmen – 2009 waren es nur noch 6,8 Prozent. 2010 schaffte es der New York Times zufolge das größte Unternehmen des Landes, der Konzern General Electric, auf einen US-Gewinn von gut fünf Milliarden Dollar keinerlei Steuern zu zahlen, sondern durch Vergünstigungen noch gut drei Milliarden Dollar gutgeschrieben zu bekommen – das Ergebnis umfangreicher Lobbyarbeit der firmeneigenen Steuerabteilung. In der sitzen Ex-Beamte des Finanzministeriums ebenso wie der Steuerbehörde und aller wichtigen Parlamentsausschüsse." (Die Welt, 26. 10. 2011)

Veränderungen in Wirtschaft und Politik werden notwendig. Auch hier muss die Machtstellung einzelner Personen ausgeschaltet und demokratische Kontrolle möglich werden. Nach Aussagen der Weltbank und des Internationalen Währungsfonds ist Korruption das bedeutsamste Hindernis für ökonomischen und sozialen Fortschritt sowie für den Abbau von Ungleichheit und Armut. Der Neurobiologe Manfred Spitzer formuliert: „Ein wesentlicher Faktor, der aus ehrlichen Menschen korrupte Menschen macht, heißt eindeutig Macht. ... Dennoch vertrauen die Bürger den gewählten Mächtigen kaum, genießt doch derzeit nur die Bankenbranche noch weniger Vertrauen als die Politik." Rotation in wichtigen Ämtern kann Korruption mindern. Demokratische Strukturen, eine freie Presse und unabhängige Gerichte tragen ebenso dazu bei. Die Verbandelung von Wirtschaft und Politik macht Korruption wahrscheinlicher, weswegen eine eher rechte Regierung (bestehend aus Leuten mit guten Kontakten zur Wirtschaft) die Korruption im öffentlichen Sektor eher begünstigt. Konsequentes Durchgreifen hilft durchaus gegen Korruption, hat jedoch seinerseits die Problematik der Macht der Politik und der damit verbundenen Anfälligkeit für Korruption zur Folge. Komplizierte bürokratische Strukturen fördern Korruption. Schließlich ist die hohe Konzentration von Macht im Bereich der multinationalen Konzerne ein begünstigender Faktor für Korruption.

Eine Allianz für den Frieden muss gebildet werden

Eine Grundsatzerklärung der „Kooperation für den Frieden", dem rund 50 Organisationen angehören, verpflichtet ihre Mitglieder auf folgende Grundsätze. Die Zustimmung bildet die Basis für den Zusammenschluss. Jedes Mitglied muss diese Grundsätze akzeptieren. Die Grundsatzerklärung lautet wie folgt:

„Die Mitglieder der Kooperation für den Frieden treten gewaltfrei für folgende Grundsätze ein:

– dass kriegerische Gewalt als Mittel der Politik geächtet wird und stattdessen Methoden und Strategien der Krisenprävention und der zivilen Konfliktbearbeitung ausgebaut, aber keinesfalls in militärische Konzepte eingebunden werden,
– dass das Völkerrecht als einzig legitimes Instrument zur Regelung zwischenstaatlicher Konflikte gestärkt und weiterentwickelt wird,
– dass umfassend abgerüstet wird,
– dass Kriegsursachen und -folgen, wie Armut, Ungerechtigkeit und Umweltzerstörung entschlossen bekämpft werden,
– dass Menschenrechte und Demokratie weltweit mit gewaltfreien Mitteln erstritten und verteidigt werden." (Wikipedia)

Terrorismus bekämpft man wirkungsvoll nicht mit Waffen, sondern indem man die Ursachen beseitigt. Und die sind Armut, Hunger, soziale Benachteiligung, Ausgrenzung und Ausbeutung ganzer Länder. Herrscher haben schon immer die Welt in Gut und Böse aufgeteilt, wobei sie mit dem Schwert, dann mit dem Gewehr, mit Panzern, Giftgas und jetzt mit der Atombombe angeblich für das Gute stehen. Es ist erbärmlich, dass Deutschland das selbst gestellte Ziel, zwei Prozent für „Entwicklungshilfe" zu verwenden, nicht einhält dafür aber das Ziel für Militärausgaben von zwei Prozent überschreitet. Politiker stellen die Bekämpfung des Terrorismus als die Hauptaufgabe heraus. Dabei sind die „Terroristen" immer die anderen, die islamistischen Länder, Russland, China oder der

Iran. Dabei dient die Kennzeichnung der „Bösen" nicht nur der Vorberei-
tung und der Zuspitzung von Konflikten, sondern auch der sozialen Ausgrenzung von Minderheiten. Ängste werden in der eigenen Bevölkerung
geschürt, vor Ausländern, Islam-Gläubigen, Latinos, Juden, Sinti und
Roma. Ängste fressen Seele auf – und nützen den Mächtigen.
Innenpolitisch muss in allen Gesellschaften die unmittelbare, direkte Beteiligung der Menschen an politischen und wirtschaftlichen Entscheidungsprozessen sein. Nur wirkliche Mitbestimmung und Partizipation
kann dazu führen, dass die Menschen sich nicht ausgegrenzt und von Eliten betrogen und gegängelt fühlen. Die Occupy Wallstreet-Bewegung, die
sich im Jahre 2011 in New York bildete und Unterstützer in aller Welt
fand, hatte die Parole „Wir sind die 99 Prozent". Eine demokratische Losung, die sich gegen die Vormundschaft und die Korruption von ein Prozent in der Gesellschaft richtet. Oder sind es nur 0,00001 Prozent? Ein
anderes beliebtes Zitat stammte aus den „Wahlverwandtschaften" von
Goethe: „Niemand ist mehr Sklave, als der sich für frei hält, ohne es zu
sein.". Anonymous-Aktivisten mit Guy-Fawkes-Masken gaben sich selbstbewusst: „Die Korrupten fürchten uns, die Ehrlichen unterstützen uns,
die Heldenhaften schließen sich uns an." Wir begreifen Demokratie häufig
als „parlamentarische Demokratie", also als eine Delegation von Entscheidungen an gewählte Parteien, die dann häufig keine Rechenschaft able-
gen oder sogar in Korruption verstrickt sind. Hierarchische Strukturen
müssen beseitigt werden. Entscheidungen müssen von den Bürgern getroffen werden. Eine Regionalisierung der Entscheidungen auf lokaler
Ebene ist notwendig.

III.2. Mehr Demokratie wagen – eine unerfüllte Forderung

Was ist Demokratie? In der Französischen Revolution lautete die Parole „Freiheit, Gleichheit, Brüderlichkeit". Das wurde als Einheit begriffen. Freiheit sei ohne Gleichheit und Empathie in der Gesellschaft nicht zu erreichen. In modernen demoskopischen Umfragen wird Freiheit und Gleichheit häufig als Gegensatzpaar vorausgesetzt, wie in einer Studie „Freiheitsindex Deutschland 2016" des John Stuart Mill Instituts für Freiheitsforschung. Die Gegenüberstellung „individuelle Freiheit" kontra „kollektive Gleichheit" wurde insbesondere von Elisabeth Noelle-Neumann

Freie Meinungsäußerung: Kann man heute in Deutschland seine politische Meinung frei sagen, oder ist es besser, vorsichtig zu sein?

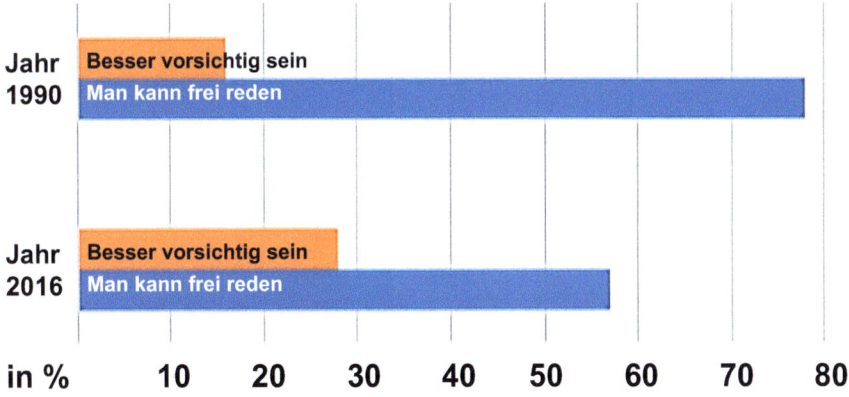

Meinungsstreit, Meinungsvielfalt ist eine Grundvoraussetzung einer Demokratie. Es ist bedenklich, wenn der Anteil derer in Deutschland sinkt, der sich traut, seine Meinung frei äußern zu können. Im Jahr 1990 meinten noch 78 Prozent der Bürger, ihre Meinung frei äußern zu können. Im Jahr 2016 meinten dies nur noch 57 Prozent. Auf der anderen Seite steigt der Anteil, der vorsichtig bei der Wahl der Worte ist: 1990 waren dies 16 Prozent, 2016 28 Prozent.   Quelle: Freiheitsindex 2016

171

vom Allensbacher Institut für Demoskopie propagiert. Danach habe für die Deutschen die Freiheit einen höheren Stellenwert als Gleichheit, Sicherheit und Gerechtigkeit. Im Jahr 2016 scheint sich aber die Einsicht durchgesetzt zu haben, dass Freiheit ohne Gleichheit nicht zu haben ist. Nach dem „Freiheitsindex" war jetzt die Mehrheit der Befragten der Ansicht, dass Freiheit und Gleichheit gleich große Bedeutung für die Demokratie haben. Hinter der Favorisierung eines Gegensatzpaares individuelle Freiheit kontra kollektive Gleichheit verbirgt sich eine subtile Art des Autoritarismus, der insgeheim von der Notwendigkeit individueller Eliten ausgeht und meint, individuelle Freiheit müsse gegen andere durchgesetzt werden. Freiheit kann aber nur in der Gemeinschaft errungen und gesichert werden. Wie ist es aber um die Freiheit bestellt, wenn nur noch 57 Prozent der Bevölkerung angeben, ihre Meinung frei äußern zu können, während 27 Prozent die Einschätzung teilt, man müsse bei der Meinungsäußerung eher vorsichtig sein? Zu Beginn der Befragung im Jahr 1990 glaubten noch 78 Prozent, ihre Meinung frei vertreten zu können, nur 16 Prozent mahnten zur Vorsicht. Über 20 Prozent weniger (nur noch etwas mehr als die Hälfte) glauben, in einer Demokratie ihre Meinung frei äußern zu können.

Dann wollten die Forscher wissen, ob sich die Bürger zu einem westlichen Lebensstil bekennen. Die Frage lautete: „Gibt es eine gemeinsame westliche Kultur, die sich von anderen Kulturen unterscheidet?" 66 Prozent im Westen Deutschland bejahten diese Frage, im Osten waren es zehn Prozent weniger: 56 Prozent. Im Osten herrscht eine deutlich größere Skepsis. Unentschieden waren im Westen 19 Prozent, im Osten 22 Prozent. Mit Nein stimmten 15 Prozent der Westbürger, 22 Prozent der Menschen im Osten. Wichtig war bei der Definition des „westlichen Lebensstils" in erster Linie die Gleichberechtigung von Mann und Frau, dann die Meinungs-, Presse- und Redefreiheit, gefolgt von Gerechtigkeit ohne Selbstjustiz oder Willkür. Zu denken sollte die Einschätzung von 34 Prozent der Deutschen geben, die die „westliche Kultur" durch den Islam, die Migration und Terroranschläge bedroht sieht. Hier sind Ängste formuliert, die autoritäre Strukturen kultivieren. Insgesamt sinkt aber die

Zustimmung zum „westlichen Lebensstil", weil die Kluft zwischen Arm und Reich stärker wahrgenommen wird und die Kriegsgefahr als bedrohlich eingeschätzt wird.

Zunehmende Ungleichheit

Die Berliner Morgenpost titelte am 8. Oktober 2019 „Kluft zwischen Arm und Reich in Deutschland wächst weiter". Dann wird ausgeführt: „Eine Studie warnt: Immer mehr Haushalte in Deutschland sind arm. 16,7 Prozent müssen mit weniger als 12.529 Euro im Jahr auskommen." Das sind etwas mehr als 1.000 Euro im Monat. Das mittlere Haushaltseinkommen betrug 2016 genau 20.881 Euro im Jahr. Das sind pro Monat 1.740 Euro. Die Haushalte, die 60 Prozent unter diesem Wert liegen, gelten per definitionem als arm. Diese Zahlen präsentierten die Wissenschaftlerinnen Do-

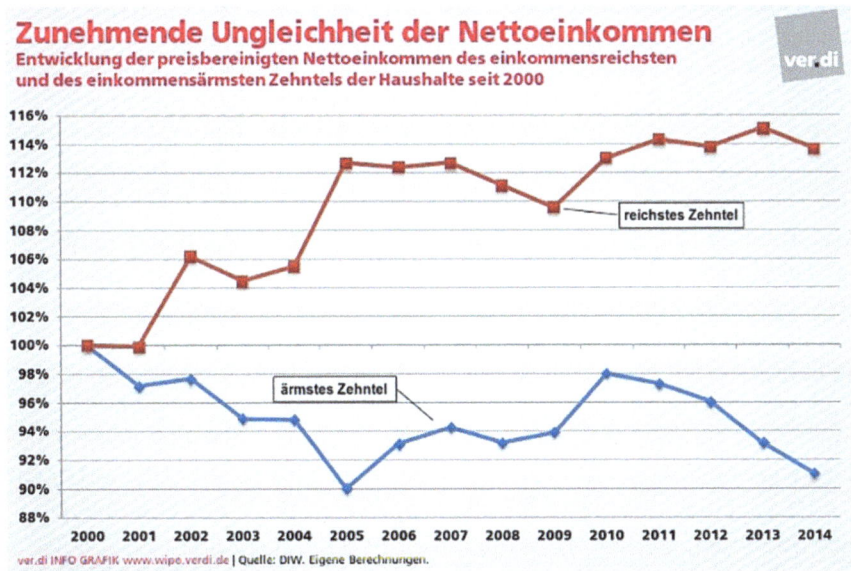

Der Trend ist seit 2010 eindeutig. Im ärmsten Zehntel der Bevölkerung geht es bergab.Verdi stützt sich bei dieser Grafik auf Erhebungen des Deutschen Instituts für Wirtschaftsforschung (DIW).

173

rothee Spannagel und Katharina Molitor vom Wirtschafts- und Sozialwissenschaftlichen Institut (WSI) der Hans-Böckler-Stiftung. Ihre Daten stützen sich auf die Langzeitstudie SOEP, die jährlich 16.000 Haushalte befragt. Dabei hat in dem Zeitraum 2010 bis 2016 der Anteil der armen Haushalte in Deutschland von 14,1 auf 16,7 Prozent zugenommen. Deutschland driftet bei den Einkommen auseinander. Im Jahr 2016 verfügten die untersten zehn Prozent über niedrigere reale Einkommen als im Ausgangsjahr 2005. Die Anzahl der „sehr reichen" Haushalte – das sind diejenigen, die 300 Prozent über dem Mittelwert, also bei 62.643 Euro pro Jahr liegen – hat von 7,2 auf 7,8 Prozent zugenommen. Die Einkommens-Ungleichheit ist gewachsen. Der Niedriglohnsektor nimmt zu mit Einbußen für die unteren Lohngruppen. Rund ein Viertel arbeiten im Niedriglohnsektor. Auch die regionalen Unterschiede der Verdienste sind in Deutschland ausgeprägt. Bei vergleichbarer Berufserfahrung verdienen Ostdeutsche immer noch 15 Prozent weniger als Westdeutsche. Die Wissenschaftlerinnen konstatieren: „Es ist ein Armutszeugnis für Deutschland, dass es selbst unter so stabilen guten konjunkturellen Bedingungen nicht gelingt, die Ungleichheiten zu verringern und Armut wirksam zu bekämpfen." Sie sehen Politik und Wirtschaft gleichermaßen durch stärkere Tarifbindung und höhere Besteuerung der Spitzeneinkommen gefordert, dem entgegenzuwirken. In der Praxis geschieht das Gegenteil: Die Tarifbindung nimmt vor allem in Ostdeutschland ab mit der Folge, dass die Unsicherheit zunimmt und der Niedriglohnsektor weiter wächst. Die Einkommensteuerreform Ende der 1990er Jahre kam vor allem den besser Verdienenden zu Gute. Die Erbschaftssteuerreform im Jahr 2016 führte dazu, dass die meisten Erben Betriebsvermögen ohne Steuerabgaben übernehmen können. Soziale Ausgewogenheit sieht anders aus. Da stimmt es nicht versöhnlich, dass in anderen Industrieländern wie den USA, Großbritannien oder Frankreich die soziale Kluft noch größer ist. Staut sich in den Bevölkerungen angesichts dieser Gemengelage Unmut an? Diese Frage kann bejaht werden. Aber leider nicht in der Form, dass in den Demokratien Lösungen zur Beseitigung der Ungleichheit eingefordert werden. In vielen Ländern können Demagogen manipulativ Ängste schüren.

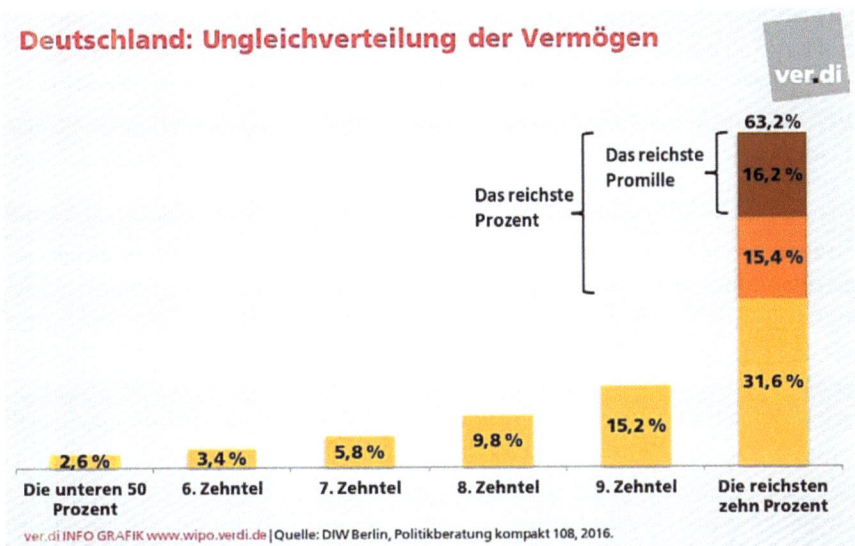

Diese Grafik verdeutlicht, dass in Deutschland die Vermögen extrem ungleich verteilt sind. Die unteren 50 Prozent partizipieren gerade mal mit 2,6 Prozent, während die reichsten 10 Prozent 63,2 Prozent des Reichtums auf sich vereinen. Auch um den Mittelstand, viel beschworener Wachstumsmotor der Wirtschaft, ist es nicht gut bestellt. Gleichheit der Bürger ist aber eine Voraussetzung der Demokratie.

Neben der Beseitigung der Ungleichheit sind Bildung und mentale Gesundheit eine wichtige Voraussetzung einer Demokratie . Die Bürger müssen in die Lage versetzt werden, über die demokratische Entwicklung frei entscheiden zu können. Auch die Entwicklung der Wirtschaft ist nur mit hoher Bildung der Beschäftigten zu erreichen. Aber Machtkonzentrationen in den Gesellschaften behindern die freie Entfaltung der Bürger. Die Konzentration der Medien- und Digitalkonzerne in wenigen Händen ermöglicht Manipulationen und Fehlentwicklungen. Hier sind grundsätzliche Fragen angebracht. Was befördert die materielle Ungleichheit? Was läuft schief in der Wirtschaft? Weshalb bestehen ungleiche Bildungschancen? Welche Umstände gefährden die mentale Gesundheit? Welche Gefahren bestehen für Kultur und Meinungsfreiheit?

175

Auf all diese Fragen gibt es eine Antwort. Alte Macht- und Herrschaftsverhältnisse müssen durch ein „Mehr an Demokratie" ersetzt werden.
Alte Herrschaftsverhältnisse sind darauf angewiesen, Ungleichheit in
der Gesellschaft per Gewalt durchzusetzen und auch ideologisch zu be-
gründen. Diese Ideologien müssen so wirkmächtig sein, dass die Untertanen sie als notwendig akzeptieren. Für die Interessen der
privilegierten Eliten ist es am effektivsten, wenn sie die Akzeptanz der
Ungleichheit in der Bevölkerung mit Deformation und Betörung der
Sinne erreichen können. Auch heute noch sind Gewalt, Manipulationen
und Demagogie weit verbreitet. Gewalt, Manipulationen und Demagogie
sind keine US-amerikanischen Spezialitäten. Sie haben in allen Gesellschaften eine lange Tradition. Alte Macht- und Herrschaftsverhältnisse
wirken auch in der Demokratie nach. Mit einem „Mehr an Demokratie"
müssen sie abgebaut werden.

Der Psychologe Mario Erdheim führt aus, „dass die kulturelle Evolution
auch mit Produktion von Unbewusstheit verknüpft ist. Diese Evolution
vollzog sich ja unter dem Vorzeichen der Herrschaft, und da die Auf-
richtung von Herrschaft nicht so sehr unter dem Druck von Einsichten,
sondern von Gewalt stattfand, war das, was unbewusst gemacht werden sollte, die Aggression, welche sich gegen die ihre Macht ausdeh-
nende Herrschaft richtete. ...Der Prozess der Hierarchisierung der
Gesellschaft verwandelte auch die Dynamik des psychischen Haushalts
der Herrschenden: Während in egalitären Gesellschaften der Narzissmus des Häuptlings im Dienste der Gemeinschaft steht und diese ihm
mittels seines Narzissmus kontrollieren und lenken kann, so kommt es
in Klassengesellschaften tendenziell zur einer Explosion des Narzissmus. ... In dem Maße, wie sich die Gesellschaft in Klassen spaltete und
sich divergierende Klasseninteressen entwickelten, nahm die gesellschaftliche Produktion von Unbewusstheit zu und trat in ein Span-
nungsverhältnis zur gleichzeitig und notwendig sich entfaltenden
rationalen Bewältigung von Natur und Gesellschaft." (Erdheim 1984, S.
XIV)

1. Wirtschaftspolitik

Weltoffene Wirtschafts- und Handelspolitik sichert Arbeitsplätze

Freiheit und Demokratie haben zwei bedeutende Voraussetzungen: Erstens müssen die Produktivkräfte in der Gesellschaft hoch entwickelt sein. Armut in der Gesellschaft erzeugt einen fürchterlichen Kreislauf, der immer wieder zu Machtkämpfen und Kriegen führt. Zweitens muss das Ziel der Aufklärung, wie es Immanuel Kant formuliert hat, verwirklicht sein: „Aufklärung ist der Ausgang des Menschen aus seiner selbstverschuldeten Unmündigkeit. Unmündigkeit ist das Unvermögen, sich seines Verstandes ohne Leitung eines anderen zu bedienen." Dieses Ziel der Aufklärt harrt noch immer seiner Verwirklichung. Demokratie kann nicht in einem einzigen Land verwirklicht werden. Es muss eine Übereinkunft der fortgeschrittenen Länder bestehen. Die Einsicht in die Notwendigkeit der friedlichen Entwicklung der Welt muss geschaffen werden. Hegemoniale Stellungen wie „America first" oder „China first" müssen deutlich als Nationalismus gekennzeichnet werden.

Wirtschaftspolitik muss die Grundlagen für die zwei bedeutenden Voraussetzungen für Freiheit und Demokratie schaffen. Wachstum und Sicherheit der Arbeitsplätze sind dabei die wichtigsten Indikatoren. Doch Deutschland befindet sich im wirtschaftlichen Rückwärtsgang. Die wichtigsten Konzerne schlagen Alarm. Die Nummer eins, Volkswagen droht mit Werksschließungen und Arbeitsplatzabbau von 30.000 Beschäftigten. Der wichtigste Wirtschaftszweig, die Automobilindustrie, kriselt. Der Chemieriese BASF tätigt seine Zukunftsinvestitionen nicht in Deutschland sondern in China. Thyssen-Krupp schlägt Alarm. Die Stahl- und Metallindustrie leidet unter der schwächelnden Autobranche.

Der industrienahe Wirtschaftsdienst Kettner kommt aktuell zu folgendem Ergebnis: „Autoindustrie, Chemie und Maschinenbau sind die drei großen Säulen der deutschen Industrie. Und alle drei zeigen sich derzeit angeschlagen. Die Industrie-Rezession dürfte sich weiterhin negativ auf die Gesamtwirtschaft auswirken. [...] Die aktuelle wirtschaftliche Lage wirft ein bezeichnendes Licht auf die Politik der deutschen Bundesregierung. Die Ampelregierung, insbesondere unter der Führung der Grünen, scheint mit ihren wirtschaftsfeindlichen Maßnahmen den Niedergang der deutschen Industrie weiter voranzutreiben. Kritiker könnten argumentieren, dass die Regierung mehr auf ideologische Projekte als auf die Stärkung der heimischen Wirtschaft setzt."

Die Wirtschaftspolitik versucht in dem Systemkonflikt USA kontra China Einfluss zu nehmen und mit Importzöllen chinesische Waren zu boykottieren. Um es klar zu benennen: Die USA unter Trump (und schon vor Trump) betreiben eine neokolonialistische Wirtschaftspolitik vor allem mit fiskalpolitischen Mitteln. Weil diese offenbar nicht mehr so wie in der Vergangenheit wirksam werden, wenden die Vereinigten Staaten von Amerika zusätzlich widerrechtlich Strafzölle, Handelsbarrieren und Handelskriege mit Sanktionen gegenüber derzeit über 40 Ländern an. Wenn sich die Europäische Union und Deutschland in diesen Handelskriegen auf der Seite der Wirtschaftsmacht USA engagieren, manövrieren sie sich ins Abseits. Gerade die Exportnation Deutschland ist auf sanktionsfreien Handel angewiesen. Die Europäische Union und Deutschland können und müssen eine Mittlerrolle einnehmen. Dabei müssen sie sich aber klar gegen Strafzölle und Handelskriege positionieren. Globalisierung und freier Handel müssen als Vorteile begriffen werden.

Mit großen Investitionsbeihilfen werden finanzstarke US-amerikanischen Giganten unterstützt. Zehn Milliarden sind für eine intel-Chipfabrik in Magdeburg eingeplant. Tesla wird in Brandenburg hofiert. Microsoft erhält in Dresden massive Unterstützung. Wäre es nicht besser, stattdessen deutsche Firmen wie infineon, Volkswagen, BASF, Claas, Festo oder Bosch durch zukunftsweisende wirtschaftspolitische Initiativen auch mit finanzieller Anschubfinanzierung zu unterstützen? Zukunftsfähige Konzepte müssen für alle Branchen ausgearbeitet werden. Dringend darauf angewiesen ist die Autobranche, die vor einem gravierenden Technologiewandel steht. 770.000 Erwerbstätige sind direkt in der Auto-Produktion engagiert, hinzu kommen die vielen Zulieferer. Diese Branche ist für rund 20 Prozent der Exporte verantwortlich. Doch die Fabriken sind nur zu zwei Dritteln ausgelastet. Von den hierzulande produzierten 4,1 Millionen Autos gingen 3,1 Millionen in den Export. Von den Zulieferern planen 60 Prozent derzeit einen Personalabbau. Für die Branche müssen gemeinsam mit der IG Metall Zukunftsperspektiven ausgearbeitet werden. Internationale Kooperationen sind notwendig. Denn die deutsche Autoindustrie realisiert 40 Prozent der Gewinne in China. Wenn die wegfallen, drohen massivste Schwierigkeiten. Aber das Außen- und Wirtschaftsministerium übt sich in Konfrontation und orientiert auf den US-amerikanischen Markt. Selbst der Autoexperte Ferdinand Dudenhöffer weist darauf hin, dass der US-amerikanische Markt gesättigt sei. Die Zukunftsmusik spiele in Fernost. Durch den Wegfall der Förderung von Elektroautos würden die Politiker die Autoindustrie fallen lassen wie heiße Kartoffeln. Das VW-Werk in Zwickau wurde ganz auf die Produktion von Elektroautos umgestellt. Dort würden sich jetzt die Autos die Reifen platt stehen.

Für alle Wirtschaftsbereiche müssen Zukunftsperspektiven ausgearbeitet werden. Nicht nur für die Schlüsselindustrien Informationstechnik, Autoindustrie, Chemie und Maschinenbau. Wie bekommt der Mittelstand wieder mehr wirtschaftspolitische Aufmerksamkeit, wie können die vielen Kleinbetriebe wirtschaftlich überleben? Die USA fördern die heimische Industrie mit Investitionshilfen und Subventionen in Höhe von Billionen US-Dollar. So wollen sie auch ausländische Firmen zur Ansiedlung im Land der unbegrenzten Möglichkeiten bewegen. Trump will sogar die deutsche Autoindustrie „amerikanisieren", er will sie ins Land locken und okkupieren. Die chinesischen Unternehmen profitieren vor allem durch ihre enge Anbindung an die Hochschulen des Landes. Die deutsche Wirtschaft muss sich im Konkurrenzkampf mit den zwei großen Wirtschaftsmächten der Welt behaupten. Wenn sie zu einem Anhängsel einer Wirtschaftsmacht degradiert wird, geht sie unter. Es braucht ganz konkrete Maßnahmen und Rahmenbedingungen, die es ermöglichen, in diesem Konkurrenzkampf zu bestehen und so die Arbeitsplätze zu sichern.

Theoretische Konzepte der Wirtschaftspolitik lieben die Extreme. Auf der einen Seite: Der freie Markt schafft Wohlstand und Freiheit. Es lebe das freie, ungezügelte Unternehmertum. Auf der anderen Seite: Die Macht der Konzerne bedroht die Freiheit und schafft Armut. Enteignet die Raffgierigen. Die Mehrheit der Bevölkerung ist der Meinung, dass die CDU und CSU die größere wirtschaftliche Kompetenz besitzen. Das ist auch international der Trend: Konservativen Kräften mit ihrer Nähe zur Wirtschaft wird eher zugetraut, für wirtschaftliche Prosperität zu sorgen. Auch der Demagoge Donald Trump punktete in der Wählergunst gegenüber seiner Rivalin Kamala Harris in Sachen wirtschaftlicher Kompetenz. Doch die schroffe Gegenüberstellung, hier das freie Wirken der Marktkräfte, dort soziale Kompetenz durch Zügelung der Macht der Konzerne weist in die falsche Richtung. Schon in den 1960er Jahren wurde dann als Ausgleichsformel die „soziale Marktwirtschaft" angeboten.

Der ehemalige Bundeskanzler Gerhard Schröder formulierte dann beschwichtigend, es gebe keine sozialdemokratische sondern allenfalls eine moderne oder unmoderne Wirtschaftspolitik. Kritiker merkten an, dass er den dynamischen Markt frei walten lasse, aber mit Hartz IV regulierend in die Arbeitsbeziehungen eingreife. In den deutschen „Wirtschaftswunderzeiten" bescherte die relativ ungehindert beeinflusste „soziale Marktwirtschaft" Prosperität. Aber was ist zu tun, wenn der Konkurrenzkampf härter wird, die Marktkräfte teilweise versagen und mit unfairen Bandagen gekämpft wird? Jetzt ist eine Wirtschaftspolitik erforderlich, die den strukturellen Wandel konsensorientiert gestaltet. In Zeiten, in denen die USA fiskalpolitisch einen Schuldenberg anhäufen und einen nationalistischen Abschottungskurs einschlagen, andere Staaten einen subventionierten Unterbietungswettbewerb versuchen, ist sehr wohl eine ausgleichende Wirtschaftspolitik gefordert.

Wirtschaftspolitik, wirtschaftliche Kompetenz (oder was in der Wählerschaft dafür gehalten wird), praktikable, sofort umsetzbare Konzepte zur Verbesserung der Lebenssituation sind bei Wahlen ausschlaggebend. In den linken Konzepten sollte der „Hammerschlag der Revolution" endgültig aussortiert werden. Wirtschaftswachstum, Vollbeschäftigung, Chancengleichheit und soziale Gerechtigkeit sind sehr wohl in ausgewogenen Konzepten zu verwirklichen. Allerdings wird im Programm der Partei Die Linke ausgeführt: „Wir wollen eine demokratische Vergesellschaftung weiterer strukturbestimmender Bereiche auf der Grundlage von staatlichen, kommunalen, genossenschaftlichen oder Belegschaftseigentum. Die Wirtschaft ist einer strikten Wettbewerbskontrolle zu unterwerfen." Verstaatlichung und strikte Wettbewerbskontrolle sind Gift für die derzeitige Wirtschaftsordnung – und vor allem international wohl kaum durchzusetzen. Wie soll das ohne Revolution verwirklicht werden? Der Wähler stößt dann auf die Empfehlung, eine aktive Wirtschaftspolitik sei vor allem durch Beseitigung des öffentlichen Investitionsstaus und den Ausbau öffentlicher Beschäftigung zu betreiben. Dabei seien vor allem die öffentlichen Finanzen zu stärken. Staatseingriffe und Staatslenkung sollen es also richten. Das kann allerdings nur durch höhere Besteuerung der Unternehmen (und der Bürger?) erfolgen. Doch es kommt noch deutlicher: Die privaten Banken seien für die Spekulationsblasen der vergangenen Jahre und die entstandenen Milliardenverluste verantwortlich. Private Banken müssten deshalb verstaatlicht werden. Weshalb wird die Partei Die Linke nicht deutlicher und sagt klar: Wir wollen Staatsdirigismus und Planwirtschaft.

Konkrete Handlungsanweisungen und Perspektiven für die Wirtschaft sucht man in dem Programm der Partei Die Linke vergeblich. In die Niederungen der Wirtschaftspolitik will man sich offenbar nicht begeben. Die Bürger registrieren diese Leerstellen in der Programmatik und sorgen für niederschmetternde Wahl-Reinfälle. Was hat also zu den Wahlniederlagen der Partei Die Linke geführt? Auf den Punkt gebracht: Der Partei wird keine gestalterische Kraft zugetraut. Allenfalls wird ihr ein guter Wille attestiert: Mit schönen Worten will sie den Ärmsten in der Gesellschaft karikativ helfen, weiß aber nicht wie. Robin Hood hat sich in die Industriewelt verirrt. Mit Pfeil und Bogen kämpft er unermüdlich für Umverteilen oder Umfairteilen. Man müsse den Monopolen und den Superreichen nehmen, um den Armen zu geben. Nur weiß jeder, dass die, die da zur Kasse gebeten werden sollen, in dieser Wirtschaftsverfassung derzeit noch am längeren Hebel sitzen. Konkret will aber jeder heute und jetzt wissen, wie die Arbeitsplätze gesichert werden können und die Wirtschaft zum Brummen gebracht werden kann. Wirtschaftspolitik wird den Linken nicht zugetraut. Hier punktet vor allem die CDU/CSU mit Ergebnissen jenseits der 30-Prozent-Grenze.

Natürlich müssen die Interessen der Arbeitenden wirksam vertreten werden. Dazu gehört nach meinem Verständnis von Wirtschaftspolitik, dass grundsätzlich Mindeststandards gesetzlich garantiert sein müssen. Ausreichende Löhne, menschengerechte, die Gesundheit nicht gefährdende Arbeitsbedingungen sind standardmäßig erforderlich. Finanzielle Sicherheit muss auch für das Alter durchgesetzt werden. Sozialstandards müssen für alle Unternehmen, auch die im Ausland engagierten, gelten. Nur muss eine politische Partei auch belegen, woher die dafür nötigen Finanzmittel kommen. Die sozialpolitischen und arbeitsrechtlichen Forderungen dürfen nicht zu einem Wunschzettel für den Weihnachtsmann verkommen. Ich wünsch mir was, der Himmel wird es schon bescheren. Die Linke tritt für die Verbesserung der Arbeits- und Lebensbedingungen der Mehrheit ein. Dazu zählen nach ihren Ausführungen das Recht auf Arbeit und das Recht, konkrete Arbeitsangebote abzulehnen, ohne Sperrzeiten oder Sanktionen fürchten zu müssen. Ein gesetzlicher Mindestlohn in existenzsichernder Höhe ist zu sichern. Gefordert werden regelmäßige Lohnzuwächse. Die höchstzulässige durchschnittliche Arbeitszeit soll auf 40 Stunden begrenzt werden. Weitere Verkürzungen der Arbeitszeit auf 35 und dann 30 Stunden sind vorgesehen. Das sind allesamt wünschenswerte Forderungen. Wer lebt nicht gern im Schlaraffenland? Nur muss auch nachgewiesen werden, dass die Produktivität in der Wirtschaft entsprechend gesteigert wird und Mittel durch neue Einnahmen, durch Umschichtungen im Haushalt und Einsparungen von anderen Etats bereitgestellt werden können.

Mitbestimmung und Partizipation sind auch erforderlich, um den Strukturwandel in der Wirtschaft zu gestalten. Diese notwendige Einflussnahme darf nicht missverstanden werden als das Recht der Gewerkschaften, mit in den Aufsichtsräten zu sitzen. Hierarchische Strukturen müssen überall in der Gesellschaft durch gleichberechtige Strukturen ersetzt werden. 70 Prozent aller Erwerbstätigen klagten nach eine AOK-Studie über Verspannungen, Erschöpfung oder Abgeschlagenheit. Die Gründe, die sie anführten, waren ungerechte Behandlung durch die Vorgesetzten, Eintönigkeit, ein schlechtes Betriebsklima und Arbeitsdruck. Das führt sehr oft zur inneren Kündigung und schadet den Unternehmen. Die Beschäftigten engagieren sich nicht mehr. Die Abneigung gegen die Arbeit führt dann auch zu psychischen Erkrankungen – eine Abwärtsspirale. Mitbestimmung und Partizipation müssen helfen, die Arbeitsbeziehungen gerecht zu gestalten, die Arbeitenden zu beteiligen und zu motivieren, Einfluss zu nehmen.

Frauen-Emanzipation harrt der Verwirklichung

Von Karl Marx stammt die Einschätzung, dass sich der Fortschritt einer Gesellschaft an der Stellung des „schönen Geschlechts" ablesen lasse. Gegenüber der Zeit von Marx hat sich sicherlich einiges verbessert. Es gab damals kein Wahlrecht, sie durften nicht studieren, waren an Küche und Kochtopf gefesselt. Wie im alten Griechenland oder Rom mussten sie dem pater familias untertan sein. Die Umsetzung der Forderung „Gleiche Löhne und Gehälter bei vergleichbarer Tätigkeit" harrt in der Realität immer noch auf Verwirklichung. Frauen verdienen im Durchschnitt 20 Prozent weniger. Sie leiden unter der Dreifachbelastung von Beruf, Familie und Haushalt. Es ist deshalb nicht verwunderlich, dass Frauen sehr viel häufiger psychisch erkranken. Sicherlich ist die Forderung nach paritätischer Besetzung verantwortlicher Posten in Politik und Wirtschaft richtig. Aber die Beteiligungen in Vorstandsetagen lösen die Probleme nicht. Es ist ein gesellschaftliches Umdenken notwendig.

Klimaschutz neu überdenken

Klimaschutz ist überlebenswichtig, muss aber weit über Mülltrennung,

Hausdämmung und Wärmepumpen hinausgehen. Allein mit diesen Maßnahmen entscheidende Änderungen zu erreichen, ist illusionär. In diesem Bereich würde sich die Realisierung der Desertec-Pläne mit der Einbeziehung und Förderung von Deutscher Bank, Münchner Rück, Siemens, RWE und anderen deutschen Unternehmen anbieten. Die Nutzung von Solar- und Windenergie vor allem in der Sahara ist ein Verbundprojekt unter Beteiligung von mindestens 30 Ländern zur Sicherung sehr preiswerter Energie in Europa und Staaten in Nahost und Nordafrika. Klimaschutz erfordert bedeutende internationale Anstrengungen. Er funktioniert nicht ohne Kooperation mit den BRICS-Staaten Brasilien, China, Indien, Ägypten, den Vereinigten Arabischen Emiraten und vielen anderen Staaten wie Indonesien oder den kongolesischen Staaten. Diese Staaten müssten mit Billionen-Beträgen von den reicheren Industriestaaten unterstützt werden. Aber auch hier stiehlt sich die USA mit der Kündigung des Klimaschutzabkommens aus der Verantwortung. Reduktion der Verbrennung fossiler Rohstoffe und Verminderung der Emissionen in den Großstädten erfordern vor allem den beträchtlichen Ausbau und Verbesserung des öffentlichen Nahverkehrs. Der individuelle Verkehr ist mittelfristig entsprechend der anfallenden gesellschaftlichen Kosten zu belasten. Benzin, Schadstoffbelastung, die Parkraumnutzung im öffentlichen Raum muss den Nutzern angemessen in Rechnung gestellt werden. Dafür ist auch eine Sensibilisierung der Verbraucher notwendig.

2. Bildung, Wissenschaft, Kultur
Mehr Bildung sollte eigentlich selbstverständlich sein

Dass Frauen weitgehend von Führungspositionen ausgeschlossen sind, kann nicht an mangelnder Bildung liegen. Denn sie stellen zur Zeit die Mehrheit in den Hochschulen, sie zeigen auch die besseren Leistungen an den allgemeinbildenden Schulen. Trotzdem haben wir gerade in Deutschland einen sehr großen Nachholbedarf. Die Pisa-Studien weisen dem Land nur sehr mittelmäßige Plätze in den Bildungs-Ranglisten unter den Ländern aus. Besondere Probleme bestehen bei der Integration von Migrationskindern. Mehr Bildung schafft auch Voraussetzungen für die Beseitigung der Ausländerfeindlichkeit und Ausgrenzung von Minderheiten. Wenn Lehrkräfte an allgemeinbildenden Schulen als Spitzenkräfte beim Burnout gelten, bedeutet das, dass sie überfordert sind. Mehr Lehrer, bessere Ausbildung für sie, ständige Weiterbildung, kleinere Klassen, qualitativ hochwertige Ausstattung mit Lehrmaterialien: Ist Deutschland als eines der reichsten Länder damit finanziell überfordert? Bildungsinvestitionen sind auch die bedeutendsten Finanzspritzen für die Demokratie. Mit höherer Bildung sinkt auch die Gefahr psychischer Erkrankungen.

Gefahren der digitalen Welt bannen

Nicht nur der Neurowissenschaftler Manfred Spitzer warnt sehr eindringlich: „Groß in Facebook, klein im Gehirn". Die Überflutung durch digitale Medien könne zur digitalen Verblödung führen. „Diese Überlegungen machen die Unterschiede zwischen der Studie von Kanai und Mitarbeitern und der Studie von Pea und Mitarbeitern deutlich: Wer mit Anfang 20 schon viele Freunde hat, der kann seine sozialen Kontakte auch mittels Online-Dienstleistern wie Facebook weiter pflegen. Das wird seine sozialen Kontakte ebenso wenig stören wie der Verwendung eines Computers zur Erledigung der studentischen Referate. Ganz anders ist es jedoch, wenn die neue Technik auf die sich noch entwickelnden Gehirne von Kindern prallt: Hier werden ganz offensichtlich wichtige Erfahrungen, die gemacht werden müssen, damit eine gesunde Entwicklung erfolgt, durch elektronische Medien verhindert..." (Spitzer 2006, S. 106 f.)

2007 hatten Kinderärzte im Deutschen Ärzteblatt ihre eigenen und internationale Erfahrungen zusammengefasst: „Kinder aus sozial und bildungsmäßig schwächeren Familien missbrauchen passive und interaktive Medien besonders häufig durch übermäßige Nutzung und/oder jugendgefährdende Auswahl, wodurch sich ihre ohnedies unbefriedigenden Zukunftschancen weiter verschlechtern. [...] Als Risikofaktoren für exzessives Spielen am Bildschirm wurden soziale Ängstlichkeit, geringe Qualität sozialer Kontakte, geringe soziale Unterstützung zur Stressbewältigung, geringes Selbstwertgefühl und der Besuch einer Hauptschule identifiziert." (Dtsch. Ärzteblatt 2007; 104›38‹) Resultate seien aggressives Sozialverhalten, Verhinderung der sozialen Integration, Minderung des Selbstwertgefühls und der Lebensqualität. Auch Erkrankungen wie Diabetes mellitus, metabolisches Syndrom, Augenbeschwerden, Kopfschmerzen oder muskuloskeletale Komorbidität seien Folgen. Ihre Folgerung: „Zur Verhältnisprävention sind politische Maßnahmen zu fordern. Ein bedeutsamer Schritt wäre ein Werbeverbot im Fernsehen für kommerzielle Angebote, die sich an Kinder und Jugendliche richten. Ein Werbeverbot für Nahrungsmittel in Kindersendungen existiert bereits in Schweden, Belgien und Irland. Dies würde die Erziehung zu gesundheitsförderlichen Ernährungs- und Bewegungsverhalten erleichtern."

Big Brother is watching you: Ist das schon Realität?

George Orwells Buch „1984" warnt eindrucksvoll vor dem totalen Überwachungsstaat. Der Autor beschreibt, wie die Medien unisono im Chor die Freiheit, die einzige Freiheit der freien Welt propagieren. Er schildert, wie die Institutionen gleichgeschaltet werden, die Massen abgerichtet werden, im Gleichschritt zu marschieren. Bücher brennen. Anderslautende Ansichten werden brutal unterdrückt. Das alles scheinen Zustandsberichte aus einer fremden Welt zu sein – allenfalls streben Diktaturen in China, Russland und andere nicht den westlichen Idealen verpflichtete Staaten an, derartiges zu praktizieren. Die Gefahren lauern aber in jeder Gesellschaft, in der Herrschaftsverhältnisse existieren und soziale Ungleichheit herrscht. Die größten Konzerne der westlichen Welt wie Google, Alphabet, Microsoft und Co. sind Giganten, die die Möglichkeiten der Manipulation und Gleichschaltung ganzer Staaten und Gesellschaften besitzen. Assistiert werden sie von den Kraken des militärisch-industriellen Komplexes, die ebenfalls die dominierenden Mächte in Wirtschaft und Gesellschaft darstellen. Der Psychologe Mario Erdheim und warnte eindringlich, „dass die kulturelle Evolution auch mit Produktion von Unbewusstheit verknüpft" sein kann. Cybercrime führt auch zu erheblichen wirtschaftlichen Schäden: Der durch Internetkriminalität entstandene

Schaden wird nach einer Studie von Symantic, einer Firma für Internet-Sicherheit, allein in Deutschland auf 16,4 Milliarden US-Dollar beziffert.

Wichtig für die geistige und psychische Gesundheit und auch für demokratische Entwicklungen sind gemeinnützige, konsumkritische soziale Netzwerke wie die Adbusters Media Foundation, die in Kanada schon 1989 gegründet wurde. Der Name setzt sich aus Ad für Advertisement und busters für Knacker zusammen, die Initiatoren verstehen sich also als „die Werbungs-Knacker". Sie wollen über die schädliche Wirkung der Meinungsmanipulation aufklären. Zahlreiche internationale Kampagnen wie der „Kauffreie Tag", der „TV-freien Woche" wenden sich gegen die eindimensionale Ausrichtung durch Konsum und Medien. Leider sind derartige Institutionen viel zu klein, viel zu unbekannt und besitzen kaum Einfluss. Es fehlt das kritische Korrektiv weitgehend auch in den westlichen Gesellschaften.

Adbusters arbeitet mit Organisationen in anderen Ländern wie die L'association Résistance à l'Aggression Publicitaire oder Casseurs de pub in Frankreich, Adbusters Norge in Norwegen, Adbusters Sverige in Schweden und Culture Jammers in Japan zusammen. Das offizielle Programm von Adbusters lautet: „Wir sind ein weltweites Netzwerk von Künstlern, Aktivisten, Schriftstellern, Schelmen, Studenten, Pädagogen, Erziehern und Unternehmern, die die neue soziale Bewegung des Informationszeitalters voranbringen wollen. Unser Ziel ist der Sturz der bestehenden Machtstrukturen und einen deutlichen Richtungswechsel in unserer Lebensweise im 21. Jahrhundert zu bewirken." Hauptziel ist also die Verminderung des Einflusses wie auch der Vorherrschaft der Werbung und des Konsums: „Wir werden die Weise der Informationsflüsse ändern, wie Institutionen Macht ausüben, wie die Nahrungsmittel-, Mode-, Automobil- und Kulturindustrie den Ton angeben. Vor allem werden wir unseren Umgang mit den Massenmedien ändern und wir werden uns wieder die Weise aneignen, in der zwischen Wichtigem und Unwichtigem in der Gesellschaft unterschieden wird." (Wikipedia)

Was muss sich in der Kulturpolitik ändern?

Abstrakt wird formuliert, dass alle Bürger die Möglichkeit erhalten müssen, an einem inhaltsreichen Kulturleben teilzuhaben. Wie soll das in der Realität umgesetzt werden? Auch hier geht es darum, das Ruder herumzureißen. Kultur wird derzeit elitär inszeniert. Im Fernsehen werden staatstragende Litaneien verbreitet. Die Rundfunkräte werden von den Parteien als Pöstchen-Versorgungszentren genutzt. Der Missbrauch und die Verschwendung der Rundfunkgelder wird regelmäßig aufgedeckt. Vetternwirtschaft muss verhindert werden. Die Medienlandschaft ist durch die Konzentration geprägt. Wenige Mediengiganten beherrschen die Presselandschaft. Die Zahl der selbständigen Tageszeitung schrumpft auf eine erbärmliche kleine Anzahl. Eine lebendige Demokratie erfordert Meinungsvielfalt. Die „Ostkunst" wird noch immer als Propagandainstrument einer Diktatur diffamiert. Dabei hat sie einiges zu bieten. Kultur wird schließlich nicht nur in Hollywood geschaffen.

Der ganze Internet-Bereich ist eine einzige Grauzone. Portale wie X müssen kontrolliert, die Verbreitung von Fake-News bestraft werden. Kriegsspiele vor allem für Kinder müssen streng sanktioniert werden. Manche Anbieter legen es geradezu darauf an, dass Kinder süchtig nach den Inhalten werden. Hier könnte Medienerziehung und Aufklärung in Kindergärten und Schulen helfen. Achselzuckend wird von Politikern registriert, dass Deutschland bei den Erhebungen für die PISA-Studien ständig miserable Werte kassiert. Das liegt nicht nur an den schlechten Deutschkenntnissen eines Großteils der Schüler sondern auch an einer verfehlten Medienpolitik. Die Tastatur ihres Handys beherrschen die Jugendlichen meistens brilliant. Auch die Geheimdienste mischen eifrig mit und basteln an dem gläsernen Menschen.

3. Gesundheitspolitik
Für eine entbürokratisierte, kostensenkende Gesundheitspolitik

„Nach neueren Untersuchungen befinden sich in Deutschland bis zu 25

Prozent der insgesamt etwa 36 Millionen Erwerbstätigen in einer gesundheitlichen Situation, die der New Yorker Arzt und Psychoanalytiker Herbert Freudenberger 1974 erstmals als „Burnout-Syndrom" bezeichnet hat. 208. Psychische Erkrankungen und Depressionen nehmen weltweit immer mehr zu – besonders in den Industrieländern. Hinzu kommen weitere psychische und andere Krankheiten.

Gesundheit ist keine Ware" steht in Parteiprogrammen. Natürlich sind Gesundheits-Leistungen Waren. Waren die von Werte produzierenden Erwerbstätigen in einem der größten Wirtschaftsbereiche Deutschlands erbracht werden. Der Umsatz beträgt über 400 Milliarden Euro Jahr für Jahr. Der Bereich ist sehr differenziert zu betrachten. Die Krankenhäuser verschlingen über die Hälfte der Kosten. Sie sind in der Mehrheit staatlich oder regional mit hierarchischer Personalstruktur verwaltet. Sie weisen sehr häufig Verluste aus, die von öffentlichen Kassen ausgeglichen werden müssen. Was ist gegen privat geführte Krankienhäuser einzuwenden, die einen höheren Komfort, bessere medizinische Versorgung bei niedrigeren Kosten anbieten können – wenn sie von den Krankenkassen und demokratischen Organisationen kontrolliert werden. In den Krankenhäusern haben sich häufig noch Organisationsstrukturen aus Kaisers Zeiten mit Göttern in Weiß in Kumpelschaft mit Landräten erhalten. In diesem Bereich mit dem bei weiten größten Kostenanteil besteht der höchste Reformbedarf. Hier könnte auch mit gesteigerter Effizienz der größte Nutzen für die Versicherten erreicht werden.

Ja, die solidarische Bürgerversicherung muss die Trennung von Gesetzlicher und Privater Krankenversicherung aufheben. Aber damit ist es nicht getan. Wer braucht eigentlich 95 verschiedene Krankenkassen, die jede für sich die Kosten nicht kontrollieren und reduzieren können? Offensichtlich wird Verwirrung gestiftet, weil an wirklicher Kontrolle und Kosteneffizienz gar kein Interesse besteht. Im niedergelassenen Bereich tummeln sich eine Vielzahl von spezialisierten Fachärzten, die isoliert voneinander diagnostizieren und operieren, die alle um ihren Anteil am Gewinn bringenden Kuchen streiten – mit unterschiedlichem Erfolg.

Während Hausärzte oft das Nachsehen haben und hart knausern müssen, wenn sie sprechende Medizin verwirklichen wollen, verdienen sich zum Beispiel Nuklearmediziner oder Zahnärzte goldene Nasen. Hier sind Veränderungen wie zum Beispiel ambulante Gemeinschaftspraxen oder Polikliniken möglich, die sowohl Kosten senken als auch zur Verbesserung der gesundheitlichen Versorgung beitragen können. Vor allem müssen die medizinischen Dienstleistungen im ländlichen Raum verbessert werden. Und die Fehler bei der Bekämpfung von Corona müssen aufgearbeitet und die notwendigen Schlussfolgerungen gezogen werden.

Psychische Gesundheit sichern

Psychische Erkrankungen führen die Hitliste der Beschwerden, die Arbeitsunfähigkeit in Deutschland verursachen, an. Früher führende Krankheitsursachen wie Kräfte zehrende Arbeit an Maschinen, schädliche Arbeitsstoffe oder Lärm spielen heute nur noch eine untergeordnete Rolle. Demokratische Strukturen setzen psychisch stabile, gesunde Menschen voraus. Immer mehr Menschen klagen aber über starke, objektiv beschreibbare psychische Belastungen. Der Anteil derer, die psychosomatische Körpersymptome erleben, geht darüber noch weit hinaus: Die Raten für depressive Verstimmungen, Schlafstörungen, Nervosität, Unruhe und Reizbarkeit liegen zwischen 60 und 80 Prozent aller Beschäftigten. Von den insgesamt etwa 36 Millionen Erwerbstätigen leiden rund 35 Prozent unter dem „Burnout-Syndrom".

Einsamkeit ist eine ernst zu nehmende Gefahr, verdeutlicht auch die von der deutschen Regierung in Auftrag gegeben Einsamkeits-Langzeitanalyse anhand von Daten des Sozio-ökonomischen Panels (SOEP) von 1992 bis 2021. Fühlten sich 2017 noch 7,6 Prozent der Gesamtbevölkerung durch Einsamkeit belastet, stieg der Wert im ersten Corona-Jahr 2020 auf 28,2 Prozent. Im Jahr darauf ging die Belastung auf 11,3 Prozent zurück, liegt aber weiter über Vor-Pandemie-Werten. Frauen sind der Studie zufolge stärker von Einsamkeit betroffen als Männer – 2021 lag die Quote bei 12,8 Prozent, bei den Männern waren es knapp 10 Prozent. Überdurchschnittlich stark leiden an Einsamkeit demnach auch Alleinerziehende, Arbeitslose, gering Qualifizierte, chronisch Kranke sowie Menschen mit Migrations- und Fluchterfahrung. Einsamkeit kann körperlich schaden, sodass bei Betroffenen die Lebenserwartung sinkt, bestätigt Biologin Jasmina Neudecker. Der Mensch ist halt ein soziales Wesen, das sich nur gemeinsam emanzipieren kann.

4. Soziale Sicherung
Kann es gerechte Steuern geben?

Linke Politiker fordern Umverteilung und gerechte Steuern. Bei den Steuern geht es ja letztlich darum, wer die Zeche zahlt. Ich habe erlebt, wie die Mehrwertsteuer von 7 auf 14 und dann auf 19 Prozent hochgesetzt wurde. Die Mehrwertsteuer ist eine Verbrauchssteuer und belastet vor allem die Arbeitnehmer mit niedrigen Einkommen. Die Senkung der Mehrwertsteuer würde also der Masse der Bevölkerung helfen, dass mehr vom Lohn übrig bleibt. Ausgeglichen werden könnte das entstehende Steuerloch nur durch massive Ausgabensenkungen, vor allem bei den Militärausgaben, und durch eine Vielzahl von Erhöhungen anderer Steuern. Eine Millionärssteuer in Höhe von fünf Prozent wäre möglich. Das Argument lautet: Starke Schultern können mehr tragen. Die Erbschaftssteuer könnte kräftig erhöht werden. Kapitaleinkommen müssten künftig wieder zum persönlichen Steuersatz statt einer pauschalen Abgeltungssteuer in Höhe von 25 Prozent berechnet werden. Damit könnten einige Probleme gelöst werden. Das ganze Steuersystem muss durchforstet werden. So ist zum Beispiel die Erhebung der Hundesteuer kompletter Blödsinn. Bei der Berechnung und Eintreibung übersteigen die Kosten die Einnahmen. Das trifft auf eine Vielzahl von Steuern zu.

Wohnungseigentum muss gefördert werden

Auch im Immobilienbereich ist ein Umdenken notwendig. Parolen wie „Miethaie zu Fischstäbchen" oder „Deutsche Wohnen enteignen" vermitteln ein falsches Bild, als ob in diesem Bereich nur Willkür und hemmungslose Profitgier herrschen. Die großen Immobilienkonzerne sind überwiegend in öffentlicher Hand. Für diese landeseigenen Wohnungsbaugesellschaften gelten die gleichen wirtschaftlichen Bedingungen wie für die privaten Unternehmen. Sie müssen sich über den Kapitalmarkt finanzieren. Steigen die Zinsen, erhöhen sich die Preise für das Bauen. Bei Zinsen von fünf Prozent und mehr kommt die Bautätigkeit zum Erliegen mit dem Resultat, dass die Mieten in die Höhe klettern. Will die öffentliche Hand für niedrige Mieten sorgen, muss sie für niedrige Zinsen sorgen, die Bauwirtschaft subventionieren, oder den Erwerb von Wohneigentum fördern. Deutschland hat den niedrigsten Anteil an Wohnungseigentümern von europäischen Ländern. Die Forderung „Deutsche Wohnen enteignen" zu erfüllen, belastet den Finanzhaushalt des Landes erheblich und muss zur Streichung an anderen Stellen führen. Aber der Volksentscheid „Deutsche Wohnen enteignen" muss respektiert werden, fast 60 Prozent stimmten dafür. Auch Mietwucher muss gesetzlich unterbunden und entschieden verfolgt werden.

Die Renten sind sicher (sagte einst Norbert Blüm)

Eine solidarische Rentenversicherung müsste einige Fehlentwicklungen der vergangenen Jahre korrigieren. Dadurch, dass das Renteneintrittsalter von 65 Jahren auf 67 Jahren hochgesetzt wurde, ergibt sich eine Rentenkürzung um 7,2 Prozent. Die Höhe der Rente errechnet sich zum einen durch die eingezahlten Beiträge. Das wird auf Grund der stark gestiegenen Lebenshaltungskosten allerdings nicht reichen. Also muss die Rente mit Steuermitteln aufgestockt werden. Wie soll das Pflegeheim bezahlt werden, wenn der Besuch dort notwendig wird? Der Aufenthalt dort kostet durchschnittlich 2871 Euro pro Monat im ersten Aufenthaltsjahr, aber die Durchschnittsrente liegt bei 1384 Euro im Monat.

Die Migration überfordert jetzt schon viele

Das Thema Migration spielte eine sehr wichtige Rolle in den vergangenen Wahlkämpfen. Viele Menschen fliehen, weil in ihren Ländern Kriege geführt werden oder Hunger herrscht. Hilfe zu leisten, ist eine humanitäre Pflicht. Die Parole „Refugees welcome" ohne Einschränkungen auszurufen, ist trotzdem naiv. Viele Kommunen sind überfordert. Sinnvolle Arbeitsmöglichkeiten müssen angeboten, bürokratische Hürden abgebaut werden. Viele Immobilienbesetzer nutzen die Vermietung für Geflüchtete zu Wuchermieten, der Staat zahlt ja. Diese Probleme zu ignorieren, ist politisch fragwürdig, weil es viele Wähler in die rechte Ecke treibt. „Denen wird alles hinterher geworfen. Uns lässt man im Regen stehen." In den meisten Berliner Schulen sind Lehrer überfordert, weil viele Schüler mit einem Migrationshintergrund nicht über ausreichende Deutschkenntnisse verfügen. Ein qualifizierter Unterricht ist bei einem Anteil von über 50 Prozent Schülern mit Migrationshintergrund nicht möglich. Die Vermittlung von Deutschkenntnissen müsste schon im Kindergarten erfolgen. Dafür fehlt aber angeblich das Geld. Außerdem spricht die Kriminalitätsstatistik eine deutliche Sprache – ein wichtiges Thema in Wahlkämpfen. Die Angst vor zunehmender Kriminalität und Gewalt muss sehr ernst genommen werden. Die Integration der Flüchtlinge muss gewährleistet sein. Das ist ein Problem seit den 1960er Jahren, das nie ernsthaft angegangen wurde. In erster Linie müssen aber die Ursachen der Kriege und Hungersnöte bekämpft werden. Beispiel: Deutschland ächzt unter der Last vieler syrischer Flüchtlinge und aus anderen Staaten des Nahen Ostens. Aber die deutsche Regierung rüstet die Gegner des syrischen Staates auf – wie Israel – und sorgt so für neue Flüchtlingsströme. Auch die Entwicklungshilfe zur Verhinderung von Hungersnöten ist kritisch zu hinterfragen. Nutzt sie korrupten Herrschern, die an westliche Bündnisse gebunden werden sollen?

Missbrauch der Sozialsysteme muss verhindert werden

Jeder Bürger kennt in seinem Bekanntenkreis jemanden, der die Sozialsysteme ausnutzt. In einem Interview rechnete mir ein arbeitsloser Bauarbeiter voller Entrüstung vor, dass er mit Hartz IV in Berlin unmöglich überleben könne. Als ich ihn fragte, wie er trotzdem über die Runden käme, antworte er, dass er schwarz arbeite. Das dürfe ich aber nicht schreiben. Schwarzarbeit sorgt in Deutschland für Milliardenausfälle im zweistelligen Bereich bei Steuern und den Sozialbeiträgen. Auch der Missbrauch bei Empfängern von Bürgergeld muss gestoppt werden. 5,53 Millionen Menschen beziehen Bürgergeld. Laut Bundesanstalt für Arbeit haben 60 Prozent von ihnen die deutsche Staatsangehörigkeit. Haben die übrigen 40 Prozent ihren Obulus in die Sozialkassen eingezahlt? Das Bürgergeld erhalten zum Beispiel viele Ukrainer. Wie wird verhindert, dass sie zwar das Geld einstreichen, aber Sozialtourismus praktizieren, indem sie zum Leben in ihr preiswerteres Heimatland reisen? Betrug bei den Sozialsystemen gilt bei vielen als Kavaliersdelikt. Es sind aber kriminelle Handlungen. Sozialsysteme können nur auf Basis solidarischen Handelns funktionieren.

Woher soll die Kohle kommen?

Woher soll das Geld kommen, das alle Menschen in unseren Landen glücklich und zufrieden werden lässt? Kurzfristig wären schon Milliardenbeträge bei den Militärausgaben einzusparen – wenn denn Friedenspolitik wieder Vorrang bekommen würde. Mit einer Verwaltungsreform in den Ländern könnten die Leistungen für die Bürger verbessert und viele hochlukrative Pöstchen eingespart werden. Hier geht es nicht nur um Einsparungen in den Portokassen sondern nach meiner groben Schätzung um 40 bis 50 Milliarden Euro Jahr für Jahr. Die Länder Nordrhein-Westfalen mit 18,2, Bayern mit 13,4 und Baden Württemberg mit 11,3 Millionen Einwohnern haben die gleichen Verwaltungsstrukturen mit vielen Ministerpöstchen und großen Länderparlamenten wie Hamburg mit 1,9, Mecklenburg-Vorpommern mit 1,6, Saarland mit 1,0 oder Bremen mit 0,7 Millionen Einwohnern. Man muss den Bürgern nur verständlich erklären, welche Vorteile sie im Servicebereich und in finanzieller Hinsicht bekommen. Statt Länderegoismen müssen die lokalen Mitbestimmungsmöglichkeiten erweitert werden. Das kostet in der Regel sehr viel weniger als die Finanzierung in den abgehobenen Politiker-Sphären. Abbau von Privilegien und von Subventionen sparen ebenfalls Milliardenbeträge, zum Beispiel für eine intel-Fabrik.

III.3. ... es kommt darauf an, die Welt zu verändern

Bundeskanzler Olaf Scholz hat 2022 die radikale Zeitenwende postuliert. Die Zeitenwende leitete allerdings die radikale Wiederkehr des Kalten Kriegs ein. Auf europäischer Ebene sind die Vereinbarungen über friedliche wirtschaftliche Zusammenarbeit schon seit Jahrzehnten zum Erliegen gekommen. Diplomatische Regelungen zur Lösung regionaler und internationaler Konflikte werden weitgehend ausgeschlossen.

In Partei-Programmen lese ich, dass die Monopole, vor allem deren gigantischen Profite, für alle Miseren in die Verantwortung zu ziehen seien. Ich lese: Löhne rauf, Preise runter, Miethaie zu Fischstäbchen. Im Programm der Linken steht: „Eine Welt unter dem Diktat eines allmächtigen globalen Kapitalismus ist keine erstrebenswerte Welt." Ja wenn der globale Kapitalismus allmächtig ist, gibt es wenig Spielraum für Verbesserungen. Dann ist politisches Handeln nutzlos. Gegen den Allmächtigen oder den allmächtigen Kapitalismus kommt man eh nicht an. Das ist der Knackpunkt. Die Linke muss endlich diese Gesellschaft als veränderbar begreifen. Hier und heute. Wenn sie das nicht schafft, ist sie nutzlos und geht deshalb unter.

Insgeheim erschallt der Ruf nach einem starken Staat. Viele wünschen sich einen starken Sozialstaat, der vor allem den Bedürftigen Sicherheit und das nötige Kleingeld zum Überleben sichert. Aber die Forderung zielt unter den jetzigen Gegebenheiten in die falsche Richtung. Ein Obrigkeitsregime braucht einen starken Staat. Autoritäre Bewegungen zielen auf einen starken Staat, auf einen Überwachungsstaat.

Kapitalisten seien Kuponabschneider, Geldsäcke, Finanzjongleure, Spekulanten. Kapitalisten, das sind die, die nicht arbeiten aber die Kohle einstreichen. Mehrwert-Profiteure. Kapital sei zu jedem Verbrechen fähig,

195

um die Profite in die Höhe zu treiben. Das sei Kapitalismus pur, blanker Terror der anonymen Macht des Kapitals. Aber ist Kapital in Form des Wertprodukts vergangener Arbeit nicht auch notwendig, um den Produktionsprozess aufrecht zu erhalten? Der Kapitalismus sei nicht reformierbar, wird behauptet. Ich bin der gegenteiligen Meinung. Reformen sind notwendiger denn je.

„Kapitalismuskritik" gab es schon seit Jahrhunderten. Zum Beispiel die Judenpogrome. Juden seien Zinsschmarotzer und Mörder des Gottessohnes Jesus. Übersetzt in die heutige Sprachwelt: Kapitalisten freveln an dem Gott, dem Herrscher im Himmel und auf Erden, sie freveln an dem König der Könige. Hier ist das Gegensatzpaar benannt: Personelle Macht, Herrscher, König versus die anonyme Macht des Geldes, Kapital. Die anonyme Macht des Kapitals wird als Bedrohung empfunden, die personelle Macht gibt scheinbar Schutz. Sicherheit bietet der Heiland, König oder Kaiser. Das Terrain der Kapitalismuskritiker ist häufig hochgradig vermint und ideologisch verseucht. Das Geld, das anonyme Kapital sei das Böse. Aber frei nach Bertolt Brecht: Hat der Gute etwas Geld oder Kapital, hat er doch, was er zum Guten braucht.

Bleibt die Frage: Wenn der Kapitalismus so ein Werkzeug des Teufels war und ist: Warum hat er seine Herrschaft über die ganze Welt ausgebreitet? China schlägt derzeit die USA mit den eigenen (Kapital)-Waffen. In dem einstigen Sozialismus-Vorbild Sowjetrussland dominieren jetzt die Oligarchen. Und diejenigen, die einst die rote Fahne hochhielten und jetzt noch stolz in die Höhe recken: Sie schwinden in der Wählergunst wie Eis in der gleißenden Tropensonne.

Bleibt die Frage: Wenn Kapital das Fluidum ist, das in den Wirtschaftsprozess gepumpt wird und ihn in Bewegung setzt: Geht es auch ohne? Krempeln wir die Ärmel hoch, jagen die Kapitalisten zum Teufel, packen wir es an und steigern das Sozialprodukt? Diese Methode ist in der Vergangenheit gescheitert. Und die diejenigen, die dieser Idee noch anhängen, bieten eher düstere Perspektiven: Venezuela oder Kuba als

Hoffnungsträger? Das Programm der Partei Die Linke liest sich wie ein Wunschzettel an den Weihnachtsmann. Oder ist es die Vorlage für einen utopischen Roman? Es eiert rum und sieht Lösungen in Überführung in öffentliches Eigentum oder Staatseigentum, ohne zu präzisieren, wie das im gesamtgesellschaftlichen Rahmen funktionieren soll. Im „realen Sozialismus" jedenfalls hat es nicht funktioniert.

Bin ich jetzt ein neuer Hohepriester des Kapitalismus? Mitnichten. Ich habe mich immer als links im politischen Spektrum eingeordnet – und will daran auch nach reiflicher Überlegung nichts ändern. Aus meiner Perspektive bilden „Kapitalismus" und „Sozialismus" falsche Gegensatzpaare. Vor allem, wenn man feudalistische, also persönliche Herrschaftsverhältnisse als undemokratische nicht in Betracht zieht. Diese persönlichen Herrschaftsverhältnisse prägen noch immer sehr mächtig unsere gegenwärtigen Gesellschaftssysteme. Könige in Großbritannien, Schweden und so weiter, Putin, Trump oder Biden und andere gebärden sich als Herrscher von Imperien. „Sozialismus" begreife ich nicht als Traum oder Utopie sondern als Perspektive und Weg, der mit Realismus beschritten werden kann. Der Weg ist das Ziel. Der Imperialismus ist nicht das letzte Stadium des Kapitalismus, wie Lenin einst meinte. Ein wie auch immer gearteter „Sozialismus" muss sich aus dem „Kapitalismus" entwickeln. Alles anderes ist ein idealistischer Wunschtraum, ein neugeborener deus ex machina, ein neugeborener Gott aus dem Illusionshimmel. Auch wenn es im allgemeinen Sprachgebrauch so beliebt ist. DER Kapitalismus ist eine Chimäre genauso wie DER Sozialismus. Ein Wortgespinst, eine Konstruktion, das mit vielen Worten und wissenschaftlichen Expertisen oder Ratgeber-Ratschlägen verbreitet wird. DER Kapitalismus ist ein sich wandelndes Gesellschaftssystem. Es entwickelt die Produktivkräfte der menschlichen Arbeit, stößt an Grenzen, die es in Krisen mit weiterer Entwicklung der Produktivkräfte überwindet. Dieser Weg beschreibt eine Vergesellschaftung. Diese Vergesellschaftung ist Folge der wirtschaftlichen Notwendigkeiten. Sie muss von linken Politikern und linken Kräften erkannt und in den politischen Aktionen gefördert, umgesetzt werden. Dieser Weg ist das Ziel.

Die so selbstbewusst von DEM Kapitalismus reden, wissen sehr oft nicht, was darunter zu verstehen ist. Sicher hat Egon Krenz, dem noch immer ein Sozialismus a la DDR vorschwebt, vom Kapitalismus eine andere Meinung als Christian Lindner oder Markus Söder oder Olaf Scholz oder Jan van Aken oder Sahra Wagenknecht. Ist „Kapitalismus" nur eine Etappe auf dem Endziel, dem Sozialismus? Oder werden in der Entwicklung, mit dem Wandel des „Kapitalismus" die sozialen Qualitäten, die ja zweifellos vorhanden sind, weiter entwickelt? Können sozialistische Ideen im Kapitalismus umgesetzt werden? Ich bin der Ansicht: entschieden ja. Wenn wir aktiv dafür eintreten. Diese Gesellschaft muss als veränderbar begriffen werden, hier und heute und nicht in einem anderen Reich, im Himmel oder im „Sozialismus". Dieser Weg ist das Ziel.

Soziale Schmerzen entstehen durch gesellschaftliche Ächtung

Eine im Fachblatt Science von Naomi Eisenberger und Mitarbeitern publizierte Studie erregte großes Aufsehen. Erstmals konnte in einem auf dem ersten Blick banalen Versuch nachgewiesen werden, dass ein (virtuelles) Ballspiel zu dritt soziale Schmerzen verursacht. Zwei Spieler hatten nach einer gewissen Zeit dem dritten den Ball nicht mehr zugeworfen. Das führte bei diesem zu einer Aktivierung des Acetylcystein im Gehirn, von dem Jahre zuvor nachgewiesen war, dass er auch durch Schmerzen aktiviert wird. Soziale Ausgrenzung verursacht Schmerzen. Die Autoren schlussfolgern, dass die Untersuchung neue Einblicke in das enge Verhältnis zwischen sozialen und körperlichen Schmerzen gebe. Soziale und körperliche Schmerzen seien auf dieselben neurobiologischen Substrate zurückzuführen. Altersabhängige Effekte konnten auch bei Erwachsenen gezeigt werden. Hier zeigte sich bei experimenteller sozialer Ausgrenzung im beschriebenen Ballspiel ein stärkeres Gefühl der Einsamkeit bei jüngeren (18 bis 25 Jahre) als bei älteren Erwachsenen (26 bis 50 bzw. 51 bis 86 Jahre). Auch dieser einfache psychologische Versuch demonstriert, dass der Mensch ein soziales Wesen ist. Nur gemeinsam können wir uns

emanzipieren und frei werden. Und Frieden ist dafür die wichtigste Voraussetzung.

Wir müssen uns entscheiden

Die Gefahr ist groß, dass wir zu digitalisierten Objekten mit Preisschild degradiert werden. In der Maschinenwelt wurden Menschen zu funktionierenden Maschinen ausgebildet. Auf dem Kasernenhof werden Men-

199

schen zu Reiz-Reaktions-Tötungsmaschinen gedrillt. In der Konsumwelt werden sie zu Ressourcenvernichtern erzogen. Sind wir Sklaven unserer selbst geschaffenen Welten?

Der Mensch unterscheidet sich vom Tier dadurch, dass er sich seiner selbst bewusst sein kann. Er ist ein Fremder in dieser Welt. Er sehnt sich nach Harmonie in der Gemeinschaft. In der Gesellschaft muss es von der Zentralisierung zur Dezentralisierung, von einer Maschinen- oder Computerwelt zu einer menschlichen Gemeinschaft kommen. Nur dann kann der Mensch schöpferische Kreativität entfalten. Voraussetzung dazu ist Freiheit. Freiheit von Seh- und Denkschablonen. Die Fähigkeit, sich frei von Angst in anderen Menschen zu spiegeln, sein Bild in anderen Menschen zu erkennen.

Charles Darwin propagierte den Kampf ums Überleben. Nur der Stärkere setze sich durch. Auch der Zoologe Konrad Lorenz behauptete, dass zwischenmenschliche Bindungen und Aggression nur zwei Seiten ein und derselben Medaille seien. In der Tat ist die Geschichte der Menschheit eine Geschichte der Gewalttaten. Und Gewalt erzeugt eine Spirale der Gewalt. Im gesellschaftlichen wie im privaten Bereich. Wir müssen uns entscheiden: für das Gegeneinander oder für das Miteinander. Anderen Schmerzen zu bereiten, stellt für unser Gehirn keine attraktive Tätigkeit dar. Deshalb muss der Kampf auch gedrillt werden. Und Konkurrenz, Rücksichtslosigkeit, Eigennutz werden im Erziehungssystem trainiert. Kinder und auch Erwachsene lernen Empathie am besten im Spiel, im Miteinander.

Jeder Einzelne trägt die ganze Menschheit in sich. Die „menschliche Situation" ist für alle Menschen die gleiche, und dies trotz der unvermeidlichen Unterschiede bezüglich Intelligenz, Begabung, Größe und Hautfarbe. Wir müssten also die Intelligenz und die Kraft unserer Gefühle wieder erkennen, schätzen und nutzen lernen. ... Wir müssten versuchen, die verloren gegangene Einheit von Denken, Fühlen und Handeln, von Rationalität und Emotionalität von Geist, Seele und Körper wiederzufinden. Wir müssen unser Umfeld in Frage stellen. Wir müssen die Welt wieder mit den Augen eines Kindes betrachten, offen, vorurteilsfrei und neugierig.

Psychische Leiden sind nicht durch kognitive Fortbildung zu heilen. Der Mensch ist ein Ganzes: seine Gefühle, Einstellungen und Haltungen, die Gestik, die Körpersprache. Wir müssen aus den bisherigen Seh- und Denkmustern ausbrechen. Wenn wir das schaffen, fällt eine Karte nach der anderen im Kartenhaus um. Albert Einstein wusste es: „Die Probleme dieser Welt lassen sich nicht mit Denkweisen lösen, die sie erzeugt haben." Je intensiver wir Verständnis für andere Menschen entwickeln, desto intensiver können wir uns selbst erkennen. „Erkenne dich selbst im Gegenüber." Allein kann das kein Mensch. Es ist ein Selbst-im-Anderen-Erkennen. Aber die Verbundenheit mit Anderen ist nur möglich jenseits von Angst und Not. Freiheit ist die Voraussetzung. Demokratie könnte ein Resultat sein.

Der Neurobiologe Gerald Hüther ist optimistisch: „Jetzt finden wir allmählich unsere gemeinsamen Wurzeln wieder und beginnen langsam zu verstehen, dass wir alle mit den gleichen Bedürfnissen, Hoffnungen und Ängsten unterwegs sind, alle Menschen, überall auf der Welt. Das ist neu. ... Sind wir nicht längst schon mittendrin in diesem Prozess der Auflösung historisch gewachsener Grenzen zwischen menschlichen Gemeinschaften. Dann freilich würden wir gegenwärtig den wohl bedeutsamsten Bewusstwerdungsprozess erleben, den Menschen je durchlaufen haben. ... Die alten Vorstellungen und Überzeugungen davon, was ein Staat, ein Kulturkreis, eine Familie ist und wozu all diese Gemeinschaften da sind, beginnen sich aufzulösen. ... Um glücklich zu werden, müsste ein solcher Mensch die durch diese negativen Erfahrungen entstandenen Verschaltungsmuster und die von ihnen generierten einengenden Vorstellungen, Überzeugungen, Haltungen und Einstellungen irgendwann wieder auflösen. Das heißt, er müsste genau das loslassen können, was ihn bisher gehalten hat." (Hüther 2011, S. 19 ff.)

Kreativität bedeutet, unsere Emotionen, unser Wissen, unsere Haltungen neu zu vernetzen. Die menschlichen Gemeinschaften können ihre Potenziale nur entfalten, wenn sie kooperieren. Gerald Hüther: „Für das Verständnis menschlicher Aggression besonders bedeutsam ist der Befund, dass nicht nur körperlich zugefügter Schmerz, sondern auch soziale Ausgrenzung neurobiologische Schmerzzentren des Gehirns aktiviert. Leon Eisenberg spricht von der »sozialen Konstruktion des menschlichen Gehirns«. ... Was für die betroffenen Personen das Leben zur Qual macht, ist emotionale Instabilität, der unvorhersehbare Wechsel bei den eigenen Gefühlen, die Unfähigkeit, stabile Freundschaftsbeziehungen zu führen, Horrorgefühle unendlicher Einsamkeit und innerer Leere sowie bei alledem eine andauernde große Angst, verlassen zu werden." (ebd.)

Gibt es Erkenntnisfortschritte? In der prähistorischen Zeit waren die Menschen eingebunden in die Natur. Die Erde und die Natur gaben alles – und nur in der Gemeinschaft konnte der Einzelne überleben. Dann entwickelten sich im Zweistromland und in Ägypten die ersten patriarchalen Gesellschaften und Staaten – und mit ihnen der Obrigkeits- und Gottesglaube, der bis heute dominiert. Aber die alte Vorstellung der vom Schöpfergott gestalteten Weltordnung zerfällt. Sind wir selbst in der Gemeinschaft nicht die Entdecker und Gestalter der Welt? Sigmund Freud nahm noch an, dass wir in uns den Lebens- und Liebestrieb einerseits und den Todestrieb andererseits tragen. Es sind aber die von uns selbst geschaffenen und gesellschaftlich ausgeformten Bilder, die unser Handeln bestimmen. Von uns selbst hängt es ab, ob wir die Bilder der Destruktion oder die Bilder des Verständnisses, des Vertrauens und der Liebe aktivieren und ausbauen. Die alten Bilder müssen verändert, erweitert und die Ziele müssen neu definiert werden. Albert Einstein: „Die Probleme dieser Welt lassen sich nicht mit Denkweisen lösen, die sie erzeugt haben."

Liebe ist Geben. In Zeiten der Konkurrenz und des Marketings erscheint das als Verschwendung von Ressourcen. Fürsorge. Engagement. Empathie. Verantwortungsgefühl. Es ist keine Pflicht sondern freiwilliges Bedürfnis. Wir antworten auf die Gefühle des anderen. Achtung. Wir erkennen seine Individualität an. Unser Gegenüber ist kein Objekt zum Gebrauch. Die

Liebe ist ein Kind der Freiheit. Nur mit der Liebe begreifen wir unser Gegenüber. Wir wollen in die Tiefe der Seele eintauchen. Sie sucht das Geheimnis des Lebens. In der Vereinigung erleben wir die Einheit unserer Welt, ihre Möglichkeiten, indem wir unser Innerstes hingeben und uns selbst erst erkennen, selbst erst werden. Vorstellungen von Allwissenheit und Allmacht müssen überwunden sein. Die Vision der Liebe ist in der produktiven, intellektuellen und emotionalen aktiven Praxis verwurzelt. Karl Marx: „Setze den Menschen und sein Verhältnis zur Welt als ein menschliches voraus, so kannst du Liebe nur gegen Liebe austauschen, Vertrauen nur gegen Vertrauen etc. Wenn du Kunst genießen willst, musst du ein künstlerisch gebildeter Mensch sein; wenn du Einfluss auf andere Menschen ausüben willst, musst du ein wirklich anregend und fördernd auf andere Menschen wirkender Mensch sein. Jedes deiner Verhältnisse zum Menschen und zu der Natur muss eine bestimmte, dem Gegenstand deines Willens entsprechende Äußerung deines wirklichen individuellen Lebens sein. Wenn du liebst, ohne Gegenliebe hervorzurufen, das heißt, wenn dein Lieben als Liebe nicht die Gegenliebe produziert, wenn du durch eine Lebensäußerung als liebender Mensch dich nicht zum geliebten Menschen machst, so ist deine Liebe ohnmächtig, ein Unglück." Visionen gründen in der eigenen Erfahrung, im Bewusstsein der eigenen Liebe, im produktiven Gebrauch der eigenen Kräfte. Die Vision der Liebe muss als gesellschaftliches Phänomen und nicht als individuelle Ausnahme (Mann – Frau) begriffen werden.

Erich Fromm: „Tatsächlich hat die bürokratisch-industrielle Zivilisation, die in Europa und Nordamerika den Vorrang gewonnen hat, einen neuen Menschentyp geschaffen, den man als den Organisationsmenschen, den Automatenmenschen und als homo consumens bezeichnen kann. Er ist außerdem ein homo mechanicus, worunter ich einen menschlichen Apparat verstehe, der sich von allem Mechanischem angezogen und von allem Lebendigen abgestoßen fühlt." Den meisten Menschen fällt es schwer, den Ausgleich zwischen beruflicher Entfaltung und familiärer Verbundenheit zu finden. Der Aufstieg auf der sozialen Stufenleiter führt meist über den Drill zum Fachidiotentum und zum Leistungsbewusstsein, der in Konkurrenz andere „besiegt". Dann werden Menschen verwaltet. Sie gehorchen den Gesetzen von Dingen. Aber der Mensch geht zugrunde, wenn er Objekt wird. Wenn das Hauptziel ist, Dinge zu produzieren, werden wir selber zu Gebrauchsgütern, wir verdinglichen. Der Konkurrenzdruck wächst. Die Bürokratisierung nimmt zu. Wir behandeln uns wie Dinge. Wir werden zu Organisationsmenschen, Automatenmenschen, Konsummenschen: Hierarchische Gliederungen in Unternehmen, in Parteien, in Gewerkschaften – ja sogar in der Privatsphäre, Sport- oder Karnevalsvereinen, in der Familie – schaffen Subordinationsverhältnisse. Und Unterordnung als Zwang schädigt die Psyche und untergräbt auch demokratische Strukturen.

Sigmund Freud: „Die Menschen haben es in der Beherrschung der Naturkräfte so weit gebracht, dass sie es mit deren Hilfe leicht haben, einander bis auf den letzten Mann auszurotten. Sie wissen das, daher ein gut Stück ihrer gegenwärtigen Unruhe, ihres Unglücks, ihrer Angststimmung. Und nun ist zu erwarten, dass die andere der beiden ›himmlischen Mächte‹, der ewige Eros, eine Anstrengung machen wird, um sich im Kampf mit seinem ebenso unsterblichen Gegner zu behaupten. Aber wer kann den Erfolg und Ausgang voraussehen?" Über Erfolg und Ausgang entscheidet die Kultur, die Kunst, unsere Erkenntnisfähigkeit.

Wir brauchen eine andere Kultur, die die Seh- und Denkmuster der Vergangenheit überprüft und verändert. Wir brauchen eine andere Kultur, die die Machtstrukturen, Hierarchien, Kampf-, Konkurrenz- und Feinddenken abbaut. Vertrauen muss aufgebaut, gegenseitige Empathie ermöglicht werden. Wir brauchen wieder ein positives Menschenbild, das in den Wirren der Kriege und Machtkämpfe vernichtet wird.

Literatur (Auswahl):

Barry, Ann Marie Seward (1997): Visual Intelligence. Perception, Image, and Manipulation in visual Communication, State University of New York

Chomsky, Noam (2018): Wer beherrscht die Welt?, Ullstein Verlag, Berlin

CIA: National Intelligence Council (2018): Die Welt im Jahr 2035 gesehen von der CIA. Das Paradox des Fortschritts, München. C. H. Beck

Decker, Oliver, Türcke, Christoph (Hg.) (2019): Autoritarismus, Psychosozial-Verlag, Gießen

Erdheim, Mario, (1984): Die gesellschaftliche Produktion von Unbewusstheit, Suhrkamp, Frankfurt am Main

Fromm, Erich (1989): Gesamtausgabe, Band V Politik und Sozialistische Gesellschaftskritik, Marx und die Marx-Interpretation, Stuttgart, dtv

Hüther, Gerald (2014): Die Macht der inneren Bilder, Göttingen, Vandenhoeck & Ruprecht

Lee, Bandy X. (HG.) (2018): Wie gefährlich ist Donald Trump? Psychosozial-Verlag, Gießen

Marx, Karl (1967): Das Kapital, MEW Bd. 25, Dietz Verlag Berlin

Marx, Karl (1974): Grundrisse der Kritik der politischen Ökonomie, Dietz Verlag Berlin

McCoy, Alfred W. (2005): Foltern und foltern lassen. 50 Jahre Folterforschung und -praxis von CIA und US-Militär. Verlag Zweitausendeins, Frankfurt/M.

Saunders, Frances Stonor (2001): Wer die Zeche zahlt... Der CIA und die Kultur im Kalten Krieg, Verlag Siedler, Berlin

Sieren, Frank (2020): Zukunft? China! Pinguin Verlag München

Spitzer, Manfred (2013): Lernen. Das (un)soziale Gehirn. Wie wir imitieren, kommunizieren und korrumpieren, Schattauer, Stuttgart

Strohschneider, Tom (Hg.) (2019): Eduard Bernstein oder: Die Freiheit des Andersdenkenden, Dietz Berlin,

Wirth, Hans-Jürgen (2006): Narzissmus und Macht, Gießen, Psychosozial-Verlag

Zeki, Semir (2010): Glanz und Elend des Gehirns –Neurobiologie im Spiegel von Kunst, Musik und Literatur, München, Reinhardt

Bildnachweise:

Titel: Rolf Famulla

Seite 13: US-Staatsschulden: Zürcher Kantonalbank, Christian Brandi

Seite 15: Leistungsbilanzsalden: Source; IMF World Economic Outlook Database; April 2009; Author; en (talk · contribs); This file is licensed under the Creative Commons Attribution-Share Alike 1.0 Generic license.;

Seite 18: Anteil der BRICS- und der G7-Staaten, Grafik: Rolf Famulla, Quelle Wikipedia

Seite 32: Rüstungsausgaben in der Welt, Stockholm International Peace Research Institute, Military Expenditures, https://www.sipri.org/databases/milex; Author; Barnhorst, Grafik: Rolf Famulla

Seite 91: Vorbehalte gegenüber demokratischen Orientierungen, Bertelsmann-Stiftung

Seite 99: Klimakrise – Grund zur Sorge, Quelle: UNO, IPCC, Public domain, This image of simple geometry is ineligible for copyright and therefore in the public domain, because it consists entirely of information that is common property and contains no original authorship.

Seite 101: Tropische Klimazonen, Wikipedia, This file is licensed under the Creative Commons Attribution 4.0 International license.

Seite 105: Desertec-Foundation, This file is licensed under the Creative Commons Attribution-Share Alike 2.5 Generic license.

Seite. 106: Anteil Chinas an der Weltproduktion, Quelle: David Wallace-Wells, Grafik: Rolf Famulla

Seite 109: Tendenzieller Fall der Profitrate, Grafik: Rolf Famulla

Seite 112: Engagement der Beschäftigten: Institiut für praxisorientierte Forschung und Bildung, ifp Saarbrücken, Grafik: Rolf Famulla

Seite 115: Kondratieff-Zyklen: Bundeszentrale für politische Bildung, bpb.de

Seite 128: Maydanets: Author:Kenny Arne Lang Antonsen, This file is licensed under the Creative Commons Attribution-Share Alike 4.0 International license.

Seite 157: Friedenstaube: Rolf Famulla

Seite 163: Außenhandel der Länder in Fernost, Quellen: Wikipedia, Grafik: Rolf Famulla

Seite 171: Freie Meinungsäußerung: Quelle: Freiheitsindex 2016, Grafik: Rolf Famulla
Seite 173: Ungleichheit der Nettoeinkommen, www.wipo.verdi.de Autor: Michael.Seehoff
Seite 175: Ungleichheit der Vermögen, www.wipo.verdi.de Autor: Michael.Seehoff
Seite 199: Peace-Zeichen: Rolf Famulla